Artillerie – Artillerie – Artiglieria

Kanonier (Panzerhaubitze)
Canonnier (art bl)
Cannoniere (obici blindati)

Kanonier, Vermesser, Beobachter, Fotograf
Can, topo, tm, obs, photo
Can, topo, osser. foto

Übermittlungssoldat
Sdt trm
Sdt trm

Motorradfahrer, Motorfahrer
Motoc, auto
Motocic, auto

AC Schutzdienst – Service de protection AC – Servizio di protezione AC

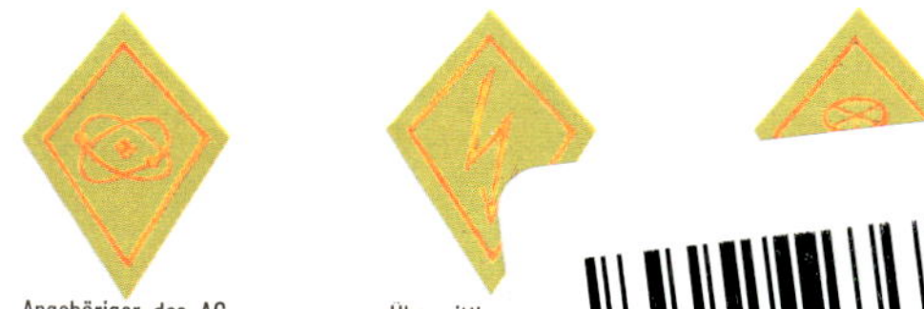

Angehöriger des AC Schutzdienstes, ausgenommen:
Sdt service AC, sans:
Sdt del S AC, senza:

Übermittlung
Sdt tr
Sdt tr

W0417551

Fliegertruppen – Troupes d'aviation – Truppe d'aviazione

Fliegendes Personal, Flieger-Bodenpersonal, Fallschirmgren
Pers navig, terr, gren pch
Pers navig, al suolo, gran pared

Übermittlungssoldat
Sdt trm
Sdt trm

Radarsoldat
Sdt radar
Radarista

Wettersoldat, Lawinensoldat
Sdt météo et avl
Sdt meteo e val

FLBMD (Fliegerbeobachtungs- und Meldedienst)
SRSA (Serv repér sign avions)
SASA (Servizio avvistamento e segnalazione aerei)

Motorradfahrer, Motorfahrer
Motoc, auto
Motocic, auto

Hilfsdienste – Complémentaires – Complementari

Administrativer HD
S administratif
S amministrativo

Munitions HD
S munitions
S delle munizioni

Mobilmachungs HD
S mobilisation
S della mobilitazione

Koch HD
S cuisine
S di cucina

Soldatenstube FHD
Foyer du soldat (SCF)
Ritrovo del soldato (SCF)

Rotkreuzdienst
S Croix-Rouge
S della Croce Rossa

Film- und Foto-HD
SC S film et photo
SC S cinema e foto

Fliegerabwehrtruppen – Troupes de DCA – Truppe della DCA

Kanonier
Canonnier
Cannoniere

Lenkwaffensoldat, Lenkwaffenmechaniker
Sdt et méc d'engins guidés
Sdt e mecc di ordigni teleguid.

Radarsoldat
Sdt radar
Radarista

Übermittlungssoldat
Sdt trm
Sdt trm

Motorradfahrer, Motorfahrer
Motoc, auto
Motocic, auto

Spezialistenabzeichen – Insignes de spécialistes – Distintivi degli specialisti

über der linken Brusttasche – portés sur la poitrine, à gauche – portati sulla parte pettorale sinistra

Pilot
Pilotes
Piloti

Fallschirmgrenadiere
Grenadiers parachutistes
Granatieri paracadutisti

Beobachter
Observateurs
Oscervatori

Tauchschwimmer
Nageurs de combat
Sommozzatori

Genietruppen – Troupes du génie – Truppe del genio

Sappeur Seilbahnsappeur, Ing of
Sapeurs, sap téléfér, of ing
Zappatore, zap telefer, uff ing

Fahr- und Bau-Pontonier, Tauchschwimmer, Bootsschütze
Pont navig constr, nageur de cbt, fus de bord
Pont battel e costrut, sommozzatore, fuc di bordo

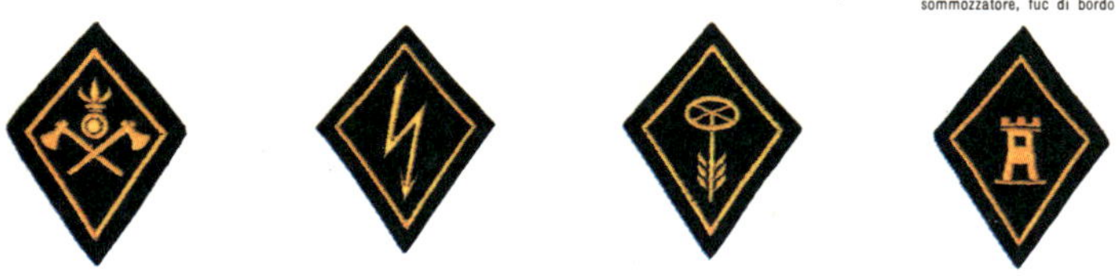

Mineur
Mineur
Minatore

Übermittlungssoldat
Sdt trm
Sdt trm

Motorfahrer
Auto
Auto

Festungswachtkorps
Gardes-fortifications
Corpo della guardia delle fortificazioni

Festungstruppen — Troupes de forteresse — Truppe da fortezza

Füs, Mitr, Mw Kan, Pzaw Kan, Werkdienstsdt
Fus, mitr, can lm, can ach, sdt des services d'ouvrage
Fuc, mitr, can lm, can ac, sdt S O fort

Art Kan, Vermesser Beobachter
Can art, topographe, observateur
Can art, topo, oss

Flab Kan, Luftbeobachter
Can DCA, observateur
Can DCA, oss

Übermittlungssoldat
Sdt trm
Sdt trm

Motorfahrer, Motorradfahrer
Auto, motoc
Auto, motocic

Werkschutz, Maschinist
Sdt de protection d'ouvrage, machiniste
Sdt prot O fort, macc

auf dem linken Oberärmel – porté au haut de la manche gauche – portato sulla parte superiore della manica sinistra

Nachrichten, Vermesser, Fotograf
Renseignements, télémétreurs, photographes
Informatori, topografi, fotografi

Spreng- und Minenspezialist
Spécialistes des explosifs et des mines
Specialisti degli esplosivi e delle mine

Flammenwerfer
Soldats lance-flammes
Soldati lanciafiamme

Lenkwaffenschütze
Tireurs d'engins guidés
Tiratori di ordigni teleguidati

Trompeter, Tambour, Hilfspflegepersonal
Trompettes, tambours, personnel soignant auxiliaire
Trombettieri, tamburini, personale sanitario ausiliario

Motorradfahrer
Motocyclistes
Motociclisti

Motorfahrer
Automobilistes
Automobilisti

Panzerbesatzung
Equipage de chars
Equipaggio dei veicoli cingolati

Spezialmotorfahrer
Conducteurs de vhc spéciaux
Conducenti di veicoli speciali

Fahrradmechaniker
Mécaniciens sur cycles
Meccanici di biciclette

Flugzeugmechaniker
Mécaniciens d'aviation
Meccanici d'aeroplani

Wetterdienst
Service météo
Servizio meteorologico

Ingenieure
Ingénieurs
Ingegneri

Baumaschinenführer
Conducteurs de machines de chantier
Conducenti di macchine da costruzione

Rammsappeur
Sapeurs de sonnette
Zappatori battipalo

Arzt
Médecins
Medici

Karl Lüönd

Schweizer Soldaten im Einsatz

Die großen Manöver und Defilees der Schweizer Armee

Mit Beiträgen von
Bundesrat Rudolf Gnägi
Generalstabschef Hans Senn
Korpskommandant Hans Wildbolz
Dr. Hans Rudolf Kurz
Dr. Heinrich Oswald

RINGIER

Dank

Autor und Verlag danken folgenden Persönlichkeiten und Institutionen, die – nebst vielen anderen – das Zustandekommen dieses Buches mit Informationen, Unterlagen, Hinweisen, Illustrationsmaterial usw. unterstützt haben:

Bundesrat Rudolf Gnägi,
Vorsteher des Eidgenössischen Militärdepartements;
Oberstkorpskommandant Hans Senn, Generalstabschef,
und Dienststellen der Gruppe für Generalstabsdienste;
Oberstkorpskommandant Hans Wildbolz,
Ausbildungschef der Armee;
Dr. Hans Rudolf Kurz, Militärhistoriker, Stv. Direktor
der Eidgenössischen Militärverwaltung, Bern;
Atlantis-Verlag, Zürich;
Bundesarchiv, Bern;
Eidgenössische Militärbibliothek, Bern;
Jean Frey AG, Verlag, Zürich;
Huber Verlag, Frauenfeld;
Kriegsmaterialverwaltung, Bern;
Fritz Kübler, Hinwil, und Tages-Anzeiger, Zürich;
Oerlikon-Bührle Holding AG, Zürich;
Dr. Heinrich Oswald, Küsnacht;
Schweizerische Landesbibliothek, Bern;
Schweizerisches Landesmuseum, Zürich;
Schweizerisches Sozialarchiv, Zürich;
Zentralbibliothek, Zürich.

Mitarbeiterin des Autors: Irene Kellenberg
Lektorat: Max Rutishauser
Gestaltung: Walter Voser
Umschlagfoto: Hans Krebs
Umschlaggestaltung: Sepp Tiefenböck
Vorsätze: © Le Sous-Officier romand et tessinois, Yverdon

Gedruckt in der Schweiz bei C.J. Bucher AG, Luzern
ISBN 3 85859 094 0

Inhalt

•Dieser Punkt kennzeichnet spezielle Beiträge in Kästchen

Vorwort

Manöver und größere Truppenübungen sowie die ihnen nicht selten nachfolgenden Defilees haben neben dem Ausbildungszweck auch die Aufgabe, der schweizerischen Öffentlichkeit ihre Armee zu zeigen. Über das Interesse, das unser Volk seiner Armee entgegenbringt, muß man immer wieder staunen, wenn man den großen Publikumsandrang betrachtet, der von jeder militärischen Aktion ausgelöst wird. Während das moderne Manöver mit seinen aufgelockerten Formationen nicht mehr die spektakulären Bilder früherer Epochen bietet, vermitteln die großen Truppenvorbeimärsche auch heute noch einen eindrucksvollen Anblick der Truppe und ihres Materials. Solche Anlässe sind wertvolle Mittel zur Verbindung zwischen Volk und Armee, auf die auch in Zukunft nicht verzichtet werden soll. Angesichts der umfassenden Verbreitung solcher Veranstaltungen durch die modernen Massenmedien ist es möglich, ihre Zahl etwas zu beschränken.

Der vorliegende Bildband geht den schweizerischen Manövern und Defilees nach bis zur Entstehung der modernen schweizerischen Armee aus den Wirren der Napoleonischen Epoche im Jahr 1815. Er schildert anschaulich die Entwicklung dieser Veranstaltungen von ihren sehr bescheidenen Anfängen bis zu den bis ins letzte ausgearbeiteten Übungsanlagen unserer Zeit. In dieser Übersicht, die mit guten Illustrationen veranschaulicht und belebt wird, spiegelt sich nicht nur das Fühlen und Denken des Schweizer Soldaten in den letzten 170 Jahren; sie zeigt auch die Fortschritte, die unsere Armee in ihrer Ausbildung und Kampfführung, der materiellen Rüstung und der Truppenorganisation gemacht hat. Am Bild der Manöver wird diese Vorwärtsentwicklung auf besonders eindrückliche Art lebendig. Darum liegt in dem Buch ein aufschlußreicher Wegweiser zum Verständnis unserer heutigen Armee. Ich wünsche dem Manöverband in der schweizerischen Öffentlichkeit eine gute Aufnahme.

Rudolf Gnägi, Bundesrat

«Feind von vorne – Feuer!»

Die Erfahrung des Ernstfalls ist uns erspart geblieben. Dafür können wir nicht dankbar genug sein.

Seit mehr als 130 Jahren hat die Schweiz keinen Krieg mehr erlebt. Sie verdankt dies unter anderem ihrer Armee. Denn wer den Frieden will, muß zum Krieg rüsten. Erfreulich ist das nicht. Aber wahr.

Dieses Buch handelt vom gespielten Krieg, von Manövern. Jeder Schweizer Wehrmann hat sie schon miterlebt, diese endlosen Nächte im nieselnden Herbstwetter. Diese Gewaltmärsche in peinigender Sonnenglut. Dieses ewige «Warten – Pressieren – Warten – Pressieren». Diese nervösen Offiziere und diese unvermuteten Schiedsrichter. Feldgraue Kolonnen auf verstopften Straßen.

Keiner, der sich nicht schon gefragt hätte: Wozu das alles?

Die Antworten auf diese wesentlichste aller militärischen Fragen haben sich im Lauf von mehr als 150 Jahren immer wieder geändert. Von den kirchweihartigen eidgenössischen Übungslagern bis zu den modernen Truppenübungen im Zeichen der Gesamtverteidigung zieht sich eine gewaltige Spur von Manöverlehren, Strategien und Taktiken, von Ideen, Irrtümern, Erfahrungen und Reformen durch die jüngere Schweizergeschichte. Vertraute und vergessene Gestalten tauchen auf. Alles zusammen ergibt einen faszinierenden Einblick in die Wehrgeschichte eines friedlichen Volkes, das, genau genommen, keine Armee hat, sondern eine Armee ist.

Führung und Einsatz der Armee im Kriege

Unsere Armee bildet sich für den Ernstfall aus. Aber wie sähe dieser Ernstfall aus? Auch der beste Nachrichtendienst kann nicht in den Kopf des Gegners schauen. Tausende von Informationen und Erfahrungen sagen uns jedoch, was von uns im Krieg erwartet würde.

Von Korpskommandant Hans Senn, Generalstabschef der Armee

Wenn der Krieg ausbricht, wird der Feind danach trachten, mit der Luftwaffe unsern Führungsapparat zu lähmen, die operativen Kampfmittel wie Flugwaffe, Armeefliegerabwehr und Panzerverbände zu zerschlagen und die Versorgung zu erschweren. Die Unterstützungswaffen seiner Erdstreitkräfte konzentrieren ihr Vorbereitungsfeuer auf erkannte Panzerabwehrwaffen und Artilleriestellungen.

Der Angriff entwickelt sich pausenlos und auf breiter Front entlang allen verfügbaren Panzerachsen. Durch Infanteriegelände verursachte Zwischenräume werden in Kauf genommen. Natürlichen und künstlichen Hindernissen wird nach Möglichkeit ausgewichen. Sperren und Stützpunkte, die den Vormarsch verzögern, werden durch Panzer- und Artilleriefeuer niedergehalten oder eingenebelt. Das erste Treffen umgeht sie und überläßt ihre Vernichtung dem zweiten und dritten Treffen. Wo Umgehungsmöglichkeiten fehlen, konzentrieren sich die breit- und tiefgestaffelten Angriffskräfte auf schmaler Front, um den Durchbruch zu erzwingen. Träger der Entscheidung sind dreidimensionale, aus mechanisierten und luftbeweglichen Elementen zusammengesetzte Kampfgruppen. Lücken in der Verteidigung oder Durchbruchserfolge ausnützend, suchen sie die Handlungsfreiheit zu gewinnen. Sie stoßen rasch und kühn in die Tiefe des Raumes vor, um für die Fortsetzung der Operationen wichtige Geländeteile in die Hand zu bekommen, Gegenschläge zu vereiteln, die Verteidigung aus den Angeln zu heben und Schrecken zu verbreiten.

Einsatzdoktrin, Stärken und Schwächen eines Angreifers

Die angestrebte Kampfweise läßt sich in unserem reichgegliederten, mit Hindernissen gespickten Gelände nicht leicht verwirklichen. Sie verlangt von den Führern aller Stufen viel Initiative und Entschlußfreudigkeit. Diese Eigenschaften dürften bei unsern potentiellen Gegnern in unterschiedlichem Maße vorhanden sein. Da uns ein Angreifer an Feuermitteln und Beweglichkeit stark überlegen sein würde, müssen wir mit einer gewissen Lähmung des Führungsapparates, einer teilweisen Neutralisierung der operativen Kampfmittel, großen Zerstörungen und einzelnen tiefen Einbrüchen rechnen. Feindliche Verbände, die in Ausnützung weicher Stellen weit in unsern Operationsraum vorgedrungen sind, ohne das Zwischengelände zu säubern, weisen lange und gefährdete Flanken auf. Ihre Verbindungen nach rückwärts sind nicht gesichert. Mit der Zeit dürfte der Schwung des Angreifers nachlassen. Ermüdung und Enttäuschung machen sich geltend. Die Hoffnung auf einen leichten Sieg schlägt in Furcht um. Der Verschleiß an modernem Kriegsmaterial ist enorm. Das umfangreiche Nachschubgut, auf welches hochtechnisierte Truppen angewiesen sind und das über ein weitgehend zerstörtes Verkehrsnetz nach vorn gebracht werden muß, erreicht die Front nicht überall. Da und dort tritt Mangel an Munition und Betriebsstoffen ein. Wegen fehlender Ersatzteile und Reparaturequipen können manche Waffen und Geräte nicht instand gestellt werden. Sie fallen aus. Ihr Ersatz durch neues Material ist nicht gewährleistet. Die Kampfkraft des Gegners schwindet dahin. Die bis ins einzelne geplante Offensive gerät ins Stocken. Manche Aktionen kommen zum Erliegen. Die operativen Ziele sind nicht erreicht. Neue Entschlüsse und Befehle sind nötig, um den Angriff wieder in Fluß zu bringen. Inzwischen vergeht die Zeit – eine Zeit, die wir nützen müssen.

Merkmale unserer Armee

Unsere Armee ist kein verkleinertes Abbild der Streitkräfte großer Mächte; sie hat Merkmale, die nur ihr eigen sind. Zunächst sticht ihre zahlenmäßige Stärke hervor, die auf der allgemeinen Wehrpflicht und dem Milizsystem beruht. Die im Zivilleben erworbenen Kenntnisse und Fähigkeiten des einzelnen werden nach Möglichkeit ausgenützt. Die Kader sind im allgemeinen entschlußfreudig und geistig beweglich. Da Präsenztruppen fehlen, legen wir größten Wert auf eine rasche, aber geordnete Mobilmachung und die Fähigkeit, in kurzer Frist eine erste Kampfbereitschaft zu erstellen. Die schweizerische Armee ist zum Verteidigungskampf im eigenen Land bestimmt. Auf weitreichen-

Unten: Grenadiere im nächtlichen Häuserkampf. Sie führen schnelle, überraschende Schläge.

Rechts: Panzer rücken vor. Aber auch wenn ein Gegner uns überlegen wäre, haben wir die Möglichkeit, Angriffe auf Flanken und Nachschubkolonnen des Angreifers zu führen.

Leise und gefährlich kommt die Infanterie. Dieses Bild von einer nächtlichen Übersetzübung über die Limmat stammt aus neueren Manövern.

de Offensivwaffen kann sie deshalb verzichten. Eine ausgezeichnete Infrastruktur, um die uns fremde Armeen beneiden, dient dem Schutz von Führungseinrichtungen, Truppe, wichtigen Kampfmitteln und Vorräten. Die abstoßende Kraft des Geländes wird durch vorbereitete Zerstörungen, Hindernisse und Festungswerke bedeutend erhöht. Die über 600000 Wehrmänner unserer Armee können nicht durchweg mit den modernsten Waffen ausgerüstet werden. Wir sind auch nicht in der Lage, allen Formationen einen hohen Beweglichkeitsgrad zu verleihen. Mit den bewilligten Krediten soll eine möglichst große Feuerkraft erzielt werden. Das Gros unserer Truppen muß sich mit verhältnismäßig einfachen, über viele Jahre im Einsatz stehenden Waffen abfinden. Wenn sie in großer Anzahl vorhanden sind, läßt sich damit bei bestmöglicher Ausnützung unseres Geländes und der ihm eigenen Einsatzdistanzen eine ansehnliche Wirkung erreichen. Unsere Erfolgsaussichten hängen somit vom Willen und von der Fähigkeit unserer Wehrmänner ab, auch bescheidenes Gerät zu großer Wirkung zu bringen. Für die wirkungsvolle Verteidigung unseres Luftraums und die erfolgreiche Führung von mechanisierten Gegenschlägen kommen wir allerdings nicht darum herum, eine beschränkte Anzahl fortschrittlicher Hochleistungssysteme zu beschaffen. Da sie ihrem Duellgegner kaum länger als 15 Jahre gewachsen sind, müssen sie in ihrer zweiten Lebenshälfte einer weniger anspruchsvollen Aufgabe zugeführt werden: Ehemalige Abfang- oder Raumschutzjäger erhalten die Rolle von Erdkampfflugzeugen, frühere Kampfpanzer diejenige von Jagdpanzern.

Unsere Kampfführung

Das schweizerische Einsatzkonzept lehnt die Idee der operativen Entscheidungsschlacht ab. Es setzt der Schnelligkeit und Wucht der feindlichen Angriffsverbände die Verteidigung des vorhandenen Raumes in seiner ganzen Ausdehnung entgegen. Mit ihren verhältnismäßig zahlreichen Truppen führt unsere Armee den Kampf aus einer gestaffelten Gefechtsgliederung heraus. Auf diese Weise behält sie auch bei tiefen Einbrüchen des Feindes die Handlungsfreiheit und zwingt den Gegner, sein Feuer zu verzetteln. Um die Zersplitterung ihrer eigenen Kräfte zu vermeiden, legt sie das Schwergewicht auf die Behauptung von Schlüsselgebieten. In weniger günstigen Geländeteilen begnügt sie sich mit Zeitgewinn. Der Gegner wird von der Landesgrenze weg bis zum Alpenkamm in ununterbrochene Gefechte verwickelt. Lückenlose Zerstörungslinien unterbrechen das Verkehrsnetz und hemmen den Vormarsch. Gegenangriffe, Handstreiche und Feuerüberfälle verhindern oder verzögern die Wiederinstandstellungsarbeiten und den Aufbau vorgeschobener Sicherungen. Unter bestmöglicher Ausnützung des Geländes wird der Gegner durch ein schachbrettartig in den Boden verkralltes System von Sperren und Stützpunkten kanalisiert, gebremst und abgenützt.

Das mit Hindernissen gekoppelte Panzerabwehrfeuer bringt den Panzerangriff zum Stehen. Die feindlichen Panzergrenadiere setzen ihren Angriff zu Fuß fort und werden durch Artillerie- und Minenwerferbeschuß arg mitgenommen. Die Panzerfahrzeuge müssen ihre Luken schließen und eine Beschränkung ihres Gesichtsfeldes in Kauf nehmen. Wo eigene Verbände durchstoßen wurden, fallen sie nach Maßgabe der ihnen verbliebenen Kampfkraft bei Nacht und schlechtem Wetter immer wieder die hintern Treffen des Gegners an. Dadurch erschweren sie Unterstützung, Verstärkung und Versorgung der feindlichen Angriffsspitzen. Das gleiche Ziel verfolgen die Erdeinsätze unserer Flugwaffe. Auf diese Weise werden günstige Voraussetzungen für die Gegenschläge unserer mechanisierten Truppenkörper geschaffen. Diese genießen den Schutz der Jagdflugzeuge.

Durch zahlreiche Gefechte, in denen die verschiedenen Truppengattungen eng zusammenwirken, hoffen wir den Kampf in die Länge zu ziehen und den Schwung der feindlichen Offensive zu lähmen. Je mehr sich der Gegner im Maschenwerk unserer Verteidigung verstrickt, desto häufiger bietet sich uns die Gelegenheit, Teilkräfte anzufallen, zu dezimieren und schließlich zu vernichten.

Wenn der schweizerische Operationsraum zur Sickergrube werden soll, in welcher der feindliche Angriff versandet, müssen wir der Gefahr vorbeugen, daß sich unsere Kampfführung in einer rein statischen Verteidigung erschöpft. Wir verschanzen uns zwar in einem System von Stellungen, das uns hilft, die Feuervorbereitung des Gegners zu überstehen und seine Angriffswucht zu brechen; bei jeder sich bietenden Gelegenheit müssen wir aber die Sperren und Stützpunkte als Startlöcher für offensive Aktionen gebrauchen. Einbrüche sind durch Gegenstöße zu bereinigen, gefallene Stützpunkte im Gegenangriff zurückzuerobern. Der Eindringling wird in Fallen gelockt. Feuerüberfälle fügen ihm schwere Verluste zu. Gegenschläge treffen ihn ins Mark.

Damit dies geschehen kann, muß unser Nachrichtendienst unentwegt feindliche Tiefpunkte aufspüren und die günstigen Augenblicke für erfolgreiches Zuschlagen feststellen. Keine Krisenlage des Gegners darf ungenützt verstreichen. Der hinterste Wehrmann muß vom Bestreben erfüllt sein, jede Schwäche des Feindes zu erkennen und beim Schopfe zu packen, mit dem Ziel, ihn zu schlagen und zu vernichten.

Dieser Geist verlangt Unerschrockenheit, Initiative und selbständiges Handeln im Rahmen des Auftrages und der Absicht des Vorgesetzten. Er kann bei der Truppe nur geschaffen und erhalten werden, wenn die Kommandanten in entscheidenden Augenblicken an den Brennpunkten des Geschehens ein Beispiel geben.

Vorausgesetzt, daß die Lücken in unserer Panzerabwehr und im Raumschutz geschlossen werden, ist unsere Armee trotz materieller Unterlegenheit befähigt, einem modernen Gegner die Stirn zu bieten. Die Truppe braucht freilich eine gewisse Vorbereitungszeit, um sich einzurichten und in den Auftrag hineinzuwachsen. Es ist Aufgabe des Nachrichtendienstes, rechtzeitig schlüssige Unterlagen für den Mobilmachungsentscheid beizubringen.

Da wir in unsern vorbereiteten Einsätzen anfänglich die Initiative dem Gegner überlassen und aus der Nachhand kämpfen, tun wir gut daran, das mögliche Kampfgeschehen im einzelnen zu durchdenken und unsere Reaktionen auf die Feindannahmen gründlich zu überlegen und zu planen. Nur so ist Gewähr geboten, daß wir den feindlichen Angriff nicht einfach erdulden, sondern dem Gegner immer wieder Schach bieten, vom unbeugsamen Willen beseelt, ihn letzten Endes schachmatt zu setzen.

Im Krieg prallen, etwas vereinfacht ausgedrückt, die Willen zweier Chefs aufeinander. Von den beiden gewinnt jener, der den längern Atem hat und seine Truppe davon zu überzeugen weiß, daß sie bei richtigem Verhalten echte Erfolgsaussichten hat. Kleingläubige Kommandanten, die keine Zuversicht ausstrahlen, sind nicht geeignet, unsere Wehrmänner zum Sieg zu führen.

Ganz oben: Im Tiefflug pfeilt diese Mirage über die Schweizer Alpen. Die spezifisch schweizerische Gebirgs-Luftkampfschulung macht unsere Flugwaffe auch dann gefährlich, wenn sie nur ältere Maschinen hat.

Oben: Unter dieser Tarnung, die ein Gegner aus der Luft – wenn alles gutgeht – als harmloses Gebüsch identifiziert, verbirgt sich eine Fliegerabwehrstellung mit 20-mm-Flabkanone.

Links: Der Einzelkämpfer. Auf ihn, auf seine Entschlossenheit, seine Kaltblütigkeit und seinen unbeugsamen Willen, den Gegner zu schlagen, kommt es in einem Ernstfall an.

Sind Manöver und Defilees heute noch sinnvoll?

Man muß den Krieg gelegentlich spielen, um ihn besser vermeiden zu können. Aber die Wirklichkeit des Ernstfalls, die Angst um das Leben der Angehörigen, um das eigene Schicksal sind nicht darstellbar. Das feindliche Feuer wird höchstens markiert. Trotzdem sind moderne Manöver weit mehr als «Indianerspiele», wie manchmal gespottet wird. Der nachfolgende Beitrag beweist es.

Ein Bild von geballter Kraft! Stolz und ernst führt der Major sein Bataillon zum Defilee. Die Fahne flattert. Aber was haben die namenlosen Männer in den feldgrauen Kolonnen davon? Defilees sind mehr als militärische Schauspiele. Man muß nur wissen, warum.

Von Korpskommandant Hans Wildbolz, Ausbildungschef der Armee

Welcher ältere Wehrmann erinnert sich nicht an Manöver und Defilees! Große Truppenübungen, in denen «sich bekämpfende» Manöverparteien einander gegenüberstanden und die in der Regel mit einem Defilee der wieder friedlich vereinigten Manöververbände verbunden waren, gehörten – in mehrjährigen Intervallen – zu den Höhepunkten der Truppendienste.

Zwar finden immer noch periodische Truppenübungen im Großaufgebot von Heereseinheiten und gelegentlich auch Vorbeimärsche statt; aber ihre Formen haben sich gewandelt. Im schweizerischen Mittelland, dem frühern Manövergelände par excellence, sind Übungen großen Stils nur noch in einem thematisch begrenzten Rahmen durchführbar. Die heutige Ausrüstung der Truppe mit ihrem hohen Grad der Motorisierung und mit ihren schweren Kampfmitteln, namentlich ihren Panzerfahrzeugen, läßt eine freie Führung und das Durchspielen von Kampfhandlungen auf Gegenseitigkeit in einer wirklichkeitsnahen Weise und im größern Truppenbereich kaum mehr zu. Bestenfalls sind Gefechtshandlungen von gegeneinander angesetzten Manöverparteien im Gebirge möglich, weil dort auch der «Gegner» mit Mitteln kämpfen muß, die durch eigene Verbände dargestellt werden können.

Sind große Truppenübungen – für die der Begriff «Manöver» nur noch selten zutrifft, der daher immer weniger Verwendung findet – überhaupt noch sinnvoll? Als Abschluß eines mehrjährigen Ausbildungsprogramms sind sie zur Überprüfung des gesamten Führungsapparates und des Zusammenspiels aller Verbände im gemeinsamen Einsatz notwendig. Stabs- und Rahmenübungen, in denen die Truppen nur «auf dem Papier» vorhanden sind und nicht «live» mitwirken, sind kein Ersatz.

Verantwortungsschule – Befehlstest

Im Gesamtaufgebot von Brigaden und Divisionen gelangt die Verantwortung der Kommandanten und ihrer Stäbe zur Geltung. Die Auswirkungen der Führungsmaßnahmen treten augenfällig in Erscheinung. Und der Meldefluß des Nachrichtendienstes wie auch das mehrfache Übermittlungsnetz können nur im größeren Rahmen zur Entfaltung gebracht und überprüft werden.

Ähnlich verhält es sich mit den logistischen Dienstleistungen der Versorgung, des Sanitätsdienstes, der Transporte und des Reparaturdienstes. Nur ein größeres Truppenaufgebot schafft die Voraussetzungen, daß die Logistik ihren Funktionen über mehrere Stufen folgen kann. Damit wird die Zusammenarbeit der zu unterstützenden Truppen mit den logistischen Organen, z.B. den Versorgungsplätzen und den sanitätsdienstlichen Einrichtungen, erst ermöglicht.

Nicht zuletzt bieten große Truppenübungen die Gelegenheit, bestimmte Einsatzverfahren zu testen, etwa Mobilmachungs- und Versorgungsabläufe sowie Lösungen der Kommandoordnung und der Kampftechnik.

Aus all diesen Gründen ist die periodische Durchführung großer Truppenübungen heute und in Zukunft erforderlich. Dabei ist erheblichen Auflagen Rechnung zu tragen: Die immer dichtere Überbauung des Landes, der starke Verkehr und das sensible Umweltempfinden engen die Bewegungsfreiheit militärischer Verbände mehr und mehr ein. Das Risiko unzumutbarer Störungen und Schäden beschränkt die Übungsabläufe.

Diese Umweltbedingungen erhöhen nicht nur den organisatorischen Aufwand bei der Vorbereitung und Durchführung von Übungen, sie beschneiden auch ihren Gestaltungsspielraum in der Wahl des Geländes und der Themen. Eigentliche Kampfhandlungen im größern Verband scheiden weitgehend aus. Dagegen konzentrieren sich die Übungsziele immer mehr auf die Operationen der Mobilmachung, des Aufmarsches, der Kampfvorbereitungen und – zur Schulung der Beweglichkeit – von Umgruppierungen. Trotz der Enge der Thematik bleibt hinreichend Spielraum, den Übungsstil von Fall zu Fall mit eigenen Akzenten zu gestalten. Der Ideenreichtum der vorbereitenden Stäbe kann und soll sich dabei entfalten.

Was hat der einfache Soldat davon?

Ein immer wieder gegen große Manöver erhobener Einwand betrifft den geringen Profit der Truppe und der untern Führungsstufen. Wartezeiten, fehlender Überblick, mangelnde Information darüber, «was gespielt wird», und geringe Wahrscheinlichkeit, «ins Gefecht zu kommen», werden als Leerlauf empfunden. Es handelt sich in der Tat um ein echtes Problem, dem in der Übungsgestaltung Rechnung getragen werden muß. Die Spannung, die sich in Manövern auf Gegenseitigkeit, im Kräftemessen sich bekämpfender Parteien, von selbst ergab, muß in Übungen ohne «Gegner» auf andere Weise geschaffen werden. Dies kann zum Beispiel durch Kontrolleinlagen und durch Markeureinsätze – als Übungen in der Übung – geschehen.

Oben: Unvergeßlich ist das Korpsdefilee von Dübendorf im Jahre 1963. Auf der Ehrentribüne nahmen EMD-Chef Bundesrat Paul Chaudet und Oberstkorpskommandant Ernst Uhlmann vor einer riesigen Zuschauermasse den Vorbeimarsch der Truppe ab. An diesem Tage begegneten sich Volk und Armee.

Rechts: Entlang der Dübendorfer Defilierstrecke flatterten die Fahnen der Schweiz und ihrer Kantone. Das war mehr als bloße Dekoration; die Fahnen standen für die Vielfalt der Heimat und waren schlichte Zeichen für das, was diese Armee zu verteidigen hätte, wenn es ernst gälte.

Links: Das Defiliergelände von Dübendorf, aus einem anderen Blickwinkel gesehen: 22000 Autos waren auf den bereitgestellten Plätzen parkiert. Insgesamt wohnten über 200000 Zuschauer aus der ganzen Schweiz diesem Truppenvorbeimarsch bei. Ein Volk auf Rädern grüßte seine kampfbereite Armee!

Der Vorbeimarsch der Panzer. Große Defilees werden nur noch selten veranstaltet, denn im Gegensatz zu Manövern kosten sie zusätzliche Ausbildungszeit und nicht wenig Geld. Aber der riesige Zuschaueraufmarsch beweist: Von Zeit zu Zeit will das Volk seine Armee sehen!

Um einem sinnvollen, lehrreichen Mitengagement der Truppe Rechnung zu tragen, soll sie bloß an den Übungsphasen teilnehmen, die dieser Bedingung entsprechen. Darüber hinaus werden nur die Stäbe, die Stabstruppen und jene weitern Truppenverbände beansprucht, die in solchen Rahmenübungen benötigt werden. Große Truppenübungen werden so zu einem System von Teilübungen.

Das Interesse der Truppe hängt sehr stark von der Information ab. In den großen Übungen der letzten Jahre wurde denn auch mit beträchtlichem Aufwand für die Orientierung aller Beteiligten gesorgt. In Truppenzeitungen und über die öffentlichen Informationsmedien wird dem Wehrmann vor, während und nach der Übung das Wissenswerte vermittelt. Er soll die Zielsetzungen, die Zusammenhänge und die wichtigsten Randbedingungen der Übung kennen. Was ihn interessiert, soll ihm zugänglich sein.

Kaum zusätzlicher Aufwand

Große Truppenübungen, die meist auch in der Öffentlichkeit auf ein reges Interesse stoßen, sind mit einem beträchtlichen Aufwand verbunden. Immer wieder begegnet man der Frage, was ein solches «Manöver» denn koste und ob sich der Aufwand lohne. Steht er in einem vernünftigen Verhältnis zum Ausbildungsgewinn?

Das Truppenaufgebot für große Übungen umfaßt allgemein nur jene Wehrmänner, die im betreffenden Jahr ohnehin dienstpflichtig sind. Eine Ausnahme betrifft die Schiedsrichter, die zusätzlich für einige Tage einberufen werden müssen; es handelt sich indessen um wenige hundert Offiziere. Auch die Ausrüstung und der Treibstoff halten sich im Rahmen der Kontingente, die der Truppe für das betreffende Jahr zur Verfügung stehen, unabhängig davon, ob sie ihren Dienst im kleinen oder großen Verband leistet. Mit Ausnahme der kaum ins Gewicht fallenden Kosten des Schiedsrichteraufgebots erwachsen daher bei großen Truppenübungen in der Regel keine zusätzlichen Ausgaben. Es stehen die normalen Kredite für die jährlichen Truppendienste zur Verfügung.

Für die vorbereitenden Organe, namentlich für die Übungsleitung (Armeekorps- oder Divisionsstab), ist eine große Übung mit beträchtlichem Arbeitsaufwand verbunden. Dieser muß aber im Rahmen der jährlichen Diensttage bewältigt werden. Aus diesem Grunde erstreckt sich die Vorbereitungszeit über zwei bis drei Jahre. In intensiver Stabsarbeit werden die Übungsziele, der Phasenablauf, die Lage, die Leitungsorganisation und die Übungsregie bearbeitet, die Befehlspakete vorbereitet und zahlreiche Absprachen vorgenommen. Die Anlage und die Durchführung großer Übungen sind für die leitenden Organe selbst eine «Übung», in der sich Stabsarbeit, Führungstechnik und Methodik bewähren können.

Defilees – selten, aber nützlich

Solche Generalstabsarbeit (im wahren Sinne des Wortes) setzen auch Defilees voraus. Großdemonstrationen dieser Art wurden seit Jahren nicht mehr durchgeführt. Das letzte große Defilee fand auf dem Flugplatz Dübendorf im Jahre 1963 statt ... Weshalb ist seither – mit Ausnahme kleiner und einiger mittelgroßer Vorbeimärsche – darauf verzichtet worden?

Abgesehen von der Belastung des Zivilverkehrs liegen die Gründe vor allem im finanziellen Aufwand und in der Beanspruchung kostbarer Ausbildungszeit. Neben baulichen Arbeiten (Tribünen, Führungsanlagen usw.) fällt beim heutigen Motorisierungs- und Mechanisierungsgrad der Treibstoffbedarf ins Gewicht. Die Vorbereitung der Truppenverbände, ihr Zusammenzug und ihre Bereitstellung erfordern Zeit.

Man kann sich aber doch fragen, ob der fast totale Verzicht auf größere Defilees richtig ist. Der Öffentlichkeit wird, über einen beschränkten Kreis von Besuchern hinaus, wenig Gelegenheit zu einem umfassenden Einblick in unsere Truppe, ihre Organisation und ihre Ausrüstung geboten. Tage der offenen Türe und Berichte der Informationsmedien vermitteln wohl – heute mehr als früher – Ausschnitte der Truppentätigkeit; sowenig wie diese können indes auch Waffenschauen die Eindrücke einer Großveranstaltung anbieten, die das kostspielige Arsenal ganzer Heereseinheiten Revue passieren läßt.

Hat das Volk, das jährlich Milliardenbeträge für die Ausrüstung und Ausbildung unserer Armee zur Verfügung stellt, nicht Anrecht auf einen umfassenden Einblick, den ein Defilee ermöglichen würde? Ein Defilee böte auch Gelegenheit, dem In- und Ausland in imposanter Weise vorzuführen, wie gut sich eine Miliztruppe mit kürzesten Ausbildungszeiten präsentieren kann, obwohl sie ihre Truppendienste der Gefechts- und Fachschulung widmet.

Der Aufwand einer Großveranstaltung kann nur in größern Zeitabständen in Kauf genommen werden. Aber ein Defilee im Heereseinheitsausmaß etwa alle Dutzend Jahre würde sich lohnen. Der Aufwand wäre, vor allem gemessen an der Wirkung, tragbar und ein «Opfer» an Ausbildungszeit von einem bis zu zwei Tagen durchaus zumutbar. Die Vorbereitungsarbeiten und der Vorbeimarsch selbst sind in ihren hohen Ansprüchen an Sorgfalt, Gründlichkeit, Aufmerksamkeit und Disziplin zudem keineswegs wertlos. Bei sinnvoller Ausnützung von unvermeidlichen Wartezeiten ist Leerlauf zu umgehen. Und die Leistungen der Führung und der Truppe werden in einem Defilee in höherem Maße herausgefordert, als oft gemeint wird. Gründlich vorbereitete, wenn auch seltene Großveranstaltungen dieser Art vermögen wohl mehr an Nutzeffekt zu erbringen als die Summe zahlreicher Halbheiten.

Die Diskussionen über Wert oder Unwert von großen Manövern und Defilees im Schweizer Milizheer werden weitergehen. In jeder Entwicklungsphase unseres Wehrwesens ist die Frage neu zu stellen, ob und wie Truppenübungen ganzer Heereseinheiten noch sinnvoll gestaltet werden können. Auch das Bedürfnis, dem Volk die Vielfalt der materiellen Rüstung und der Ausbildung vor Augen zu führen, wird nicht übersehen werden dürfen.

Oben: Die Artillerie mit Mannschaftswagen und angehängten Geschützen stellt sich vor. Gerade diese Waffengattung, die sonst vor allem aus der Ferne wirkt und selten öffentlich in Erscheinung tritt, präsentierte sich mit dem besonderen Waffenstolz, der ihr seit je eigen ist.

Links: Motorradfahrer in exakter Formation vor der Ehrentribüne. Nur dank monatelangen geduldigen Vorbereitungsarbeiten und einer großen Anzahl detaillierter Spezialbefehle war es möglich, in Dübendorf diese Vielfalt von Waffengattungen zu bündeln und geordnet zu präsentieren.

Rechts: Der Höhepunkt des Korpsdefilees! Über 200000 Augenpaare wandten sich himmelwärts, als zwei Fliegerstaffeln in ihrer Paradeformation, dem «Diamanten», sekundengenau über dem Defiliergelände erschienen und im Tiefflug den dröhnenden Gruß der Fliegertruppen entboten.

Oben: Reizvolle Militärpostkarten sind uns aus dem Aktivdienst 1914/18 überliefert. Schießende Artillerie und scharf beobachtende Offiziere.

Unten: Ruhendes Bataillonsspiel vor dem Zeltlager, wie der zeitgenössische Künstler es gesehen hat.

Unten rechts: Zum Schuß fertig macht sich die Gebirgsinfanterie. Ein merkwürdiger Kontrast, diese Waffen und der feine Strich mit den Pastellfarben!

Rechts: Eine geschlagene Armee! Erschöpft, frierend und verwundet schleppen sich die Soldaten von General Bourbaki über die schneebedeckten Jurahänge auf das rettende schweizerische Gebiet (zeitgenössisches Gemälde). Diese erschütternde Episode des Deutsch-Französischen Krieges von 1870/71, in dessen Verlauf das schweizerische Heer zur Grenzbesetzung mobilisiert wurde, zeigte nicht nur das Elend der Geschlagenen auf, sondern auch manche Schwäche in der Schweizer Armee.

E. BOITEL

E. BOITEL

Manöver – Spiegelbilder der Heeresentwicklung

In der Geschichte ihrer Manöver spiegelt sich die Geschichte der Schweizer Armee überhaupt. Es ist eine Geschichte mit wenigen Helden, aber vielen kleinen Schritten. Eine Geschichte voll von Versuchen und Fehlschlägen, von praktischen Erfahrungen und behutsamen Veränderungen. Die größten Gestalten des schweizerischen Heereswesens kommen darin vor: Dufour, Herzog, Wille, Guisan...

Von Dr. Hans Rudolf Kurz, Bern

Es ist ein reizvolles Unterfangen, aus dem Blickwinkel der Truppenmanöver die Entwicklungsgeschichte unserer Armee zu verfolgen. Manöver sind die Spiegelbilder der Heeresentwicklung ihrer Zeit, in denen sich eindrücklich und klar der jeweilige Stand der Armee und der hierfür maßgebenden Grundelemente erkennen lassen:

– die in der betreffenden Periode vorhandene Ausrüstung und Bewaffnung des Heeres,

– die in der jeweiligen Zeit gültige Truppenorganisation,

– die vorgeschriebene Gefechtsführung und das Gefechtskönnen der Truppe,

– und nicht zuletzt auch die innern Kräfte, die im Heer wirksam sind.

Im Schaufenster des Manövergeschehens erfahren diese Größen jeder Heeresentwicklung nicht nur sichtbaren Ausdruck, sondern auch praktische Bewährung. Manövergeschichte ist darum eine lebendige Form praktischer Heeresgeschichte.

Feuerwaffen erfordern Manöver

Der Gedanke der Truppenausbildung im größern Verband setzte in der schweizerischen Kriegsgeschichte erst in jener Zeit ein, in der die Eidgenossenschaft schrittweise zu einer Politik der Neutralität – dem «Stillesitzen» – überging. Der großen kriegerischen Zeit der Eidgenossenschaft zwischen Morgarten (1315) und Marignano (1515) war das militärische Exerzitium weitgehend fremd. Hier wurde der Krieg im Kriege selbst gelernt. Im 16. und 17. Jahrhundert führte dann aber der starke Ausbau der infanteristischen Feuerwaffen zu immer komplizierteren Formen der Gefechtsführung. An die Stelle der spießbewehrten Gevierthaufen, die mit ihrer körperlichen Wucht den Kampf entschieden, trat das Feuergefecht, das in einer linearen Treffentaktik ausgefochten wurde, in der es darum ging, die Wirkung der Feuerwaffen möglichst in die Breite zu steigern. Diese neue Kampfweise stellte wesentlich höhere Anforderungen an das gefechtstechnische Können von Führung und Truppe. Sie konnte nicht mehr improvisiert werden, sondern rief nach einem systematischen Exerzitium schon im Frieden. Hier setzt die Notwendigkeit einer modernen Manöverschulung ein. In der Eidgenossenschaft lehnte man sich damals stark an die in den Niederlanden unter dem Prinzen Moritz von Oranien entwickelten Exerziervorschriften an. Je mehr sich allerdings die kriegerische Betätigung der Eidgenossenschaft in die Fremden Dienste verlagerte, um so mehr blieben solche Pläne in der Heimat auf dem Papier.

Links oben: Der säbelschwingende Leutnant führt seinen Artilleriezug im Galopp zum Stellungsbezug; ein volkstümliches Erinnerungsbild aus der Grenzbesetzung 1914/18.

Links unten: Infanterie in Schützenlinie ist bereit zum Gefecht. Noch trugen die Wehrmänner die alte, dunkelblaue Ordonnanzuniform und das Langgewehr.

Unten: Perkussionsschloßgewehr für Infanterie.

Ganz unten: Schweizerisches Repetiergewehr, System Vetterli.

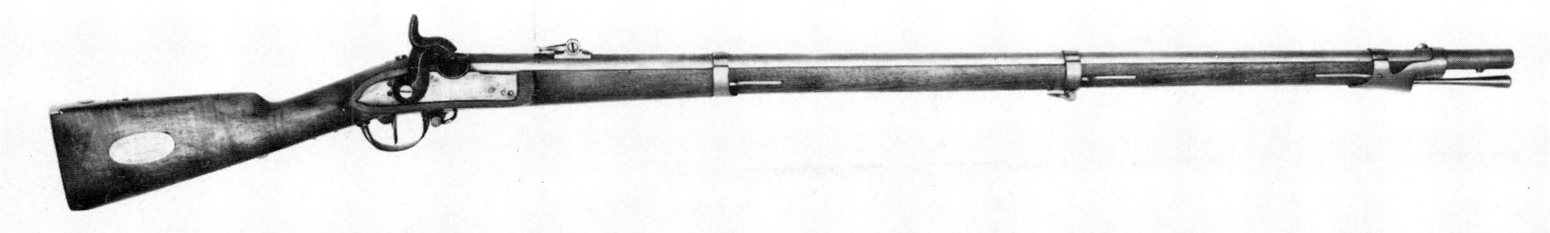

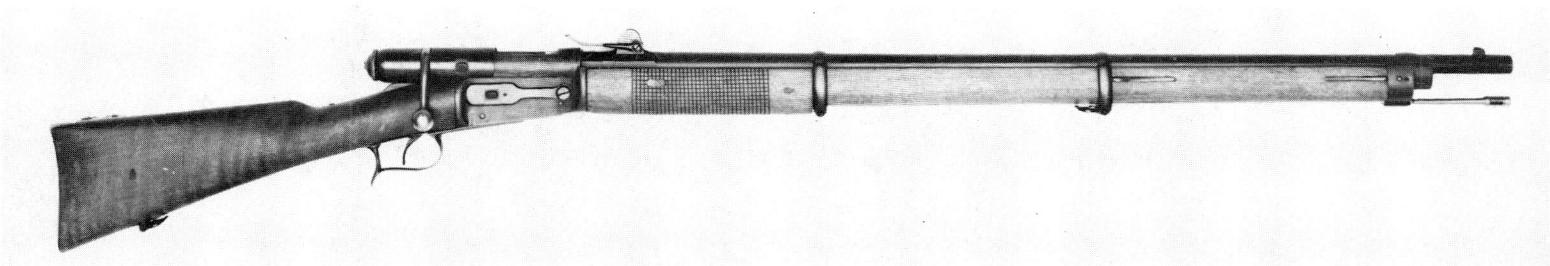

In der Schweiz des 16. und 17. Jahrhunderts wurden die wehrfähigen Bürger an Wochenenden zu «Trüllmusterungen» einberufen (zeitgenössische Karikatur).

Defensionale läßt die Eidgenossen zusammenrücken

Der Dreißigjährige Krieg bewirkte mit seinen mehrmaligen Bedrohungen des schweizerischen Staatsgebiets nicht nur ein Besinnen auf die Grundprinzipien der Neutralität, sondern auch eine erstmalige Schaffung einer gesamtschweizerischen Verteidigungsorganisation. Nach verschiedenen Anläufen wurde im Januar 1647 das eidgenössische Defensionale von Wil beschlossen, in dem zum erstenmal in der eidgenössischen Geschichte ein auf der Milizbasis beruhendes, gesamteidgenössisches Heer zum Schutz der Unversehrtheit des eidgenössischen Territoriums aufgestellt wurde. Im Wiler Schirmwerk, dem in den Jahren 1668, 1773/74 und 1776/79 weitere Organisationen dieser Art folgten, liegt die Verankerung des bis auf den heutigen Tag gültigen Grundsatzes der «bewaffneten Neutralität». Zur Sicherung der Grenze sah es einen ersten Auszug von 12000 Mann und eine Reserve von 24000 Mann vor, die von den eidgenössischen Orten nach einem festen Schlüssel gestellt werden sollten. Dazu kamen 50 Geschütze. Die Führung dieser Truppe lag in der Hand eines eidgenössischen Kriegsrats.

Die Defensionalwerke wurden im 17. Jahrhundert mehrmals praktisch angewandt, schliefen dann aber im 18. Jahrhundert immer mehr ein. Ihre Bedeutung liegt nicht zuletzt darin, daß sie in der damaligen Zeit die wohl stärkste Bindung unter den Eidgenossen darstellten, und vor allem, daß sie eine tragfähige Grundlage schufen, auf der in der Zeit nach 1815 aufgebaut werden konnte.

Während des 16. und 17. Jahrhunderts ist von größeren Heeresübungen in der Eidgenossenschaft nicht die Rede. Solche wurden lediglich in einigen Orten, insbesondere in den Stadtkantonen, in der Form sogenannter «Trüll-Musterungen» durchgeführt, die jedoch im kleinen Rahmen blieben und sich in der Regel auf einige Wochenende des Jahres beschränkten. So ist etwa die Rede von einem Übungslager, das von den Bernern im Jahr 1767 auf dem Berner Kirchenfeld vor «ihrem» General Robert Scipio von Lentulus durchgeführt wurde. Lentulus war Berner Burger, der in frederizianischen Diensten zu hohen Ehren aufgestiegen war. Dieser kriegserfahrene Offizier sollte seine Vaterstadt militärisch beraten. Über seine Eindrücke übergab Lentulus den Bernern zwei Mémoires, mit denen er die festgestellten Mängel kritisierte und interessante Vorschläge zu ihrer Behebung machte. Seine Ratschläge wurden höflich dankend zur Kenntnis genommen, verschwanden jedoch bald in den Schubladen der bernischen Heeresführung. Man hatte – 30 Jahre vor dem Untergang – nicht mehr die Kraft zu einem entschiedenen Handeln. Diese innere Kapitulation führte 1798 zum Zusammenbruch.

Im Zweiten Pariser Frieden vom 20. November 1815, der die napoleonische Ära abschloß, wurde die Neutralität des schweizerischen Staatsgebietes ausdrücklich als im Interesse Europas liegend anerkannt. Dieses europäische Interesse an der schweizerischen Neutralität war vorwiegend strategisch begründet: Diese sollte ein für die europäische Strategie bedeutsames Teilstück des europäischen Raums aus den Kriegsplänen der großen Mächte – insbesondere Frankreichs – heraushalten. Hierin lag der von der Schweiz erwartete Beitrag zur Erhaltung der politischen Stabilität in Europa. Allerdings hatte die Schweiz aus eigener Kraft den Mißbrauch ihres Gebiets zu militärischen Zwecken zu verhindern. Darin lag ihre völkerrechtliche Verpflichtung zur bewaffneten Neutralität, die rund 100 Jahre später im Haager Abkommen von 1907 über die Rechte und Pflichten der neutralen Mächte und Personen im Falle eines Landkriegs (Artikel 5) staatsvertraglich verankert wurde.

Die Geburt der modernen Schweizer Armee

Schon zwei Jahre nach der Wiedergewinnung ihrer Souveränität als neutraler Staat erließ die Eidgenossenschaft mit dem eidgenössischen Militärreglement vom 20. August 1817 eine eidgenössische

Wehrverfassung, die eine in sich geschlossene und vollständige Neuordnung des eidgenössischen Wehrwesens enthielt. Dieses Militärreglement, das in seinen Grundgedanken bewußt auf die Defensionalwerke des 17. Jahrhunderts zurückging, brachte, soweit es die föderalistische Grundstruktur des Landes zuließ, eine moderne und großzügige Wehrordnung, auf welcher die künftige Entwicklung aufbauen konnte. Es beruhte auf der allerdings noch nicht lückenlos durchgeführten allgemeinen Wehrpflicht und sah ein Kontingentssystem vor, das auf zwei Prozent der Wohnbevölkerung jedes Kantons beschränkt war. Die auf dem reinen Milizsystem aufgebaute Heeresorganisation gliederte sich in einen Bundesauszug, eine Bundesreserve und einen kantonalen Landsturm. Als Grundformationen wurden Bataillone aufgestellt, deren Eingliederung in Brigade- und Divisionsverbände dem Oberbefehlshaber überlassen blieb.

Die Ausbildung der Armee war Sache der Kantone, hatte allerdings nach eidgenössischen Reglementen und unter der Kontrolle der zentralen Militäraufsichtsbehörde zu erfolgen. Größere «taktische Übungen» sollten vorerst alle zwei Jahre und, wenn es der Bestand der Kriegskasse erlaubte, in kürzeren Fristen stattfinden; dabei sollte die Zahl der teilnehmenden Truppen 3000 Mann nicht übersteigen.

Mit dem Militärreglement von 1817 setzte die Serie der eidgenössischen Manöver ein, die vorerst unter der Bezeichnung «Übungslager» liefen. Im Jahre 1820 fanden sich in Wohlen (AG) erstmals in der schweizerischen Geschichte Truppen verschiedener Kantone zu gemeinsamen Übungen zusammen. Diesem ersten Übungslager schlossen sich im zweijährigen Turnus während drei Jahrzehnten noch 13 weitere und teilweise größere solcher Lager an. 1856 wurden sie von den eidgenössischen «Truppenzusammenzügen» abgelöst.

Die eidgenössischen Übungslager verliefen nach einem genau vorgeschriebenen Programm. Aus heutiger Sicht betrachtet, waren sie in mancher Hinsicht dilettantisch und erfüllten längst nicht alle Voraussetzungen einer sachgerechten militärischen Ausbildung. Auch verursachten die großen Verschiedenheiten der kantonalen Ausrüstungen mehrfach erhebliche Schwierigkeiten. Diese Lager müssen jedoch als Spiegelbilder der nachnapoleonischen Epoche beurteilt werden, in welcher der militärische Anspruch gegenüber inneren Problemen des Staates weitgehend zurückzustehen hatte. Aber gerade als verbindendes Element innerhalb der wenig gefestigten Eidgenossenschaft kam den Übungslagern große Bedeutung zu. Es ist kennzeichnend, daß Gotthelf in seinem – übrigens sehr wehrfreudigen – Bericht über das Lager von 1838 in Sursee von einem «Lustlager» spricht. Dieses brachte, so Gotthelf, «vielen Nutzen, viele Freude; es wurde gut geleitet, und wäre man mit den Wirten so wohl zufrieden gewesen wie mit dem Heerführer, so wären die Leute des Rühmens nicht sattgeworden».

Mit dem ersten Übungslager von 1822 in Bière hängt eine Episode zusammen, die in ihrem Ablauf auffallend an die Berner Lentulus-Manöver von 1767 erinnert. Dieses Lager gab dem prominentesten «schweizerischen» General jener Zeit, Henri Jomini, Anlaß, seine Vorschläge und Anregungen für den Neuaufbau der schweizerischen Armee abzugeben. (Ob Jomini selber in Bière dabei war, steht nicht fest; jedenfalls war er über die Übungen gut im Bild.) Die Ratschläge des Generals sind enthalten in zwei Schriften: einem ersten und einem zweiten «Epître d'un Suisse à ses concitoyens» von 1822. Die Ausführungen dieses kriegserfahrenen Mannes sind noch heute höchst lesenswert – auffallend daran ist vor allem die erstaunliche sachliche Übereinstimmung Jominis mit den Äußerungen, die Lentulus 55 Jahre früher gemacht hat.

Das bernische Übungslager auf dem Kirchenfeld von 1767 vor General Robert Scipio von Lentulus.

Die Entwicklung im 19. Jahrhundert

Es mag auf den ersten Blick erstaunen, daß das aufgrund der Bundesverfassung von 1848 erlassene Bundesgesetz vom 8. Mai 1850 über die Militärorganisation kaum wesentliche neue Gedanken in die erste bundesstaatliche Wehrgesetzgebung hineingetragen hat – dies aber einmal deshalb, weil der entscheidende Schritt zu einer modernen schweizerischen Wehrorganisation schon mit dem Militärreglement von 1817 getan worden war. Dazu kommt, daß den Verfassungsgebern von 1848 die politischen und wirtschaftlichen Aufgaben der Bundesgründung als wichtiger erscheinen mußten als die militärischen.

Immerhin brachte das Gesetz von 1850 eine noch vermehrte Zentralisation des Militärwesens beim Bund. Das zahlenmäßig zwar vergrößerte, aber immer noch auf den kantonalen Kontingenten beruhende eidgenössische Heer war weiterhin nur bis zum Bataillonsverband organisiert. In der militärischen Ausbildung blieb bloß noch jene der Infanterie bei den Kantonen. Neu war die Einführung jährlicher Wiederholungskurse von «wenigstens drei Tagen» Dauer; in diesem Rahmen sollten von nun an die eidgenössischen «Truppenzusammenzüge» durchgeführt werden, die im wesentlichen eine Fortsetzung der in den Übungslagern betriebenen Gefechtsausbildung brachten. Ein Markstein in dieser Entwicklung waren die im Jahr 1861 durchgeführten ersten Gebirgsmanöver.

Höhere Ansprüche als diese Manöverübungen stellten die Truppenaufgebote zur Erfüllung von Grenzsicherungsaufgaben in den Jahren 1849, 1856/57, 1859 und vor allem 1870/71. Die Mobilmachungen beim Deutsch-Französischen Krieg von 1870/71 zeigten das in mancher Hinsicht unerfreuliche Bild einer ungenügenden Kriegsbereitschaft der aufgebotenen Truppen. General Herzog hat in seinen Rechenschaftsberichten mit bitteren Worten seine Enttäuschung dargelegt; seine Kritik gipfelt geradezu im Zweifel an der Möglichkeit, mit einer auf kantonaler Grundlage beruhenden Miliz zum Kriegsgenügen zu gelangen.

Unser Land hat aus den Erfahrungen der Grenzbesetzungen von 1870/71 gelernt. In aller Eile wurde nach dem Krieg das schon vorher begonnene Reformwerk wieder in die Hand genommen. Nach einem ersten Mißerfolg in der Volksabstimmung von 1872 gelang es mit der ab-

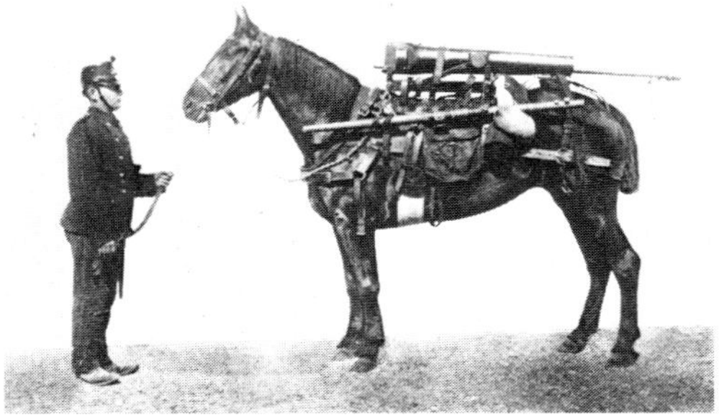

Tornister-Bestand.

1 Gebet-Büchlein.	1 Kleiderbürste.
2 Hemden.	2 Schuhbürsten.
1 bis 2 Paar Strümpfe oder Socken.	1 Fett-Büchse.
1 Paar schwarze zwilchene Pantalons.	1 Kamm.
1 bis 2 Paar schwarze zwilchene Kamaschen.	1 kleiner Spiegel.
1 Paar Schuhe.	Nadeln, Faden und Scheer.
1 Polizey-Mütze.	Knopfscheer, Pfeifenerde.
1 schwarze Halsbinde.	(Putz- und Ringholz, Lederfeile, Hammerschlag.)
1 Nastuch.	

4) Dem Fehlbaren wird seine Waffe auf unbestimmte Zeit abgenommen; derselbe wird übrigens noch im Laufe des nämlichen Jahres zu einer Strafgarnison einberufen.

5) **Wiederholungsfälle, so wie insbesondere das Schießen auf offener Straße und in der Nähe von Personen oder Gebäuden sollen immer mit der höchsten der im Art. 1 angegebenen Strafe bestraft werden.**

6) Jeder militärische Obere, der unterläßt, Fehlbare zu bestrafen oder dieselben anzuzeigen, wird mit 4 bis 8 Tagen Arrest oder Gefangenschaft bestraft.

7) Das Militärdepartement ist mit Vollziehung dieses Tagesbefehls, der öffentlich bekannt gemacht und den Truppen bei ihrer Entlassung jeweilen vorgelesen werden soll, beauftragt.

Bern, den 11. September 1837.

(Folgen die Unterschriften.)

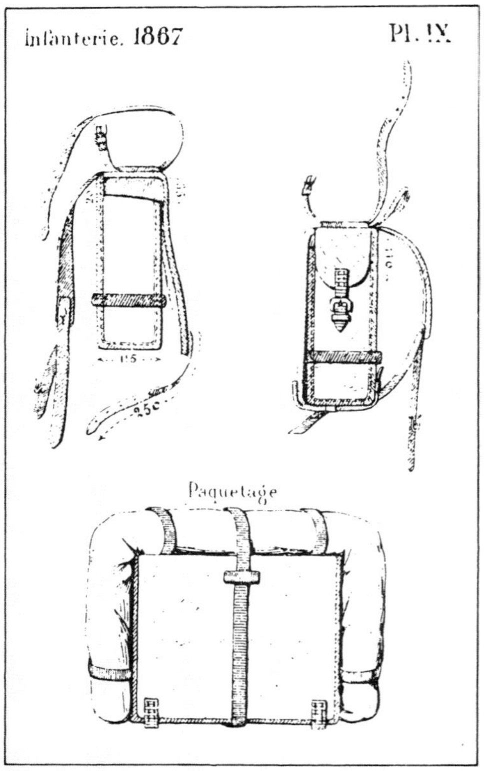

Diese Dokumente veranschaulichen das schweizerische Heerwesen des 19. Jahrhunderts. Die drei Bilder *oben* zeigen ein zerlegtes Artilleriegeschütz für den Transport zu Pferde (Lafette, Geschützrohr und Räder). Die Tornister-Auslegeordnung *(rechts oben)* ist ein Menschenalter älter und beweist, daß das berühmte Mannsputzzeug («Nadel, Faden und Scheer») eine altehrwürdige Errungenschaft ist. Schließlich bieten ein Militärreglement *(unten)*, das vor allem gegen den ungezügelten Waffengebrauch gerichtet ist, und eine bildhafte Instruktion für die Vollpackung amüsante Einblicke.

geschwächten Vorlage von 1874, neue militärische Grundvorschriften in der Bundesverfassung zu verankern. Die damals erarbeiteten Militärartikel gelten noch.

Mit dem Bundesgesetz vom 13. November 1874 über die Militärorganisation wurde die neue Verfassungsordnung vollzogen. Zwar bestand das Bundesheer immer noch aus den kantonalen Kontingenten, aber diese beruhten nicht mehr auf einem nach Prozenten berechneten Anteil, sondern auf einer lückenlos verwirklichten allgemeinen Wehrpflicht. Das Bundesheer wurde fest in acht Divisionen eingeteilt, wovon sich jede aus zwei Brigaden zu je zwei Regimentern zusammensetzte. Bedeutsam war, daß der ganze Militärunterricht nun in der Hand des Bundes lag.

Das Jahr 1886 verschaffte der Armee mit der Organisation des Landsturms einen Zuwachs von 200000 Mann. 1891 wurden der Armeekorpsverband geschaffen und die acht Divisionen in vier Armeekorps eingegliedert.

Ein Versuch zu einer noch weitergehenden Zentralisation des Militärwesens beim Bund scheiterte in der Volksabstimmung von 1895. Damit stand fest, daß Schritte in dieser Richtung nicht auf dem Verfassungsweg getan werden konnten, sondern im Rahmen der Gesetzgebung vorgenommen werden mußten. Dies ist mit dem Bundesgesetz vom 12. April 1907 über die Militärorganisation geschehen, das trotz seines Alters von mehr als 70 Jahren und seinen 15 Revisionen heute noch in Kraft steht.

Sobald die im Jahr 1874 geschaffene Neuordnung technisch verwirklicht war, konnte dazu übergegangen werden, die Neuerungen praktisch zu erproben und die Truppe in größeren Übungen damit vertraut zu machen. In Manöverübungen, die sich thematisch auf die Kriegserfahrungen von 1870 stützten, wurde ab 1877 jedes Jahr eine Division geschult. Die Übungen waren vorerst genau vorbereitete Gefechtsexerzieren, in welchen die Kommandanten sowohl Übungsleiter als auch Parteikommandanten waren. Der Gegner wurde von Markierern gespielt. Dieser sehr formalen Methode stellte General Herzog ein moderneres Konzept gegenüber, in dem zwei Divisionen konfrontiert wurden, wobei den beiden Kommandanten größtmögliche Freiheit in der Führung zugestanden wurde.

General Herzog erhielt im Jahre 1885 Gelegenheit, eine solche neu konzipierte Übung zu leiten, die jedoch etwas mißriet, weil der neue Manöverstil von den Parteien noch nicht erfaßt worden war. Dennoch wurde ab 1885 am Prinzip der freien Manöverführung festgehalten. Da nun je zwei Divisionen beteiligt waren, konnte jede Division alle vier Jahre zu Manövern herangezogen werden. Von 1893 an verliefen die Manöver im Rahmen der Armeekorps. Dabei standen sich in einer ersten Phase wiederum zwei Divisionen gegenüber, und am Schlußtag fand ein Gefechtsexerzieren des ganzen Korps gegen einen markierten Feind statt. Ab 1898 wurde in der Schlußphase ein eigentliches Korpsmanöver durchgeführt, in dem das übende Korps gegen eine Manöverdivision antrat. Nach 1903 standen in der ersten Manöverphase nicht mehr «normale» Divisionen gegeneinander, sondern aus verschiedenen Teilen zusammengesetzte Manöverdivisionen.

General Hans Herzog von Aarau war einer der Reformer des schweizerischen Heerwesens. Der ehemalige Artillerieinspektor zog in seinen Inspektionsberichten, besonders aber in seinen Rapporten über die Grenzbesetzung 1870/71 gegen die Nachlässigkeit und den Geiz der Kantone sowie gegen die Disziplinlosigkeit der Mannschaften energisch vom Leder – und erreichte Verbesserungen!

Diese Wandlungen in der Gestaltung der Manöver lassen erkennen, daß es nicht einfach war, eine befriedigende Manöverformel zu finden. Aber trotz der von den Beteiligten empfundenen Problematik des damaligen Manöverstils waren diese Übungen geeignet, Mängel und Lücken bei Führung und Truppe aufzuzeigen und der Detailausbildung wertvolle Fingerzeige zu geben.

Den Höhepunkt der Manövertätigkeit vor dem Ersten Weltkrieg bildeten die großen «Kaisermanöver» von 1912, in denen zwei Divisionen gegeneinander antraten. Diese Übung hatte den militär- und neutralitätspolitisch wichtigen Erfolg, daß sie Kaiser Wilhelm II. und seiner militärischen Suite einen guten Eindruck von der Kampffähigkeit der schweizerischen Armee vermittelte. Die Manöver zeigten ihnen unter anderem, daß sie sich die vom Schlieffen-Plan vorgesehene Entblößung ihres linken Flügels durchaus leisten durfte.

Am Vorabend des Ersten Weltkriegs

Reichlich kurz vor dem Ersten Weltkrieg wurde die Truppenordnung 12 erlassen, welche die überholte Ordnung von 1874 ersetzte. Dieser erste reine Organisationserlaß wurde in einer 14 Tage dauernden applikatorischen Übung praktisch erprobt. Sie teilte die Armee in drei Armeekorps zu je zwei Divisionen ein, die aus je drei Brigaden bestanden. Die Korpskommandanten waren in ihrem Kommandobereich Inspektoren und nicht Führer; das operative Schwergewicht lag bei den erheblich verstärkten Divisionen. Neu waren 1912 selbständige Gebirgstruppen.

In der Grenzbesetzung 1914/18 wurden vorerst nur kleinere Gefechtsübungen durchgespielt, bei denen es vor allem darum ging, Führung und Truppe mit der noch nicht voll eingelebten neuen Truppenordnung vertraut zu machen. Erste Manöver auf Heereseinheitsstufe fanden im November 1914 statt, wobei – entsprechend den Auffassungen der Zeit – noch die Führung des Bewegungskriegs im Vordergrund stand. Eine weitere größere Übung folgte im Herbst 1915 mit dem Thema des Angriffs einer Division gegen die Festung Hauenstein. Erst im Frühjahr 1917 fand noch eine größere operative Übung im Jura statt, bei der es nicht zu Gefechtshandlungen kam. Die andern Übungen wurden in kleinerem Rahmen durchgeführt, wobei es vor allem galt, mit den taktischen Wandlungen Schritt zu halten, die sich aus den Erfahrungen an den Kriegsfronten ergaben. Insbesondere mußten die Umstellungen verarbeitet werden, welche die Einführung des Maschinengewehrs für die Kampfführung der Infanterie brachten.

Dem Ersten Weltkrieg folgten Jahre der Ermüdung und der Wehrgegnerschaft. Eine wichtige Neuerung bedeutete lediglich die im Jahre 1925 beschlossene Einführung des Leichten Maschinengewehrs, das die Angriffskraft der Infanterie fühlbar verstärkte. Zu nennen ist auch der im Jahr 1930 vorgenommene Ausbau der Flugwaffe.

Aufholarbeit nach 1933

Als sich nach der Machtergreifung Hitlers in Deutschland im Januar 1933 immer deutlicher die Gefahr eines neuen kriegerischen Konflikts abzeichnete, machte sich die Schweiz daran, ihre etwas zurückgebliebene Armee so rasch wie möglich auf die Höhe der Zeit zu bringen. Die kurze Vorwarnzeit, die uns bis zum Ausbruch des Zweiten Weltkriegs gewährt war, ist bestmöglich genutzt worden. Die Rüstung der Armee wurde in allen Teilen modernisiert und ausgebaut; zwischen 1933 und 1939 wurde hierfür der für die damalige Zeit sehr hohe Betrag von insgesamt 800 Millionen Franken aufgewendet. Unter den neuen Waffen, die in den Jahren vor dem Krieg beschafft wurden, seien insbesondere genannt: die schweren Infanteriewaffen der 4,7-cm-Infanteriekanone und des 8,1-cm-Minenwerfers, die Modernisierung der Artillerie mit der 7,5-cm-Gebirgskanone und der schweren Kanone 10,5 cm, der Aufbau der Fliegerabwehr mit leichten Flabgeschützen 20 mm, 34-mm-Flabkanonen 38 und 7,5-cm-Flabkanonen sowie eine Modernisierung der Flugwaffe mit den Eigenentwicklungen C-35 und später C-36 sowie den Jagdflugzeugen Messerschmitt 109 D und E und Morane D-3800.

Ausgebaut und zeitlich verlängert wurde auch die militärische Ausbildung. Schließlich wurde mit der Truppenordnung 38 der Armee – wiederum kurz vor Kriegsausbruch – eine veränderte organisatorische Gestalt gegeben. Im Gegensatz zur Truppenordnung 25 war jene von 1938 ein grundlegend neues Werk. Die Armee blieb weiterhin in drei Armeekorps eingeteilt, die nun zu operativen Heereseinheiten wurden, während die neun Divisionen und die drei selbständigen Gebirgsbrigaden die Stellung und Aufgabe von taktischen Verbänden erhielten. Neu war vor allem der Aufbau einer besondern Grenzschutzorganisation und der Leichten Truppen.

Der Aktivdienst 1939/45

Die Aktivdienstjahre 1939/45 erforderten von der Armee die dauernde Präsenz stärkerer Heeresbestände, um den wechselnden Gefahrenlagen des Krieges jederzeit begegnen zu können. Die Manöverübungen, die in der ersten Kriegszeit durchgeführt wurden, spielten sich durchweg im kleineren Rahmen ab; neben der Gefechtsschulung von Führern und Truppe ging es dabei auch darum, das von der Armee bezogene Abwehrdispositiv zu testen.

Unten: Die Einführung des Maschinengewehrs bei der Infanterie während des Ersten Weltkriegs brachte tiefgreifende Veränderungen in der Kampfführung.

Unten rechts: Eine Generation später kam das Fliegerabwehr-Doppel-MG als Reaktion auf den Luftkrieg, der den Zweiten Weltkrieg entschied.

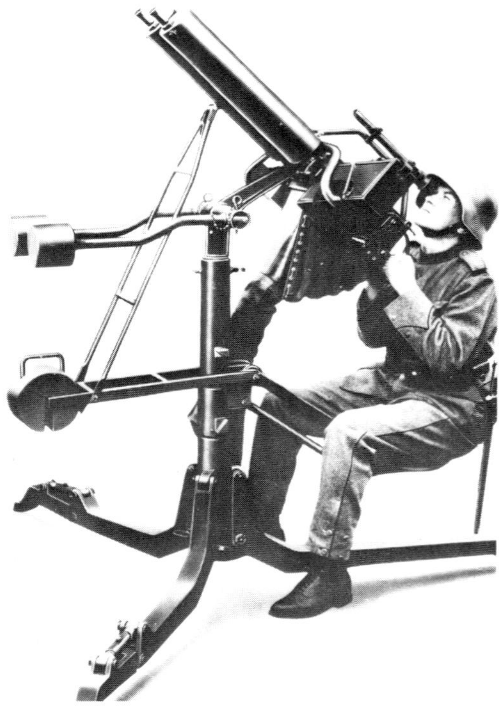

Oben links: Schweizer Gebirgsinfanterie im Aufstieg zum Säntis. Bis zu diesem Manöverbild des Jahres 1975 war es ein weiter Weg. *Mitte links:* Trainkolonne im Ersten Weltkrieg; damals entstand die schweizerische Gebirgstruppe. *Unten:* Als Kontrast dazu ein mit Funk ausgerüsteter Spähtrupp am Klausenpaß (Herbstmanöver 1966). *Oben rechts:* Ein Gebirgsmitrailleur mit unverhoffter Beobachterin am Jochpaß. *Mitte rechts:* Was in all den Jahren im Gebirgskampf gleich geblieben ist: das schweißüberströmte Gesicht des streng geforderten, schwer beladenen Einzelkämpfers. In den Manövern lernt er, wo die Grenzen seiner Leistungsfähigkeit liegen, und nicht selten ist er selber überrascht, wieviel er zu vollbringen vermag.

Größeren Umfang hatten die im Winter 1943/44 durchgeführten mehrtägigen Wintermanöver im Armeekorpsrahmen. Diese fanden außerhalb des Reduits statt, um der Truppe Gelegenheit zu geben, den Einsatz der Kampfmittel und die Kampfführung im offenen Gelände zu üben. Damit sollte nicht nur der durch die Reduitverteidigung bedingten Verengung des taktischen Denkens begegnet werden, sondern General Guisan wollte damit auch den für die Schlußphasen des Krieges erwarteten Einsatz der Armee im Mittelland vorbereiten.

An der Schwelle zum Atomzeitalter

Die während der Kriegsjahre getroffenen Änderungen an der Truppenordnung wurden mit der Truppenordnung 1947 in das ordentliche Recht übergeführt; neu war dabei lediglich die Reorganisation der Leichten Truppen. Die eigentliche Neugestaltung der Heeresorganisation brachte erst die Truppenordnung 1951, deren Verwirklichung vom Ausbruch des Krieges in Korea beschleunigt wurde. Mit diesem neuen Werk sollte den Erfahrungen des Zweiten Weltkriegs Rechnung getragen werden; insbesondere ging es darum, die Armeeorganisation zu vereinfachen und sie noch vermehrt auf die Bedürfnisse des Kampfes auszurichten. Gleichzeitig mußten der erwartete Rückgang der Mannschaftsbestände und die veränderten Heeresklassen in die Bestandesordnung einkalkuliert werden. In den Rang von Heereseinheiten gehoben wurden die Leichten Brigaden, während die im wesentlichen aus der Landwehrtruppe bestehenden Kampfbrigaden der Grenz-, Reduit- und Festungsbrigaden auf der bisherigen Stufe blieben. Neu war die Schaffung der feldgrauen Luftschutztruppe als Truppengattung der Armee.

Nur zehn Jahre war die Truppenordnung 51 in Kraft. Bereits im Jahr 1961 forderte die mit Riesenschritten voranschreitende Kriegstechnik, insbesondere das Auftreten von atomaren Kampfmitteln auf dem unmittelbaren Kampffeld, eine neue Organisation der Armee. Die Truppenordnung 1961 unterschied die vier großen schweizerischen Kampfzonen des Grenzraums, des Mittellands, des Alpenraums und des Luftraums und schuf eine diesen räumlichen Aufteilungen der Verteidigungsaufgaben angemessene Heeresgliederung. Die Armee wurde in vier Armeekorps eingeteilt, von denen drei Korps aus Feldtruppen und ein viertes aus Gebirgstruppen bestehen. Während sich das Gebirgsarmeekorps (neben den Kampfbrigaden) aus drei Gebirgsdivisionen zusammensetzt, verfügen die Feldarmeekorps über je eine Feld-, Grenz- und Mechanisierte Division. Neu gestaltet wurde auch das Kommando der Flieger- und Fliegerabwehrtruppen. Die Truppenorganisation wurde bewußt flexibel gestaltet, um einem künftigen General volle Handlungsfreiheit in der Anwendung der von ihm als aussichtsreich beurteilten Kampfführung zu lassen.

Die Truppenordnung 1961 steht in ihren Grundzügen heute noch in Kraft. Seitherige Revisionen erfolgten nur in Teilgebieten, ohne daß davon das Ganze betroffen wurde.

Die Rüstungsprogramme

Parallel zu den Truppenordnungen liefen die großen Rüstungsprogramme, mit denen es vorerst darum ging, die in den Kriegsjahren eingetretenen Lücken in der materiellen Rüstung der Armee aufzufüllen; später mußte auch der seitherigen materiellen Entwicklung Rechnung getragen werden. Das erste Rüstungsprogramm 1951 sah einen Kostenaufwand von rund 1,7 Milliarden Franken (Material und Bauten) vor. Ihm folgte eine ganze Reihe weiterer Rüstungsprogramme, insbesondere das vom Jahr 1961, welches der Truppenordnung 1961 entsprach und Kredite von rund einer Milliarde Franken umfaßte. Bis 1968 erfolgten die Rüstungsprogramme in unregelmäßigen Abständen, seit 1968 alljährlich. Von 1951 bis Ende 1977 wurde von den eidgenössischen Räten an Rüstungskrediten (Objektkrediten) der respektable Betrag von insgesamt 18,4 Milliarden Franken bewilligt (Material und Bauten), wovon im selben Zeitraum 14,6 Milliarden Franken ausgegeben wurden.

Entsprechend dieser eindrücklichen Kostensumme erlebte die materielle Verstärkung der Armee seit dem Zweiten Weltkrieg einen außerordentlichen Ausbau. Bei der Infanteriebewaffnung sei insbesondere an das Maschinengewehr 51 und das Sturmgewehr 57 erinnert, während die Panzertruppe 300 mittelschwere Panzer des Typs Centurion, 370 Schweizer Panzer 61 und 68 sowie eine große Anzahl von Schützenpanzern 63 erhielt. Die Artillerie wurde vor allem mit den 15,5-cm-Panzerhaubitzen M-109 ausgebaut, und die Fliegerabwehr wurde verstärkt mit der 35 mm mittleren Flabkanone (Oerlikon), mit dem Feuerleitgerät Super Fledermaus 1963 und mit der Flablenkwaffe 64, die unter dem Typennamen Bloodhound Mk II bekannt ist. Dazu kam seit 1970 das Luftraum-Überwachungssystem Florida. Die Flugwaffe stellte nach dem Krieg ganz auf Düsenflugzeuge um; nach den ersten Typen Vampire DH-100 und Venom DH-112 folgten insgesamt 160 Jäger des Typs Hunter Mk VI und 57 Maschinen Mirage III. In Beschaffung stehen zurzeit 72 Stück des Leichtjägers Tiger F5E. Zu nennen sind schließlich die rund 100 Helikopter Alouette II und III.

Die verheerenden Folgen des totalen Krieges mit seinen vernichtenden Bombardierungen machten nach dem Krieg die Schaffung einer neuen Waffengattung, des Luftschutzes, notwendig. Zusammen mit dem Zivilschutz rettet und löscht er und leistet erste Wiederaufbauarbeiten.

Im Jahr 1949 setzten wieder regelmäßige Manöverübungen auf der Heereseinheitsstufe ein, die lediglich gewisse Unterbrechungen erfuhren wegen der Einführung der Truppenordnung 1951 (1952), wegen der Grippewelle (1957) und aus Anlaß der Kurse zur Umschulung auf das Sturmgewehr (1962). Es wurden zwei bis

Je schneller und überraschender die moderne Armee eingreifen soll, desto höher sind die Ansprüche an die Truppentransportmittel. Das modernste und vielseitigste ist der Helikopter, der wie auf diesem Bild aus den FAK-2-Manövern von 1969 innert Minuten Luftlandetruppen an die Kampfstätte führt.

vier Divisionen zu den Manövern herangezogen, wobei die Leichten Brigaden – solange sie existierten – traditionellerweise den «beweglichen Feind» zu spielen hatten. Den Korpsmanövern von 1959 und 1963 folgten in Payerne und Dübendorf großangelegte Defilees, mit denen die Verbindung zwischen Volk und Armee verstärkt werden sollte.

Die modernen Manöverziele

Die Manöver seit 1949 zeigten das große Bemühen der Verantwortlichen, Übungen aufzubauen, die insbesondere folgende Ausbildungsziele erreichen ließen:

– Schulung der Führer und Führungsgehilfen (Kommandoapparat) in der Ausübung ihrer Aufgaben unter erschwerten Verhältnissen. Bewältigung rasch wechselnder, überraschend eingetretener Lagen. Überwindung von Friktionen aller Art. Richtige Planung auf weite Sicht, aber auch rasche Improvisation nach den Umständen. Beurteilung und Ausnützung eines wechselnden Geländes,

– Übung im Zusammenwirken der verschiedenen Waffen,

– Schulung von Aufklärung und Sicherung,

– Pflege des Nachrichtendienstes, der Übermittlung sowie des Verbindungswesens,

– Schulung der Truppe im gefechtsmäßigen Verhalten; Gewöhnung an die Ambiance des Felddienstes,

– eine gewisse Dissuasionswirkung unserer Armee nach außen,

– schließlich auch Schulung der Übungsleitung selbst.

Es ist nicht leicht, diese Vielfalt an Aufgaben, die sich teilweise widersprechen, in einer einzigen Manöveranlage unterzubringen. Nötig sind phantasievolle und doch realistische Anlagen, eine für keinen Teil langweilige und doch einigermaßen zeitgerecht ablaufende Lage, ein großer Schiedsrichter- und Markeuraufwand sowie schließlich eine rasche und sachkundige Auswertung der Manövererfahrungen und -lehren. Die hohe Schule der Manöverkunst hat in den letzten Jahren zu verschiedenen sehr originellen und geschickten Anlagen geführt, die sich unterschiedlicher Übungsmethoden bedient haben. Je länger, je mehr hat sich dabei die Einsicht gefestigt, daß freie Manöver, in denen Partei gegen Partei antritt – die sogenannten «Heimatstilmanöver» –, überlebt sind und durch ein straffer gebundenes Verfahren ersetzt werden müssen, das neben den traditionellen kleineren Truppenübungen auch vorgezeichnete, eng umschriebene Rahmenübungen auf hierfür besonders geeigneten Plätzen umfaßt; nur so ist es möglich, der Vielfalt von Ausbildungsbedürfnissen einer modernen Truppe Rechnung zu tragen und gleichzeitig allen teilnehmenden Verbänden lehrreiche Manöveraufgaben zuzuweisen. Solche kombinierte Anlagen setzen allerdings sehr umfangreiche Vorbereitungen und eine ausgedehnte Übungsleitung voraus.

Über die Grundprobleme unserer Landesverteidigung veröffentlichte der Bundesrat im Jahr 1966 seinen Bericht über die Konzeption der militärischen Landesverteidigung. Dieses Dokument, das den Schlußstrich unter eine lange und zum Teil temperamentvolle öffentliche Diskussion zog, enthält ein eindrückliches und sehr realistisches Grundkonzept jeder militärischen Verteidigung des Landes. Im Jahre 1973 wurde es ergänzt mit dem wegweisenden Bericht des Bundesrates über die Sicherheitspolitik der Schweiz (Konzeption der Gesamtverteidigung). Die beiden Berichte, welche die einmütige Zustimmung der eidgenössischen Räte gefunden haben, bilden dank ihrer kompromißlosen Klarheit und ihrer realistischen Beurteilung unserer Möglichkeiten die allgemeinverständlichen Richtlinien unserer Bemühungen um die nationale Selbsterhaltung.

Start einer Mirage-Doppelpatrouille. Als taktische Waffe in der Hand des Oberbefehlshabers sind die Fliegertruppen zu einer der wichtigsten, wenn auch teuersten Säulen der Armee geworden.

Eidgenössische Übungslager – Manöver und patriotische Feste

Das Fest am Abend war fast ebenso wichtig wie die Übung am Tage. In den ersten eidgenössischen Übungslagern fanden die Wehrmänner aus allen Kantonen zueinander. Manchmal versank so eine Übung mangels unterrichteter Kader in Lächerlichkeit. Aber ihr Wert lag anderswo: Jede war ein Gemeinschaftserlebnis.

Das erste eigentliche Manöver des schweizerischen Bundesheeres fand 1820 in Wohlen (AG) statt. 2591 Mann aus den Kantonen Zürich, Bern, Basel, Luzern, Aargau und Uri nahmen daran teil. Kommandant war Oberst Charles Jules Guiguer de Prangins, und die Kosten der Übung beliefen sich auf genau 41166 Franken, drei Batzen und neun Pfennige.

Viel wichtiger als die Kriegsspiele, die damals im Freiamt vorgeführt wurden, war die Tatsache, daß dieses «eidgenössische Übungslager» überhaupt hatte zustande kommen können. Wie noch manche Truppenübung in den folgenden 150 Jahren war dieses Manöver ein staatspolitischer Markstein und ein Signal für den Selbstbehauptungswillen des Schweizervolkes.

Das Übungslager von Wohlen war eine der ersten augenfälligen Taten, mit denen die Schweiz ihre neugewonnene Neutralität nach außen glaubhaft machte und gleichzeitig nach innen demonstrierte, was die Maxime der bewaffneten Neutralität bedeuten sollte: daß sich der Kleinstaat nicht allein auf das Wort der europäischen Großmächte verlassen, sondern seinen

friedlichen Status tatkräftig verteidigen wollte. Noch wenige Jahre zuvor war die Schweiz wehrlos gewesen. Wohl hatte die Tagsatzung nach der Völkerschlacht von Leipzig 1813 die bewaffnete Neutralität der Eidgenossenschaft erklärt und eine Armee von 15000 bis 20000 Mann unter die Fahnen gerufen; aber schon einen Monat später ließ die Tagsatzung österreichische und russische Verbände durch die Schweiz gegen Frankreich marschieren.

Es war eine der dunkelsten Perioden in der eidgenössischen Geschichte. Das von zehnjähriger napoleonischer Besetzung, von Not und Hunger entkräftete Volk lehnte sich nicht einmal gegen dieses schmachvolle Eingeständnis der Schwäche auf. Das Volk war müde; es wollte von den demokratischen Errungenschaften der Helvetik und der Mediation nichts mehr wissen. Die 1798 hinweggefegten alten «Gnädigen Herren» machten sich an die Rückkehr: Restauration!

Voreerst zerfleischte sich das Land in inneren Kämpfen. Überall wurde die alte Vorherrschaft der Städte über die Landschaft wiederhergestellt; die Zunftregime von Basel, Zürich und Schaffhausen wurden – hier in liberalerer, dort in strafferer Form – wiederaufgerichtet, und die bernische Standeskommission forderte die einstigen Untertanengebiete Waadt und Aargau zur reumütigen Rückkehr zu Bern auf. Diese wiesen die Zumutung energisch zurück. St. Gallen brach in einem Verfassungskampf beinahe auseinander, in Graubünden liebäugelten einflußreiche Kreise mit einem Anschluß an Österreich, und im Tessin, das seine neugewonnenen demokratischen Rechte am kompromißlosesten verteidigen wollte, wurde durch Tagsatzungstruppen die Annahme einer Verfassung nach aargauischem Muster erzwungen: formelle Rechtsgleichheit, aber keine direkten Volksrechte, Wahlrecht nur für eine Elite. In den früher patrizisch regierten Kantonen gewannen die großen Familien ihre alten Vorrechte für die Besetzung der maßgebenden Staats- und Offiziersstellen zurück.

Vom Zwist zum Bundesvertrag

Am Wiener Friedenskongreß, der die politische Landkarte Europas neu ordnen sollte, traten einander die Delegationen der Tagsatzung und der einzelnen Kantone auf den Füßen herum. Bedeutende schweizerische Gebietsforderungen – Veltlin, Bormio, Chiavenna, Pays de Gex usw. – scheiterten an der Uneinigkeit der Abgeordneten aus der Schweiz. Mitten in die Kongreßverhandlungen platzte die Nachricht von der Rückkehr Napoleons aus Elba. Nochmals brach die Schweiz die Neutralität, indem sie sich dem alliierten Bündnis gegen Napoleon anschloß und sogar in einem blamablen eigenen Feldzug gegen Besançon auszog. Das war 14 Tage nach Napoleons vernichtender Niederlage bei Waterloo...

Als Napoleon auf St. Helena verbannt war, erreichte der Genfer Diplomat Pictet de Rochemont dann beim Zweiten Pariser Frieden das Ziel, das sich später als bedeutend wichtiger erweisen sollte als die gescheiterten Gebietsansprüche. Die Vertreter Frankreichs, Österreichs, Großbritanniens, Rußlands, Portugals und Preußens unterzeichneten am 20. November 1815 die Anerkennung des schweizerischen Staatsgebietes und die Neutralität der Schweiz; Pictet gelang es durch geschickte Verhandlungsführung, daß ein entscheidender Satz in den Text aufgenommen wurde: «Die unterzeichnenden Mächte anerkennen, daß die Neutralität und Unverletzlichkeit der Schweiz und ihre Unabhängigkeit von jedem ausländischen Einfluß im wohlverstandenen Interesse der gesamten europäischen Politik liegen.»

Heerlager am nächtlichen Feuer, Gelage, Spaß und Waffenspiel: Was dieses Bild aus dem Sonderbundskrieg zeigt, mochte auch die Stimmung an den ersten eidgenössischen Übungslagern gewesen sein.

Den Eidgenossen ist es ernst

Diese Anerkennung der schweizerischen Neutralität war in erster Linie das Ergebnis eines machtpolitischen Kalküls: Die europäischen Großmächte wollten einen Puffer zwischen die alten Rivalen Österreich und Frankreich legen. Immerhin konnte sich nun in der Schweiz die Idee der bewaffneten Neutralität, welche diese europäische Funktion glaubwürdig machte, Bahn brechen. Am 7. August 1815 wurde in Zürich nach mühsamen Vorarbeiten der Bundesvertrag beschworen, die bis 1848 geltende Übergangsverfassung. Der militärische Schutzgedanke nahm in diesem sonst recht lückenhaften Grundgesetz eine hervorragende Stellung ein. Es wurde die Zahl der Truppenkontingente festgelegt, die jeder Kanton an das Bundesheer zu leisten hatte. Die Grenzkantone wurden ermächtigt, die Kosten des Grenzschutzes durch die Zolleinnahmen zu finanzieren. Den Kantonen wurde verboten, Sonderbündnisse einzugehen, die den Bundeszweck gefährden könnten.

Wie ernst es den damaligen Eidgenossen damit war, sich durch eine einigermaßen taugliche Wehrordnung vor neuen üblen Erfahrungen mit fremden Mächten zu wappnen, geht schon daraus hervor, daß das auf dem Bundesvertrag beruhende Eidgenössische Militärreglement von 1817 bereits nach zwei Jahren erlassen werden konnte.

Das Zustandekommen des eidgenössischen Übungslagers bei Wohlen bedeutete somit die erste praktische Großtat auf dem Weg zu einem schlagkräftigen Schweizer Heer. Es war für die Verhältnisse der damaligen Zeit eine «große Errungenschaft», wie General Ulrich Wille später urteilte.

Ein Volk entdeckt sich selbst

Vieles muß zusammenkommen, bis Dutzende von kleinen Völkern mit vier verschiedenen Sprachen und notdürftig organisiert in 22 kleinen, weitgehend souveränen Staaten zu einer Nation zusammenwachsen. Bei aller politischen und militärischen Demütigung: Die ersten 20 Jahre

General Guillaume-Henri Dufour, Mitbegründer und erster Kommandant der Militärschule von Thun, kommandierte die eidgenössische Armee zur Auflösung des Sonderbunds und verhinderte mit seiner Besonnenheit größeres Blutvergießen.

des 19. Jahrhunderts waren auch eine Zeit, in der das Schweizervolk sich selbst neu zu entdecken begann. Es war der vorerst betuliche, nach innen gewendete Patriotismus des «Rufst du mein Vaterland». Es war der Patriotismus der Tat, die Erprobung der gemeinschaftlichen Kraft beim größten Werk der Mediationszeit, der Entwässerung der Linthebene zwischen Mollis und dem Walensee. Es war die Zeit des ersten Schwing- und Älplerfests in Unspunnen bei Interlaken (1805), schließlich die Gründungszeit großer eidgenössischer Verbände, des studentischen Zofingervereins etwa (1819), des Eidgenössischen Schützenvereins (1824) oder der Neuen Helvetischen Gesellschaft. Das Volk wuchs zusammen in den verschiedensten Bereichen, auf vielen sozialen Ebenen. Das nun vermehrt in die Hand des Bundes gelegte Wehrwesen war dabei einer der wichtigsten Bereiche dieses Sichkennen- und Einandervertrauenlernens. Am 1. August 1819 wurde in Thun die Zentralschule für Offiziere eröffnet; ihr erster Chefinstruktor war Oberst Guillaume-Henri Dufour. Das Offiziersfest von 1822 in Langenthal legte den Grund für die Schweizerische Offiziersgesellschaft. Die eidgenössischen Übungslager wurden zu Sternstunden dieses frühen Patriotismus. Schon damals erfüllte die Schweizer Armee neben ihrer sachlichen eben eine gemüthafte und zugleich sozial ausgleichende Funktion: Wehrmänner aus den verschiedensten Landesgegenden und Ständen lernen sich im gemeinsamen Dienst von gleich zu gleich kennen und schätzen. Männer werden Freunde, die sonst nie zusammengetroffen wären. Das gemeinsame Erlebnis geglückter Leistung und bestandener Herausforderung wird zum gesellschaftlichen Bindemittel.

Wie überschwenglich dieses neu erweckte Heimatgefühl bei den frühesten Manövern der Bundesarmee empfunden wurde, beweist zum Beispiel der Erlebnisbericht des Obersten Johannes Wieland aus Basel, der als Sohn des liberalen Basler Bürgermeisters und eidgenössischen Gesandten am Wiener Kongreß, Johann Heinrich Wieland, aber vor allem als hochdekorierter ehemaliger Söldneroffizier in französischen Diensten sicher nicht sehr zart besaitet war. Er schrieb:

«Was kann wohl dem Schweizer, namentlich dem schweizerischen Kriegsmann, besser frommen, als genaue Kenntniss seines Vaterlandes zu erwerben? – in militairischer Beziehung die Beschaffenheit des Bodens zu erkunden, den Karakter des Volkes zu erforschen, mit den Hülfsquellen sich bekannt zu machen, welche beide vereint zur Landesverteidigung darbieten? – ferners, die Institutionen unseres Wehrstandes, auf welchen das Fundament der Nationalselbständigkeit ruht, zu ergründen? – den Kriegsübungen beizuwohnen, mit der Kunst der Heerführung sich vertraut zu machen, über diesen Gegenstand Ideen auszutauschen und zu berichtigen, persönliche Bekanntschaften anzuknüpfen und zu erneuern, – mit einem Wort: die Schweiz und die Schweizer kennen zu lernen?»

Nach einer eindringlichen Feldpredigt während des Übungslagers wurde Oberst Wieland von Vaterlandsgefühlen förmlich übermannt:

«In froher Aufwallung schlug die Brust jedes zur Vaterlandsbeschützung bewaffneten Eidgenossen, und Thränen glänzten auf mancher männlichen Wange. So soll der schweizerische Kriegsmann sich bewähren: ein wackerer Kumpan, ein gehorsamer Soldat, ein guter Bürger, ein herzhafter Kämpe, ein frommer Christ!»

Manöver als Volksfeste

«Wohl an die 12000 Menschen waren im freundlichen Städtchen eingetroffen, um die eidgenössischen Wehrmänner zu begrüßen. Es war eine belebte Masse, die mit sichtlichem Anteil den Übungen folgte und namentlich durch die bunten Trachten der allerliebsten Töchter des Landes einen überraschenden Anblick gewährte.»

Was der Chronist der Helvetischen Militärzeitschrift für das 14. und letzte eidgenössische Übungslager in Thun von 1852 aufzeichnete, galt für alle vorangegange-

Oberst Johannes Wieland aus Basel war einer der Offiziere, die ihre in Söldnerdiensten erworbenen praktischen Kriegserfahrungen beim Aufbau der eidgenössischen Armee einsetzten. Er schrieb u. a. bildhafte Erinnerungen an Übungslager.

nen Anlässe. Regelmäßig waren zwei- bis dreimal so viele Schlachtenbummler wie aktive Offiziere und Wehrmänner dabei, wenn die angreifenden Truppen gegen das Schloß Wimmis oder die Kanderbrücke anstürmten oder die Thuner Allmendstraße für trockene Übersetzungen zum Fluß erklärt wurde. Gelegentlich wurde der Hauptzweck der Übung, die Schulung der Truppe unter kriegsähnlichen Bedingungen, anscheinend vom Nebenzweck, der Pflege vaterländischer Geselligkeit, verdrängt. Schon das Lager 1828 in Wohlen wurde in der Tagespresse heftig kritisiert. Der Schweizer Wehrmann sei an keine Anstrengungen gewöhnt, hieß es, und man dürfe ihm solche auch nicht zumuten.

Die Manöverberichte von damals sparen nicht mit Tadel. Daß das Bündner Bataillon noch immer mit grauen statt blauen Röcken einrückte und daß die Appenzeller entgegen der Vorschrift, aber «aufgrund von Volkssitte, ununterbrochener Übung und Ehrgefühl des dortigen Volkes» den Säbel trugen (1824), war mit der weitgehenden kantonalen Souveränität zu erklären; aber die Leitenden hatten auch massivere Verstöße gegen die Disziplin, nicht bloß zahlreiche Wirtshausschlägereien, zu ahnden. Gelegentlich duellierten sich zwei Offiziere, oder es mußte «aus der Umgebung des Lagers Verschiedenes ohne Schwierigkeiten entfernt werden, was dem Wunsche der Tagsatzung für Beobachtung eines sittlichen Betragens entgegengestanden haben würde» (1828). – Eine diskrete Umschreibung für früheidgenössisches Dolce vita in den Marketenderzelten?

Mitbestimmung bei Regenwetter

Weitaus mehr Sorgen bereiteten den Offizieren freilich die offensichtlichen Ausbildungs- und Ausrüstungsmängel des jungen Bundesheeres sowie eine weitverbreitete Disziplinlosigkeit, die keineswegs den niedrigen Mannschaftsgraden vorbehalten war. Kaum ein eidgenössisches oder kantonales Übungslager ging vorbei, ohne daß die Inspektoren oder die Presse über eigenartige Bräuche zu berichten wußten:

– 1822 in Bière: Getadelt wurde der Mangel an Sorgfalt in der Behandlung der Gewehre, «der zuweilen den Schein von Nachlässigkeit annimmt».

– 1834 in Thun: Ein Berichterstatter der Helvetischen Militärzeitschrift beobachtete, «daß viele beim Abfeuern in den blauen Himmel hineinknallten».

– 1836 in Schwarzenbach bei Wil: «Ein bedenkliches Zeichen der Indisciplin der Offiziere war, daß sie, wie es scheint, bei schlechtem Wetter nicht mit der Mannschaft ausrückten, sondern in den Zelten blieben.» Dafür wurde als Zeichen der vortrefflichen Disziplin der Truppe hervorgehoben, «daß nachts im Lager nicht geschossen wurde».

– 1838 in Sursee: das Übungslager wurde wegen schlechten Wetters in letzter Minute abgesagt.

Namentlich in den einzelnen Kantonen, die je nach ihren Mitteln auch eigene Lager bzw. Manöver durchführten, kam es manchmal zu grotesken Szenen. Eine – als Muster für viele – sei aus einer Zeitung des Jahres 1837 zitiert, zumal sie ein bemerkenswertes Stück zeitgenössischer Satire darstellt; sie betrifft ein zugerisches Übungungslager des gleichen Jahres:

«Der Oberstlieutenant Moos, ein bemooster Held, sollte die Offiziere und Unteroffiziere der zugerischen Kriegsmacht vom 4. bis zum 17. Juli in den Künsten des Krieges unterrichten. Bis zum 9. gings passabel; allein unter diesem Datum faßte der Général en chef den halsbrechenden Entschluß, im Feuer exerzieren zu lassen. Bei diesem Exercitio verlor ein Unteroffizier, der den Magen seiner Flinte mit drei Patronen überladen hatte, die rechte Hand, und seine zwei nächsten Nachbarn wurden kampfunfähig. Man ließ sich warnen und verschoß von da an kein Pulver mehr. Allein der Himmel hatte nun einmal die Aufhebung des Heldenlagers beschlossen, und was das Feuer nicht erzielen konnte, bewirkte das Wasser. Es fing nämlich an zu regnen, worüber sich die Söhne Peter Kollins wie billig ärgerten und grämten. Endlich am 14. kams zum Durchbruch. Der Feldherr wurde zu Herrn Landeshaupt-

Der Sonderbundskrieg von 1847 als blutige Auseinandersetzung zwischen den radikalen und den konservativen Kantonen war der letzte Ernstfall, den das eidgenössische Heer zu bestehen hatte. Diese beiden zeitgenössischen Illustrationen zeigen das Gefecht bei Gisikon (LU) vom 23. November, das zusammen mit den Begegnungen bei Honau und Meierskappel die Kapitulation Luzerns und den Sieg der von Dufour kommandierten eidgenössischen Truppen über die Sonderbundstruppen einleitete. Der Sonderbundskrieg dauerte 25 Tage und kostete auf beiden Seiten 93 Tote sowie 510 Verwundete.

mann Sidler gesandt, um von demselben Erlaubnis zur Heimkehr zu erwirken. Diese Erlaubnis wollte und konnte Herr Sidler nicht geben; allein der Feldmarschall ließ, ins Lager zurückgekommen, sofort die HH. Offiziere abstimmen, ob man retirieren wollte oder nicht. Die Retirade wurde mit großer Mehrheit beschlossen und unverzüglich, mit aller Hast durchnäßter Herkulesse, vollzogen. Alles wurde im Stich gelassen, selbst die Fahne, welche ein alter, hinkender Schiffmann, ein paar Stunden darauf, in die Mauern Zions trug. Erst am folgenden Tage wurden die Lagergerätschaften, welche während der Nacht unbewacht geblieben waren, zu Wasser und zu Lande in die demokratische Hauptstadt geschleppt, welche mit Recht eine – Kappe im Wappen hat. Das Lager selbst fand auf der Rußegg statt, und wir ersuchen jedermann, diese Stelle fürderhin für ebenso klassisch zu halten wie den heiligen Boden von Morgarten, Sempach und Näfels.»

Daß in kantonalen Übungslagern aber auch hart gearbeitet wurde und schon damals im Militär wie auf allen Gebieten Licht und Schatten nahe beieinander lagen, mag der Blick auf den normalen Tagesbefehl des zweiten bernischen Übungslagers von 1843 zeigen:

Tagwache um 4 Uhr.
Ausrücken für die Fußtruppen von 5 bis 9 Uhr, die Artillerie und die Kavallerie um 6 Uhr.
Essen der Soldaten um 10 Uhr.
Wachtparade um 11½ Uhr.
Essen der Offiziere um 12½ Uhr.
Ausrücken nachmittags von 3 bis 7 Uhr.
Zapfenstreich um 8½ Uhr.

Die Zwischenzeiten waren nicht etwa zur Ruhe bestimmt, sondern dem Inneren Dienst und (für Offiziere) den Manöverbesprechungen gewidmet.

«Schema F» und die Hintergründe

Wie haben die Truppen von damals manövriert? Nach heutigen Begriffen würde man sagen: langweilig, stur, jede Bewegung war genau vorgeschrieben und geplant – «Programm-Manöver», wie sie im Büchlein stehen.

Die junge Schweizer Armee war eben noch mit allen Mängeln behaftet, die eine im Aufbau befindliche riesige und komplizierte Organisation nur haben kann. Das Militärreglement von 1817 sah außer im Falle der Kriegsmobilmachung keine höhere Gliederung der Armee vor. Die Kantone schickten in die alle zwei Jahre stattfindenden eidgenössischen Übungslager einfach Truppen mehr oder weniger nach ihrem Gutdünken. Eine genaue Reihenfolge der übenden Truppen war vorerst nicht festgelegt. Die Tagsatzung war weitgehend machtlos, wenn die Kantone ihre durch Bundesvertrag und Militärreglement festgelegten Kontingente nicht erfüllten oder wenn Kader und Mannschaft proportional nicht zusammenpaßten. (In Bière kam 1830 auf acht Mann ein Offizier.) So nahmen an den 14 eidgenössischen Lagern immer nur zwischen 2500 und 5000 Mann teil, eine von Kanton zu Kanton höchst unterschiedlich ausgerüstete und bewaffnete Truppe dazu!

Die Truppenschulung steckte – wie übrigens auch in anderen, weit besser gerüsteten Armeen dieser Zeit – tief im Formalismus. Was in diesen «Manövern» wirklich geübt wurde, wäre nach moderneren Begriffen als gefechtsmäßiges Exerzieren bezeichnet worden: Angriffe gegen einen gedachten oder nur schwach markierten Feind. Das Terrain war genauestens rekognosziert und häufig das gleiche; die vorgeschriebenen Bewegungen waren exakt eingeübt. Schon unser Freund Oberst Wieland bemerkte dazu kritisch:

«Die Exerzitien waren bloße Übungen in reglementarischen Evolutionen, ohne Kombinierung zu einem Ganzen und ohne Benutzung der verschiedenen Terraingegenstände. (...) Wenn bei einer Brigade oder Division eine Menge schöner Bewegungen und künstlicher Manœuvres auf ebenem Exerzierplatz ausgeführt werden, und es am Ende heißt: ‹Vor dem Feind macht man's doch nicht so›, welche Lust und welchen Muth wird der gebildete Militair zu solchen Übungen mitbringen?»

Wieland bringt denn auch Verbesserungsvorschläge an, die in manchen Punkten fast prophetisch die Einsatzdoktrinen der Zeiten von General Ulrich Wille und Korpskommandant Alfred Ernst vorwegnehmen:

«In der Schweiz wird den Milizen nur wenig Zeit zu den Waffenübungen gestattet; ihr Unterricht muß demzufolge möglichst einfach, mit Weglassung aller im Kriege unausführbaren und überflüssigen Spielereien, geordnet seyn. Bei geringeren Kunstwaffen müssen wir die Hülfe des Bodens für uns gewinnen; bei geringerer Manœuvrirfähigkeit müssen wir eine starke Kampfordnung uns eigen machen, damit wir den Stoß des Feindes aushalten und demselben rasch auf den Leib zu gehen verstehen. Bei unserem Bedürfnis zur Benutzung des koupierten Terrains, müssen wir die Truppen zum lebhaften Schock und zum Gebirgskrieg vorbereiten.»

Artillerie im Manövergefecht! Dieses dramatische Bild stammt aus einer Manöverübung der siebziger Jahre des vorigen Jahrhunderts. An der Spitze seines Stabes stürmt General Herzog säbelschwingend den Truppen voran.

«Nichts im Entwicklungsgang der Eidgenossenschaft darf mit gleich großer Befriedigung angesehen werden und nichts gibt in gleich hohem Maße das Recht, mit Zuversicht der Lebenskraft und Lebensberechtigung der Eidgenossenschaft zu vertrauen wie die Entwicklung der Auffassung militärischer Dinge.»
General Ulrich Wille

Kriege führen zu Militärreformen

Die Bundesverfassung von 1848 machte die Schweiz zum Bundesstaat. Aber das Heerwesen wurde immer noch überwiegend von den Kantonen kontrolliert. In den folgenden Jahrzehnten, da die großen europäischen Nationen entstanden und um ihren Platz kämpften, mußte sich die Schweiz auf dem Weg zu einer moderneren Armee vorantasten.

Nach einmonatigem Feldzug unter dem Kommando von General Dufour war 1847 der Sonderbund der sieben katholischen Kantone aufgelöst, die Intervention des Auslands verhindert und der Weg für die Bundesverfassung von 1848 geebnet. In diesem Bürgerkrieg traten die Mängel in Organisation, Ausbildung und Ausrüstung des jungen Schweizer Heeres offen zutage. Die Bundesverfassung von 1848 schuf die Grundlage für das Militärorganisationsgesetz von 1850. Was die Manöver betraf, wurde die hergebrachte Form der eidgenössischen Übungslager, die zuletzt nur noch im bekannten Gelände von Thun abgehalten wurden, durch eigentliche Truppenzusammenzüge in wechselndem Terrain ersetzt. Diese fanden nun alljährlich statt. Die Reihenfolge der teilnehmenden Verbände wurde geordnet; meist manövrierte eine Truppe in Gliederung und Stärke einer Division mit einem festen Stab. Erstmals kehrten die Kämpfer auch am Abend nicht mehr an ihre festen Standorte zurück, sondern biwakierten im Gelände. Am starren Formalismus der Gefechtsbewegungen – prozessionsartige Aufmärsche aus der Marschkolonne in die Feuerlinie, Vorrücken mit blanker Waffe im Trommelwirbel und dergleichen – änderte sich kaum etwas. Gegnerisches Feuer war im peinlich genau rekognoszierten Gelände durch Chalons markiert. «Gesprengte» Brücken und andere Objekte wurden einfach mit einem Strohwisch gekennzeichnet. Der Geschäftsbericht des Eidgenössischen Militärdepartements von 1865 beklagte sich darüber, daß es bei dieser Art von Manövern vor allem darum gegangen sei, die zahlreichen Zuschauer zufriedenzustellen. Eine Generation später – die entsprechenden Mängel waren noch immer nicht beseitigt – höhnte General Ulrich Wille:

«Wenn auch alles des sorgfältigsten vorbereitet ist, so kann bei solchen der ganze schöne Verlauf gestört, vielleicht sogar das ganze Schauspiel umgeworfen werden, wenn einer der Gegner einen selbständigen Gedanken hat. Nicht bei uns allein, sondern auch in den meisten großen

Eines der ersten fotografischen Dokumente der Schweizer Armee: Eingegrabene Artillerie feuert in einem Manövergefecht. Zivile Beobachter (der Mann mit dem Zylinder) sind zuvorderst dabei.

Die Sanitätstruppe übt die Versorgung und den Transport eines Verwundeten. Diese Aufnahme entstand während Manövern des Jahres 1901. Gespannt verfolgen Offiziere die Arbeit der Truppe.

Armeen herrschte damals solch unrichtige Auffassung; erst die Lehren von 1866* und 1870** konnten da Wandel schaffen.»

Schon früh erkannten Offiziere allerdings die Mängel dieses Systems. 1852 forderte Oberst Rilliet de Constant, der wie viele der damaligen höheren Schweizer Offiziere praktische Kriegserfahrung im napoleonischen Söldnerdienst gesammelt und die Schlachten von Lützen, Bautzen, Leipzig und Hanau als Kürassierleutnant mitgemacht hatte:

«Denken wir uns eine solche Division (von 10000 bis 12000 Mann) im bernischen Jura, die einen Rückzug auf die

*Preußisch-österreichischer Krieg (auch Deutscher Krieg genannt)
**Deutsch-Französischer Krieg

«Ein Glücksstern waltete über uns»

1856/57 geriet die Schweiz an den Rand eines Krieges mit dem mächtigen Preußen, nachdem die Royalisten in Neuenburg geputscht hatten, um das dortige preußische Fürstentum uneingeschränkt wiedereinzuführen. Eine Zeitlang sah es so aus, als wolle König Friedrich Wilhelm IV. von Preußen in die Schweiz einmarschieren. Unter General Dufour zog die mobilgemachte Schweizer Armee an der Nordfront auf. Preußen und die Schweiz einigten sich dann aber gütlich. Am 18. Februar 1857 schrieb Hans Herzog seinem Freund, dem Zeughausverwalter Heinrich Weiß in Zürich:

«Gewiß dankt man nicht genug der göttlichen Vorsehung, daß solche uns vor Krieg bewahrt, und findet eine strafbare Überschätzung unserer Kräfte statt. – Wundervoll war die einmütige Erhebung des ganzen Volkes, das Verwischen der Parteileidenschaften. Gewiß hätten sich die Truppen auch ordentlich geschlagen, aber ebenso gewiß hätten vielerlei und furchtbare Enttäuschungen stattgefunden und hätte sich der Hohn, mit dem ernste, wohlgemeinte Mahnungen verlacht wurden, und der Leichtsinn in den Wahlen der höheren Offiziere grenzenlos gerächt. Wer aufrichtig sein will und Einsicht genug hat, die Dinge zu kennen, wie sie eben sind, der wird sich nicht schämen, zu bekennen, daß ein eigener Glücksstern über uns waltete, indem es nicht zum Schlagen kam.»

Aarelinie zu bewerkstelligen hat, da finden wir keine Zelte, keine Baracken, keine Bataillonsschule. Dafür aber Biwaks, Kantonnemente, Märsche, Angriffsbewegungen, ohne Rücksicht auf Regen und Sonnenschein. Die Übung nähert sich dem Ernst des Krieges, seinen gewaltigen Verhältnissen. So verstehe ich große Feldmanöver.»

Vier Jahre später fanden tatsächlich die zwei ersten von insgesamt 15 eidgenössischen Truppenzusammenzügen in der Waadt und im Thurgau statt. Die Manövertruppen umfaßten je 6000 bis 7000 Mann, d. h. jeweils sieben Bataillone, vier Scharfschützenkompanien, fünfeinhalb Kavalleriekompanien, zwei Batterien und eine Sappeurkompanie. Geübt wurde die Abwehr eines von Westen her eindringenden Gegners, wobei es in der Gegend von Yverdon zum Kampf kam. Der Frontabschnitt von zwölf Kilometern war aber für eine so kleine Truppe viel zu breit, so daß nach diesem ersten Versuch lebhaft über mangelnde Verbindungen, zögerndes Vorgehen und ungenügende Reserven geklagt wurde. Trotzdem fand die neue Form der Manöver in der Öffentlichkeit mehrheitlich Anklang.

Die Gotthard-Manöver von 1861

Ein Experiment und ein Wagnis besonderer Art waren die Gotthard-Manöver von 1861. Zum erstenmal wagten sich größere Verbände der Schweizer Armee ins Gebirge. Die Annahme war, daß ein über den Gotthard ins Urner Reußtal vorgedrungener Feind südwärts zurückgetrieben werden sollte, wobei sich die Kampfhandlungen auch auf die Seitentäler und deren Pässe, namentlich den Klausen, den Surenen, den Susten und die Furka, erstreckten. Die Milizarmee lernte bepackt im Hochgebirge zu marschieren – bis zwölf Stunden am Tag! Elf Biwaks wurden errichtet. Die Verpflegung wurde noch nicht nachgeschoben, sondern aus vorbereiteten Depots an der Marschstrecke bezogen. Als Oberstleutnant und Führer des Surenen-Detachements nahm Emil Welti an den Manövern teil, der fünf Jahre später zum Bundesrat gewählt und ein bedeutender Reformer des Wehr- und des Eisenbahnwesens werden sollte.

Ein frischer Wind wehte auch, als 1869 die damalige 3. Division unter Oberst Philippin in der Gegend von Bière übte. In diesem Truppenzusammenzug erhielten die Parteiführer zum erstenmal das Recht, ihre Stellungen und Aktionen selbständig zu wählen; das hatte bisher immer der Übungsleiter nach einem exakt festgelegten Plan besorgt. Es war dies ein erster Schritt zum modernen Führungsgrundsatz, wonach der Wehrmann auf allen Stufen im Rahmen der klar befohlenen Zielsetzung durch selbständiges und verantwortliches Handeln seinen Auftrag erfüllen soll.

Ein General redet Klartext

Es brauchte abermals die Erfahrung eines Krieges vor der eigenen Haustür (Deutsch-Französischer Krieg von 1870/71), ehe die offensichtlichen Mängel im Ausbildungswesen der erstarkenden Schweizer Armee behoben wurden. Und es brauchte den Freimut eines großen Soldaten, diese Mängel öffentlich zur Sprache zu bringen – in einer Öffentlichkeit, die von Parteikämpfen und vom Streit der Föderalisten mit den Zentralisten zerrissen war und die im Taumel der industriellen Gründungsepoche das Wehrwesen manchmal als lästigen Ballast betrachtete. Was 1817, im Jahre des ersten Eidgenössischen Militärreglements, noch unvermeidlich gewesen war, wuchs sich ein Menschenalter später zum Mißstand aus: nicht nur, daß das Bundesheer aus kantonalen Kontingenten zusammengesetzt war; die Kantone waren auch für Ausbildung und Ausrü-

Diese seltenen Bilddokumente stammen teils aus den letzten Jahren des 19., teils aus den ersten des 20. Jahrhunderts. Sie zeigen, wie das Schweizer Militär erstarkte – nicht zuletzt im Gefolge der stürmisch voranschreitenden Technisierung, die diese sogenannte Gründerzeit im zivilen Sektor prägte. Während die großen Erfindungen der Neuzeit in der über die Landesgrenzen hinausgreifenden Industrie angewandt wurden, fand die Technik auch Eingang in die Armee.

Oben links: Telegrafensoldaten beim Leitungsbau.

Oben rechts: Bau einer Pontonbrücke über die Aare bei Reichenbach.

Mitte: Artillerie im Manövereinsatz.

Unten links: Infanterie in Schützenlinie.

Unten rechts: Was bei aller Technisierung gleichgeblieben ist: die Sorge um Essen und Trinken. Dies ist die Regiewirtschaft eines Genie-Halbbataillons.

Schon damals durfte über die Armee auch gelacht werden.
Der gefoppte Schiedsrichter: «Halt, da isch ja gar kei Artillerie, es isch ja nume dBerner Landweer, wo tubacket. Jetz sött me de aber au bald einisch i dr Armee e rauchlose Tuback yfüere.»

stung zuständig. Sie erfüllten ihre Pflichten sehr unterschiedlich, auf jeden Fall uneinheitlich und meist auf äußerste Sparsamkeit bedacht.

Wie sollte sich ein derart buntscheckiges Heer, in dem selbst die einheitliche Farbe der Uniformen nur mit Mühe durchzusetzen war, mit den modernen Armeen der die Schweiz umgebenden Großmächte messen können?

Wie übel es damals um das Schweizer Heer wirklich stand, bezeugt ein Mann, der nie ein Blatt vor den Mund nahm und immer wieder als scharfer Kritiker des zersplitterten Wehrwesens sowie der mangelnden Führung und Disziplin hervortrat: der nachmalige General Hans Herzog (1819–1894). Schon aus seiner Zeit als eidgenössischer Artillerieinspektor (ab 1860) sind von ihm Inspektionsberichte überliefert, die an Freimut und Drastik nichts zu wünschen übriglassen:

– «Vor allem aus ist es arg, wie einzelne Kantone unbekümmert um die an sie ergangenen Einladungen zur Absendung ihrer Detachemente solche einfach nicht hinsenden. (...) Wahrhaft traurig sieht es denn doch im Kanton ... mit der Leitung des Personellen aus: 1. wenn das Detachement von 34 Mann nur nach und nach im Laufe des Tages und größtenteils besoffen einrückt. – 2. unter demselben ein Mann ohne Waffen und Uniform sich vorfindet. – 3. zwei Trompeterrekruten gesandt werden, die zwar blasen können, jedoch vom Dienst, Wartung des Pferdes usw. gar nichts verstehen. – Daß Leute vorkommen, welche seit 5 Jahren keinen Dienst mehr getan, will ich nicht mangelhafter Kehrordnung im Kanton ... zuschreiben, es beruht dies auf einem früher schon hervorgehobenen Übelstand, indem nämlich zu wenig Parktrain-Wiederholungskurse angeordnet wurden im Verhältnis zur Zahl dieser Truppe» (Inspektionsbericht über einen Parktrain-WK 1860 in Bière).

– «(...) da in diesem Kanton ... alles im Stadium des Zerfalls zu sein scheint, was auf Militär Bezug hat. – Vom Militärdepartement ... wird vorerst gar nichts getan, um die taktischen Einheiten zu organisieren; die Leute werden nicht rechtzeitig aufgeboten, nicht bestraft bei verspätetem Einrücken; nichts wird getan für einen ordentlichen Arzt, Pferdearzt, Arbeiter beizubringen für Instandstellung des Equipements etc. (...) Alles ist verlottert in diesem traurigen Kanton» (Inspektionsbericht 1867).

Das Kontrollwesen in den Kantonen lag im argen; Dispensationen wurden freigebig verteilt, und einflußreiche Väter ließen ihre an sich wehrpflichtigen Söhne gleich bei der kantonalen Landwehr einteilen. Auch dazu weiß Herzog ein Beispiel aus dem Jahre 1862:

– «Klingt es nicht fabelhaft, daß, währenddem die pflichttreuen Artilleristen dieser Batterie sich stellten und unsäglichen Strapazen unterzogen, andere ungeniert in C. als Zivilisten umherzogen und ihre Kameraden quasi aushöhnten. – Ist es nicht unerhört, daß, währenddem die Batterie 26 161 Mann auf dem Stammregister zählt, deren nur 113 einrückten und 48 zu Hause blieben oder dispensiert wurden und von 40 Mann, aus denen die Kompanie Nr. 54 auf dem Papier besteht, nur 14 zum Vorschein kamen.»

Nach dem Deutsch-Französischen Krieg 1870/71, in dem Hans Herzog als General die Grenzbesetzung geleitet und mit dem auf äußerste Sparsamkeit bedachten, immer wieder in Generalsangelegenheiten sich mischenden Bundesrat heftigen Streit bekommen hatte, veröffentlichte der Offizier zwei Berichte, die Behörden und Öffentlichkeit aufrüttelten.

Bourbakis Schicksal droht

Während beide Kriegsparteien wiederholt ihren Respekt vor der Schweizer Bürgerarmee bezeugt hatten – Generalstabschef von Moltke: «Eine starke, wohlorganisierte Miliz» –, äußerte sich Herzog nach dem Übertritt der entkräfteten Bourbaki-Armee in die Schweiz und dem Untergang des französischen Kaiserreichs überaus bitter und pessimistisch über den wahren Zustand seiner Truppe. Und dieses Mal rügte er nicht nur die Disziplinlosigkeit der Mannschaften, sondern auch das Versagen der politischen Führung:

«Nichts ist für das Vaterland gefährlicher, als wenn man sich Illusionen hingibt, wenn man glaubt gerüstet zu sein, wenn

Kennzeichnend für die Periode der militärischen Erstarkung zwischen 1874 und 1914 war die Erschließung des Gebirges für militärische Zwecke. Ausgebaut wurde auch der militärische Gedanken- und Erfahrungsaustausch über die Landesgrenzen hinaus.

Oben: Eine Batterie der Gebirgsartillerie meldet sich schußbereit. Die Geschütze wurden zerlegt und auf Pferderücken transportiert (siehe auch Seite 28).

Links: Gruppenbild der ausländischen Manöverbeobachter um 1905. Obere Reihe von links nach rechts: schweizerischer Adjutant, schweizerischer Begleitoffizier, zwei Franzosen, zwei Schweden, zwischen ihnen stehend ein deutscher Generalmajor, schließlich ein Italiener; untere Reihe: Niederländer, Italiener, Franzose, Russe, Deutscher, Engländer.

Unten links: Das Bataillonsspiel, das die marschierende Truppe anführt und aufmuntert, war damals eine unentbehrliche Hilfe auf den gewaltigen Tagesmärschen von bisweilen 50 und mehr Kilometern.

Unten rechts: Eisenbahntruppen beim Geleisebau. Der Erfolg dieser neuartigen Arbeit war offensichtlich wichtiger als einheitliches Tenü.

man mit dem Vorhandensein einer verhältnismäßig großen, wohlausgerüsteten Armee pocht und in der Stunde der Gefahr und der Prüfung gar Manches sich als fehlend oder mangelhaft herausstellt. Man darf nicht nur von dem einzelnen dienstpflichtigen Bürger oft sehr erhebliche Opfer fordern, es ist zuerst Pflicht des Staates, seinerseits nichts zu versäumen, dessen die Armee bedarf, um schlagfertig zu sein.»

General Herzog ließ keinen Zweifel darüber offen: Nach seiner Meinung hätten die zu spärlichen, schlecht ausgebildeten und mangelhaft ausgerüsteten schweizerischen Grenzbesetzungstruppen im Ernstfall ein ähnlich jämmerliches Schicksal erlitten wie die zerfallene Bourbaki-Armee, die im Januar 1871 Zuflucht im Jura gesucht und deren Schicksal in der schweizerische Öffentlichkeit eine bislang beispiellose Hilfswelle ausgelöst hatte.

Diese Berichte Herzogs, namentlich der zweite, sachlichere, trugen dazu bei, daß bei der Verfassungsrevision von 1874 der mit unwesentlichen Änderungen bis heute geltende Militärartikel aufgenommen wurde: Allgemeine Wehrpflicht, Verfügungsrecht des Bundes über das Bundesheer, Gesetzgebungskompetenz der eidgenössischen Räte. Gestützt darauf wurde noch im gleichen Jahr die neue Militärorganisation erlassen. Diese verlängerte die Instruktions- und Wiederholungskurse, schuf territorial gegliederte Divisionen und gab der Armee einen ständigen Generalstab. Einübung und Erprobung dieser einschneidenden Neuordnung geschahen vor allem in den Manövern der nächsten 20 Jahre.

Aufschwung nach dem heilsamen Schock

Menschen lernen am besten durch die eigenen Erfahrungen und die Fehler anderer. Oder umgekehrt. Auch in militärischen Dingen! Die von der Schweiz genau verfolgten Nationalkriege sowie die technischen und politischen Umwälzungen des ausgehenden 19. Jahrhunderts prägten die Schweizer Armee besonders.

Das letzte Viertel des 19. Jahrhunderts war für das Schweizer Wehrwesen eine Zeit des Aufbaus, des inneren und äußeren Erstarkens. Der Schock von 1870/71 hatte sich als heilsam erwiesen; jetzt ging es darum, die Militärorganisation von 1874 mit Leben zu erfüllen. Die Umwelt veränderte sich ja in rasendem Tempo. Der Bau der Eisenbahnen, namentlich der Durchstich des Gotthardtunnels, der Gründungsboom in der Industrie und die stürmische Entwicklung des Fernmeldewesens prägten die wirtschaftlich-soziale Landschaft der Schweiz neu. Die vormals oft in Eigenbrötelei und Selbstgenügsamkeit verharrenden Kantone rückten näher zusammen; die Städte wuchsen, und ihre Agglomerationen begannen sich abzuzeichnen. Die Arbeiterbewegung wurde zur neuen großen politischen Kraft, die den jahrzehntealten Gegensatz zwischen (konservativen) Föderalisten und (radikal-liberalen) Zentralisten aufbrach.

Die Manöver des schweizerischen Bundesheeres zwischen 1874 und 1907 widerspiegeln dieses Erstarken des Wehrwesens in drei Stufen, die gleichzeitig die Annäherung der Übungsverfahren an das gewandelte Kriegsbild kennzeichnen.

Die nachfolgende Einteilung stützt sich im wesentlichen auf eine bekannte Schrift des nachmaligen Generals Ulrich Wille aus dem Jahre 1903, in der er die schweizerische Manövergeschichte seit 1815 untersucht. Wille, der ein Jahr nach dieser Publikation zum Korpskommandanten und Befehlshaber des 3. Armeekorps befördert wurde, formulierte mit der Kritik an den früheren Manöververfahren gleichzeitig auch ein Stück seiner eigenen unbeirrbaren Philosophie: daß das Milizsystem zwar das einzig richtige für die Schweiz sei, daß es aber keine Entschuldigung für mangelnde Kriegstüchtigkeit, Verantwortung und kreative Führungsqualitäten sowie für fehlenden Durchhaltewillen sein dürfe; schließlich richte sich die brutale Wirklichkeit eines Krieges nicht nach dem Wehrsystem des Angegriffenen. Dadurch, daß er diese Einsicht mit großer Konsequenz und Unnachgiebigkeit auf allen Stufen durchsetzte, wurde Ulrich Wille zum bedeutendsten Armeereformer dieser Epoche.

«Die Manöver sind das Vorexamen für den Krieg. Was man dafür braucht, soll man in den vorausgegangenen Ausbildungsperioden gelernt haben. Instruktionen, die erst jetzt gegeben werden, können nicht mehr in Fleisch und Blut übergehen; das Bestreben, ihnen nachzuleben, erzeugt Verwirrung der Begriffe, und diese hat Unsicherheit und Unentschlossenheit zur Folge. Es kommt im Kriege nicht darauf an, daß man das Richtigste tut, sondern daß man weiß, was man tut.»

General Ulrich Wille

Links: Schwerbepackte Trainkolonne unterwegs in den Bündner Bergen. Noch vor dem Ersten Weltkrieg bildeten Bestände und Ausrüstung der schweizerischen Gebirgstruppen Gegenstand erbitterter Auseinandersetzungen in der Generalität.

Unten: Beobachten – sichten – feuern! Auf einer günstig gelegenen Krete hat sich Gebirgsinfanterie mit einem Maschinengewehr eingerichtet. Die Kampfregeln im Gebirge sind bis heute im wesentlichen die gleichen geblieben.

General Ulrich Wille

Er wurde respektiert für seine offene Sprache, seine Unerschrockenheit im Meinungskampf und seine überragenden militärischen Fähigkeiten; für viele Schweizer aber war er der Inbegriff des verhaßten «Preußentums»: General Ulrich Wille (1848–1925). Der Militärreformer, der während der Grenzbesetzung 1914–1918 an der Spitze des Schweizer Heeres stand, entsprang einer nach Deutschland ausgewanderten Neuenburger Familie, die ursprünglich Vuille hieß. Ulrichs Vater war der demokratische Politiker und Journalist François Wille, der 1848 ins Frankfurter Parlament gewählt wurde und vor dem Druck der Reaktion zurück in die alte Heimat floh. Ulrich Wille war im Revolutionsjahr 1848 noch in Hamburg zur Welt gekommen; seine Mutter war eine Frau aus dem berühmten Hamburger Reeder- und Bankiergeschlecht der Sloman.

Das Gut Mariafeld in Meilen, das Vater François Wille kaufte, wurde zu einem Zentrum von Wissenschaft, Kultur und Politik. In den Kinderjahren Ulrich Willes gingen hier Gottfried Keller, Conrad Ferdinand Meyer, Herwegh, Mommsen und Liszt ein und aus; Richard Wagner verbrachte im Mariafeld mehrere Asylmonate.

Ulrich Wille doktorierte als Jurist und wurde nach der Grenzbesetzung 1870/71 Berufsoffizier. Seine wichtigsten militärischen Stationen: 1871–1883 Instruktor der Artillerie in Thun, mehrmals nach Berlin zu preußischen Generalstabskursen abgeordnet; 1881 Oberstleutnant, Reformer der Kavallerie; 1892 Waffenchef der Kavallerie; 1896 vorübergehendes Ausscheiden aus der Armee nach Ablehnung des von ihm verfochtenen Armeegesetzes von 1895; 1900–1914 Militärschriftsteller und Dozent an der ETH Zürich; 1900 Rückkehr in die Armee als Kommandant der 6. Division; 1904 Kommandant des 3. Armeekorps; 1912 Leitung der «Kaisermanöver»; 1914 Wahl zum General; 1918 Rücktritt; Verfasser zahlreicher bedeutender militärischer Bücher und Schriften.

1874–1884: Alles dreht sich um den Divisionär

Noch immer waren die Manöver sorgsam geplante Veranstaltungen. Die beteiligten Offiziere studierten zuvor das Gelände in allen Einzelheiten und suchten sich die Positionen aus, um die gekämpft werden sollte. Die Spezialideen, d.h. die taktischen Überlegungen der beiden Parteiführer, waren allen Beteiligten zum vornherein bekannt. Die Überraschungsmomente, wie sie in jedem Krieg zu Hunderten vorkommen, fielen dahin, und mit ihnen die Möglichkeit, die Führer aller Stufen auf die Probe zu stellen. Die im Divisionsverband stattfindenden Manöver zeichneten sich dadurch aus, daß der Divisionär

gleichzeitig Manöverleiter und Parteikommandant war. Er stellte für sich und für seinen Gegner die General- und Spezialideen, d.h. die strategischen und taktischen Rahmenbedingungen, auf. Wille: «So konnten diese Manöver höchstens dazu dienen, die Fähigkeit des Divisionärs im Arrangieren von taktischen Situationen zu zeigen, aber niemals ihm und anderen seine Fähigkeit zu beweisen, taktische Situationen zu lösen.»

Wie weit es mit solchen Manövern nach starrem Drehbuch kommen konnte, zeigte als Extremfall die Truppenübung von 1878 (2. Division gegen markierte 5. Brigade) in der Gegend zwischen Freiburg und Bern. Hier war alles vorausbestimmt: der Zeitpunkt, wann Kolonnen einen bestimmten Punkt passieren und wann die ersten Schüsse fallen sollten. Wörtlich hieß es in einem einen Monat vor Manöverbeginn gedruckten Befehl:

«Das Feuer beginnt am 16. September 2 Uhr nachmittags, und zwar nur durch die Truppen der Avantgarde, welche 5 Patronen per Gewehr und 2 Patronen per Geschütz verfeuern. Diejenigen, welche vor diesem Zeitpunkte auf den Gegner stoßen, erwidern dessen Feuer nicht, sondern ziehen sich zurück außer Schußweite, bis die zum Beginn des Feuers festgesetzte Zeit gekommen ist.»

Gegen diese Art des «Militärlens» erhob sich in der Öffentlichkeit wachsender Unmut, der in der Forderung gipfelte, Manöver seien als zwecklose Spielereien abzuschaffen.

Ulrich Wille kritisierte an diesem starren Verfahren, das u.a. mit der Wiederaufrichtung einer straffen Truppendisziplin begründet wurde, vor allem, «daß die Unterführer unter diesen Verhältnissen nur ausnahmsweise den Trieb in sich spürten, aus eigener Initiative zu handeln».

Ungewöhnlich informativ und dazu von einem eigenartigen nostalgischen Reiz sind diese Fotografien, die vor und während der Grenzbesetzung 1914/18 entstanden sind. Bewundernswert, wie der unbekannte Fotograf mit seiner schweren, unförmigen Plattenkamera das Heeresleben schon mit dem scharfen Blick des modernen Reporters betrachtet hat!

Links oben: Beobachtungsstand an der Grenze im Jura.

Links Mitte: Trainkolonne bei einer Flußdurchquerung.

Links unten: Militärisches Zeltlager.

Oben: Brieftauben-Spezialisten mit ihren gefiederten Mitarbeitern.

Rechts: Brieftauben-Tragart alter Ordonnanz. In diesem Rückenkorb haben vier Tiere Platz.

1885–1897: Ein Feind aus Fleisch und Blut

Sinnigerweise unter der Leitung des unermüdlichen Reformers General Hans Herzog begann 1885 zwischen Aarau und Bern ein neuer, wichtiger Abschnitt der schweizerischen Manövergeschichte: Zum erstenmal manövrierten zwei Divisionen gegeneinander; der Feind war nicht mehr durch Markeure bloß angedeutet oder gänzlich supponiert.

Das hatte vorerst den großen Vorteil, daß die Truppen und ihre Führer nunmehr doppelt so häufig üben konnten wie bisher, da ein Divisionär nur alle acht Jahre und somit in der Regel bloß ein einziges Mal in seiner Karriere zu einem großen Manöver

Die Soldaten fassen Rum und Rotwein...

Genauestens überliefert ist, wo und wann Rot angriff und was Blau zu halten vermochte, welche Überraschungen eintraten und was für Entschlüsse die Kommandanten faßten. Wie aber erging es in den Manövern des ausgehenden 19. Jahrhunderts dem einfachen Soldaten?

Daß sie, wenn überhaupt, auf Stroh schliefen, sich auf nächtelangen Märschen quälten und bei typisch herbstlichem «Militärwetter» durchnäßt zum Kampf anzutreten hatten, kann jeder Manöversoldat von heute nachfühlen. Was jedoch haben die Soldaten damals zu essen bekommen? Auskunft gibt ein Verpflegungsoffizier namens F. Merz aus Schüpfheim, der seine Erfahrungen aus den Manövern der 4. Division von 1883 zwischen Sempacher- und Baldeggersee zusammenfaßte.

Die Hauptverpflegung war der «Spatz», die unverwüstliche militärische Fleischsuppe aus der mächtigen Gulaschkanone. Gemäß Verwaltungsreglement vom 9. Dezember 1881 stand für den normalen Dienst eine ordentliche Verpflegung von 750 g Brot und 320 g Fleisch pro Mann und Tag zur Verfügung. Im Feldverhältnis, d.h. in den Manövern, gab es 375 g Fleisch und zusätzlich 150 bis 200 g Gemüse oder Hülsenfrüchte, Reis, Teigwaren usw. nebst 20 g Salz, 15 g geröstetem Kaffee und 20 g Zucker. Anstelle des Brotes konnte Zwieback, anstelle des frischen Fleisches Geräuchertes, Gesalzenes, Speck, Konserven oder Käse treten. Bei außerordentlichen Anstrengungen und Märschen sowie bei kalter und nasser Witterung wurde die Fleischportion gelegentlich auf ein ganzes Pfund pro Mann und Tag erhöht. Außerdem gab es dann drei bis fünf Deziliter Rotwein oder 6 bis 10 Zentiliter Schnaps pro Mann und Tag. Diese Extraverpflegung bedurfte freilich einer Genehmigung des Generalstabschefs.

In den besagten Manövern erhielten die Wehrmänner einen halben Liter Wein pro Tag. Es war, wie Merz anmerkt, «ein guter, kräftiger Rothwein aus Dalmatien, welcher bei der Truppe, so viel ich hörte, allgemeine Anerkennung fand; allerdings für die Ostschweizer wäre er etwas zu fest und dick gewesen».

Schlechte Erfahrungen machten die Truppe und ihr Verpflegungsoffizier allerdings mit einer für diese Manöver zusätzlich angeordneten Verpflegung, welche die Wehrmänner aus der eigenen Tasche zu bezahlen hatten. Anstelle des gewohnten Milchkaffees gab es zum Frühstück auf obersten Befehl Hafersuppe. Doch Merz mußte immer wieder hören, «daß nicht Jedermann die Hafersuppe, besonders die im Feld bereitete, dicke Suppe liebt, im Gegenteil sehr viele dieselbe gar nicht vertragen können. Dies gilt ganz besonders von unserer Landbevölkerung, welche absolut an Milchnahrung gewöhnt ist. Daß diese Behauptung nicht aus der Luft gegriffen ist, mag die Thatsache beweisen, daß z.B. beim Bataillon 43 in Folge Genuß der Hafersuppe der sanitarische Zustand der Mannschaft sich verschlimmerte und eine Menge Soldaten sich erbrechen und dann mit leerem Magen die Strapazen mitmachen mußten.»

Der Rum, den es als Wärmespender in diesen naßkalten Manövertagen gab, war «recht guter Stoff, jedoch für viele Soldaten vielleicht etwas zu wenig». Die Ration war ein halber Deziliter pro Mann und Tag. «1 Deziliter wäre vielen gewiß nicht zu viel gewesen, und noch die Hälfte von dem Wenigen...!»

Die Offiziere zu Pferd, die Mannschaftsgrade zu Fuß – die Marschordnung der berittenen Armee.

kam. Diese neuen Übungen auf Gegenseitigkeit hatten sodann einen großen psychologischen Nutzen: Die Führer aller Stufen lernten sich gegenseitig kennen und einander vertrauen. Vor allem aber war es nun möglich, ihre Führungsqualitäten objektiver zu beurteilen, denn jetzt konnten sie nicht mehr ein Schauspiel aufführen, das sie zuvor selbst inszeniert hatten und dessen «überraschende» Wendungen sie deshalb bestens kannten: Erstmals wurde ein Manöverleiter eingesetzt, der den beiden Parteikommandanten laufend die neuen Aufgaben stellte; zuvor waren diese Funktionen zusammengelegt gewesen. In dieser Periode fanden auch die ersten Korpsmanöver statt.

1897–1907: Aufgabenteilung durchgesetzt

Nun wurde die Trennung zwischen Manöverleiter und Parteikommandanten noch konsequenter gehandhabt; gleichzeitig wurden die Gegner verstärkt. Vermehrt gab es jetzt Übungsanlagen, wie sie für den denkbaren Fall eines Angriffs auf die Schweiz wahrscheinlich erschienen: ein übermächtiger Gegner, der vorerst einmal ins Land einbrach, ein zahlenmäßig unterlegener Verteidiger mit dem Vorteil der genauen Geländekenntnis, der sich in vorbereitete Stellungen zurückzog und von dort den Feind mit Gegenstößen zu schlagen versuchte. Das brachte nun die von Ulrich Wille so entschieden geforderte Eigeninitiative der Unterführer im Rahmen eines gegebenen generellen Befehls zum Tragen. Wille sagt es mit Sätzen, die zum Teil heute noch Gültigkeit haben und durch die geltende Einsatzdoktrin der Schweizer Armee im Atomzeitalter gestützt werden:

«Der die Truppenführer bildende Wert der Manöver auf Gegenseitigkeit besteht allein darin, daß beide Gegner selbständig aktiv handeln und dadurch der übende Führer beständig in die Lage gebracht wird, das zu thun, was den möglichst plötzlich und überraschend auftretenden Umständen am besten entspricht, und dabei doch aus dem operativen Gedanken nicht heraustritt oder bereit ist, sofort wieder in ihn zurückzugleiten. Die oberste Fähigkeit eines Truppenführers ist, sich rasch entschließen, um Verhältnisse zu lösen und zu beherrschen, die nicht immer durchsichtig sind, aber gebieterisch Lösungen erfordern. Dies sich anzugewöhnen, soweit solches ohne das Einwirken von Tod und Gefahr möglich ist, ist der Zweck der Manöver auf Gegenseitigkeit. Daraufhin müssen die Manöver angelegt werden.»

Das ausgehende 19. und das anbrechende 20. Jahrhundert war die Zeit, da die in den zivilen Bereichen stürmisch vorstoßende technische Entwicklung auch die Armee zu revolutionieren begann. Viele technische Errungenschaften von damals sind längst überholt, andere haben sich über die Jahrzehnte hinweg halten können.

Ganz oben: Artillerie mit 8,2-cm-Radgürtelkanone.

Oben links: Ein Artillerie-Beobachtungsposten gibt seine Meldungen mit Morseflaggen weiter; ein Arm hoch bedeutet Punkt, beide Arme Strich.

Oben rechts: Winterliches Fortbewegungsmittel für Meldefahrer: der Motosacoche mit Kufen.

Links: Ein Fesselballon zur Artilleriebeobachtung wird zum Aufstieg vorbereitet.

Unten links: Der berittene Offizier mustert seine in strammer Reihe angetretene Truppe.

Unten rechts: Sappeure beim Brückenbau.

14

Manöver als Versuchs- und Schlachtfelder

Die gewaltige Feuerkraft des neuen Maschinengewehrs zwang der Armee am Vorabend des Ersten Weltkriegs ein völlig neues Gefechtsverhalten und eine neue Kampftaktik auf. Auseinandersetzungen von großer Schärfe begleiteten diese und andere in Manövern erprobte Neuerungen ständig.

Der Eintritt in das 20. Jahrhundert brachte ein verändertes, von zunehmender Technisierung, Mechanisierung und Professionalisierung geprägtes Anforderungsprofil an die Armee mit sich. Er vollzog sich für die Schweizer Armee keineswegs reibungslos. So ruhig die ersten Jahre des neuen Jahrhunderts politisch sonst waren, so leidenschaftlich erregt waren die Auseinandersetzungen in der Militärpolitik.

Zwei Kriege, obwohl auf der anderen Seite des Erdballs, lösten in der Schweiz heftige Diskussionen aus: Der Burenkrieg (1899–1902) wurde hier als eine Kraftprobe zwischen dem Volks- und dem Berufsheer verstanden; der Russisch-Japanische Krieg (1904/1905) führte die revolutionäre Feuerkraft des Maschinengewehrs vor Augen, das eine starke Veränderung der Kampfformationen hervorrief. Die zuvor dicht geschlossenen Feuerlinien der Infanterie mußten aufgelockert werden; aus starren Fronten wurden bewegliche, weiträumig operierende Kampfgruppen.

Die Manöver von damals waren einerseits, wie es zu ihrer Bestimmung gehört, Versuchsfelder und Prüflabors für neue Kampftechniken, Waffen und Waffengattungen. An ihnen entzündeten sich anderseits aber auch leidenschaftliche Streitigkeiten, die in Einzelfällen zu unversöhnlichen «persönlichen» Feindschaften zwischen hohen Armeeführern ausarteten. Innenpolitisch kam dazu, daß die aufstrebende Sozialdemokratie den Wehrausgaben zusehends negativer gegenüberstand; den Hintergrund bildeten das unveränderte Mißtrauen der Kantone gegenüber dem Bund und ein entsprechend zähes Ringen um Kompetenzen.

Mit der Annahme des Gesetzes über die Militärorganisation von 1907, eines mühsam erkämpften Kompromisses, fanden diese Auseinandersetzungen nur vorläufig ein Ende. Immer wieder stand die Gestalt des kämpferischen, wortgewandten Ulrich Wille im Brennpunkt der Diskussionen; seine unerbittliche Forderung nach einer kriegstüchtigeren Schweizer Armee wurde als «Preußentum» bekämpft. Trotz vieler wesentlicher Erfolge gestand er sich am Ende seiner aktiven Laufbahn selbst ein, daß er sein Ziel nicht erreicht hatte:

«Für mich steht fest, daß ein Krieg im August 1914 uns das frühere oder spätere Versagen vor dem Feind gebracht hätte. (...) Aber wenn auch die Mobilisation in allen Teilen einen erhebenden Eindruck machte, so besaßen die mobilisierten Truppen doch nicht den Grad der Kriegstüchtigkeit und Kriegsbereitschaft, den der Krieg erfordert und der hätte vorhanden sein müssen, um sofort einer Invasion entgegentreten zu können» (Bericht an die Bundesversammlung über den Aktivdienst 1914/18).

In einem Brief an seinen Generalstabschef Theophil von Sprecher vom Januar 1917 äußerte sich General Wille noch viel resignierter:

«Wenn ein Einfall in unser Land uns in jetziger Verfassung überrascht, dürfen wir das bequeme Mittel, uns eine Kugel vor den Kopf zu jagen, nicht anwenden, um uns der Verantwortung für den Zusammenbruch zu entziehen.»

Ein abschließendes Urteil war das nicht; der temperamentvolle und schreibfreudige Wille hat auch ganz andere, entgegengesetzte Meinungen veröffentlicht.

Beim Sturm ertönt das Sempacherlied

Ob diese außerordentlich harten Urteile zutreffend waren, mußte sich – zum Glück – nicht im Ernstfall erweisen; immerhin wird man berücksichtigen müssen, daß vieles an Willes Äußerungen bewußte und mit seiner strikten wehrpolitischen Auffassung motivierte Übertreibung gewesen ist, bestimmt für den Meinungskampf der damaligen Zeit und nicht für die Geschichtsschreibung.

In den Manövern von 1903 bis 1912 wurden zahlreiche Experimente angestellt und Neuerungen erprobt. 1904 wurde zum Beispiel ein Rekrutenregiment aus verschiedenen Schulen gebildet und der Manöverdivision zugeteilt. Dieser Versuch bewährte sich jedoch nicht. Im Jahr darauf wurden erstmals Radfahrer als Kampftruppen verwendet. Die zwei Kompanien leisteten ausgezeichnete Dienste; dieser Manöverversuch war die Grundlage für Organisation und Ausbildung der Radfahrerkompanien.

Einmalig in der Geschichte der Kavallerie waren die Manöver des 3. Armeekorps im Jahre 1908, denn damals wurde aus zwei Kavalleriebrigaden und einer Feldartillerieabteilung eigens für die Manöver eine Kavalleriedivision unter dem Kommando von Divisionär Wildbolz gebildet. Über die Erfahrungen mit einer derart gewaltigen Formation schrieb Divisionär von Muralt: «Am 8. September pührte sie mit allen 12 Dragonerschwadronen eine Attacke durch den Hagenstall Richtung Elgg. Es war ein schönes Schauspiel. Im Ernstfall wäre die Reiterei im Kartätschfeuer der feindlichen Batterien zusammengebrochen.» Das Experiment wurde nur noch einmal wiederholt.

Nur langsam drang die Wirklichkeit des modernen Krieges in die Szenarien der schweizerischen Manöver ein. Kavallerieattacken erwiesen sich als nicht mehr zeitgemäß; die Artillerie mußte verdeckte Stellungen beziehen und indirekt schießen, um der Infanterie den Weg zu bahnen. Aber viele Manöver waren noch immer auf Begegnungsgefechte angelegt; es muß-

General Ulrich Wille: Unerbittlich forderte er vom schweizerischen Milizheer das Äußerste an Leistung und Disziplin. Sein beißender Spott war gefürchtet, seine brummige Art sprichwörtlich, und viele warfen ihm preußischen (Un-)Geist vor.

Generalstabschef Theophil Sprecher von Bernegg: Der hagere Bündner Aristokrat, einer der Väter der schweizerischen Gebirgstruppe, stand 1914 bei der Generalswahl der Sache zuliebe zurück und genoß nicht nur deshalb den Respekt von Volk und Armee.

Grenzbesetzung 1914/18: Infanterie in Stellung *(oben);* zum Stellungsbezug anrückende Artillerie *(Mitte);* Radfahrer beim Parkdienst *(unten).* Was man auf den Bildern nicht sieht, schildert als Zeuge der Zeit der Dichter Meinrad Inglin in seinem «Schweizerspiegel»: «Nur zwei Möglichkeiten konnten dieser schlecht gelaunten, aber tüchtig geschulten Mannschaft einen frischen Antrieb verleihen, der kriegerische Ernstfall oder die Gewißheit einer nahen Ablösung. Weder das eine noch das andere stand bevor, soviel man wußte. Vor allen Augen lag nur in zermürbender Einförmigkeit der dienstliche Alltag, wie eine unabsehbare naßkalte Schneewüste vor den Augen ermüdeter Wanderer.»

te um jeden Preis zum Kampf kommen, und die Einübung der Defensive, das heißt das Besetzen und Halten von Stellungen, stand noch nicht so hoch im Kurs. Die gewaltig gesteigerte Wirkung moderner Waffen konnte kaum dargestellt werden. Eindrücklich schildert Divisionär von Muralt, wie es in den Manövern damals etwa zuging:

«Die Infanterie besaß noch keine automatischen Waffen. Die Bataillone bestanden aus vier Füsilierkompanien zu vier Zügen. Für den Angriff auch gegen einen in Stellung befindlichen Feind wurde ein Vormarschbefehl gegeben. Die Infanterie marschierte in Marschkolonne bis in den feindlichen Feuerbereich, bildete dann eine zweigliedrige Linie und ging erst im feindlichen Feuer in Schützenlinie mit ein bis zwei Schritt Zwischenraum von Mann zu Mann über. Die Reserven folgten in Massenformationen dicht aufgeschlossen.

Der Angriff lief unaufhaltsam vorwärts bis in die feindliche Stellung, meist ohne

Oberst Fritz Gertsch: Der Arbeitersohn, der in damals ungewohnte militärische Höhen aufgestiegen war, beobachtete den Russisch-Japanischen Krieg für die Schweiz. Kompromißlos, oft maßlos und streitsüchtig vertrat er seine Thesen.

Oberstkorpskommandant und Nationalrat Eduard Will, der Inbegriff des «politischen Obersten». Als Milizsoldat blieb er seinem Beruf – erst Eisenhändler, dann Kraftwerkdirektor – treu. Er war ein erbitterter Gegner von Gertsch.

infanteristischen Feuerschutz. Artillerieunterstützung war erwünscht, wurde aber nicht abgewartet. Beim Sturm wurden die Fahnen entrollt, und die Musik spielte den Sempachermarsch. (...)

Die Artillerie-Batterien fuhren im Galopp in offene oder sogenannte halbverdeckte Stellungen auf und richteten direkt. Der Batteriechef kommandierte das Schießen in der Geschützlinie, da es noch kein Telephon gab. Die Verbindung mit der Infanterie wurde durch Berittene hergestellt. Erst von 1912 an führte man die Panoramafernrohre und das Batterieinstrument für das indirekte Richten ein, und erst während des Aktivdienstes kam das Telephon.»

Erfahrungen eines Unbequemen

Parallel zu diesen teils erfolgreichen, teils fehlgeschlagenen Experimenten ging die leidenschaftliche Diskussion um die zukünftige Organisation und Ausbildung der Schweizer Armee unvermindert weiter. Sie fand ihren vorläufigen Abschluß mit dem Erlaß der Truppenordnung 1911, welche endgültig die veralteten Strukturen von 1874 auflöste. In wesentlichen Punkten setzte sich Generalstabschef von Sprecher gegen die Auffassungen seines Widersachers Ulrich Wille durch. So wurde die Zahl der Armeekorps von vier auf drei und die Zahl der Divisionen von acht auf sechs reduziert. Wille hätte eine größere Zahl kleinerer, beweglicherer Verbände vorgezogen. Außerdem wurden erstmals selbständige Gebirgstruppen geschaffen, denen Wille beim damaligen allgemeinen Ausbildungszustand der Armee mißtraute, wie sich beim Flüela-Manöverskandal von 1913 noch zeigen sollte. Schließlich wurden durch die Truppenordnung 1911 auch die Divisionskommandostellen hauptamtlich gemacht; zuvor waren sie teilweise noch von Milizoffizieren besetzt gewesen. Gerade dieser Umstand führte im Gefolge der Herbstmanöver des 2. Armeekorps von 1910 zu einem öffentlich ausgetragenen Streit, der mit seinen Haßausbrüchen zu den Einmaligkeiten in der neueren Geschichte des Schweizer Heers zählt.

Im Mittelpunkt der Affäre stand wiederum ein Offizier, der es nicht gewohnt war, ein Blatt vor den Mund zu nehmen, der aber im Gegensatz zu Herzog und Wille nicht die Haltung besaß, im richtigen Augenblick auch Versöhnlichkeit und Diplomatie einzusetzen oder zu schweigen: Oberst Fritz Gertsch (1862–1938).

In einer Armee, deren höhere Führung damals zu einem großen Teil wirklich noch den führenden Schichten des Großbürgertums, wenn nicht den Patrizierfamilien entstammte, war schon die Herkunft dieses kantigen Berners von einer gewissen Exotik. Gertsch war eins von acht Kindern eines Strohflechters und Weichenwärters im Berner Oberland; viel später, als er längst Schloßherr auf Wart bei Neftenbach war, machte er nie ein Hehl daraus, daß er nur den Beruf eines Hutmachers gelernt hatte, ehe er in den Instruktionsdienst der Armee eingetreten war. Schicksalhaft für den Offizier, der zeitweilig nebenher auch ein Gasthaus in Liestal führte, war der Auftrag, auf seiten der Japaner im Russisch-Japanischen Krieg als Beobachter teilzunehmen. Sein Bericht war ein spannendes, farbiges und unkonventionelles Dokument; noch 70 Jahre später urteilte ein moderner Historiker: «Er gehört zum besten, was je von schweizerischen Beobachtern geschrieben worden ist» (Bruno Lezzi). Denn: «Immer wieder überprüft er alte übernommene Vorstellungen am miterlebten Geschehen und teilt sie, oft verborgen in Schlachtenschilderungen, mit. Die Bedeutung der Artillerie in einem modernen Krieg hat er eindeutig richtig erkannt. (...) Gertsch wehrt sich gegen eine Tradition ohne Inhalt, die er durch seine Erfahrungen umgestoßen sehen will.»

Da er nicht genügend Zeit fand, an seinem Bericht – einem zweibändigen Buchwerk – zu arbeiten, erschien der zweite Teil mit seinen umstrittenen Schlußfolgerungen erst 1910. Das Buch entfachte sofort einen erbitterten Streit in der höheren Führung der Armee, der «zu einer eigentlichen Frontenbildung führte» (Lezzi). Gertschs wichtigste und zugleich revolutionärste Erkenntnis war die Theorie von der dünnen Schützenlinie, bedingt durch die in der Schweiz noch unbekannte, im Russisch-Japanischen Krieg aber erstmals auf breiter Front erprobte Wirkung des Maschinengewehrs. Unbekümmert um die allenthalben vorhandenen Empfindlichkeiten schrieb Gertsch, die überkommene Kampfformation der Schweizer Infanterie entspreche mittelalterlichen Vorstellungen. Gertsch maß die schweizerischen Manöverübungen an der Wirklichkeit des modernen Krieges und urteilte:

«Was im Spiel des Manövers sich gebärdet wie kraftvolle Macht, entpuppt sich im Ernste des Krieges als hülflose, geräuschvolle Plumpheit. Dichte Schützenschwärme können im Kriege vor ihresgleichen bestehen, aber einer richtig gebildeten Schützenlinie werden sie einmal entgegengeführt und nachher nie wieder.»

Als Kommandant der 6. Brigade in den Korpsmanövern von 1910 wandte Gertsch diese Erkenntnis in der Praxis an und verstieß damit formell gegen das Reglement. Korpskommandant Eduard Will, Leiter dieser Truppenübung, kanzelte Gertsch deswegen bei der Manöverkritik vor allen Offizieren und den prominenten ausländischen Gästen ab, darunter dem österreichisch-ungarischen Generalstabschef.

Ein Oberst verliert die Nerven

Gertsch, neben Ulrich Wille ehrenamtlicher Redaktor der «Allgemeinen Schweizerischen Militärzeitschrift», antwortete

Oben: Ein typisches Manöverbild aus der Zeit der Grenzbesetzung: Infanterie in der aufgelockerten Schützenlinie, feuernd.

Mitte: Feldtelefonstation, im Wald getarnt.

Unten: Strohsäcke, Platznot, mißliche hygienische Verhältnisse – ein Kantonnement von 1914/18. Gegen Ende des Dienstes breitete sich in dieser Umgebung eine verheerende Grippe-Epidemie aus.

unverzüglich mit einem Artikel in diesem Blatt. Die Schärfe seiner Worte wurde seither in der schweizerischen Militärpublizistik nie mehr erreicht. Originalton Gertsch:

«Die Manöver des 2. Armeekorps sind benutzt worden, um gegen die von mir vertretene Lehre für den Schützenkampf zu demonstrieren. Vom Geiste des Hasses geleitet, hat man offenkundige Erfolge meiner Brigade als Niederlagen ausgerufen, zum Zwecke der Erschütterung meiner militärischen Reputation und um meine Bestrebungen zu hintertreiben, die darauf gerichtet sind, unsern veralteten, für den Krieg unbrauchbaren Manöverkampf in kriegsgemäße Bahnen zu lenken.»

Gegen einen gleichrangigen Generalstabsoffizier, den er als Autor einer bissigen Manöverkritik, die in den «Basler Nachrichten» erschienen war, vermutete, zeterte Gertsch:

«Den Erzähler kenn' ich; er ist der unheilvolle Geist, der durch unermüdliche, tiefgründige Bohrarbeit als ein richtiger Schädling in unserem Offizierskorps bereits Verheerungen angerichtet hat. Der in vollkommener Skrupellosigkeit über die Leichen seiner Kameraden aufwärts zu klettern sucht und mit dämonischer Gewandtheit seine Vorgesetzten, so lange sie ihm nützen können, für sich einzunehmen und gegen seine Vordermänner umzustimmen versteht.»

Zornig verlangte Korpskommandant Wille den Ausschluß Gertschs aus der Armee. Der Bundesrat mochte nicht so weit gehen, verurteilte den Obersten aber zu zehn Tagen scharfem Arrest und enthob ihn seines Kommandos. Natürlich gab der Haudegen nicht auf. In der Antwort auf eine ungünstige Rezension seines zweiten Teils des Kriegsberichts zerfetzte er die neue Truppenordnung 1911 in der Luft und schrieb sie den persönlichen Verhältnissen in der obersten Heeresleitung zu, «denen in jeder Beziehung eine Gefahr für unser Heereswesen innewohnt». Im April 1911 entließ der Bundesrat den auflüpfischen Obersten deshalb aus dem Instruktionsdienst.

Ulrich Wille, der bei aller Kritik an der Maßlosigkeit Gertschs dessen Sachverstand und Offenheit schätzte und in der Sache mit ihm weitgehend einig war, erwog damals, wie später seine Tochter aufgrund persönlicher Gespräche bezeugte, zu demissionieren, «weil ich nicht dabei sein will, wo solche Brutalitäten geschehen und wo jetzt so gewirtschaftet wird». Wille hat es sich dann aber doch anders überlegt. Kaum hatte ihn die Bundesversammlung freilich zum General gewählt, berief er Oberst Gertsch in sein Kommando zurück. 1917 schlug er ihn sogar zum Divisionär. 1919 jagte ihn der Bundesrat auch aus diesem Kommando, nachdem Gertsch – ganz der alte – seine Division als kriegsuntüchtig beschimpft, beispiellos scharfen Drill eingeführt und Truppenbewegungen befohlen hatte, die ganzen Soldatengenerationen als legendäre «Todesmärsche» geläufig blieben.

Merkwürdig indes: Gertsch blieb bei all diesen Eskapaden ein ungewöhnlich populärer Offizier, wie nach seinem Tode auch seine unversöhnlichsten Gegner zugaben. Nach seinem Hinauswurf (ohne Rente bis 1931) gab er den Kampf nicht auf und nahm in zahlreichen weitverbreiteten Schriften zu militärischen Fragen Stellung. Von Gertsch stammt beispielsweise der Vorschlag, die Schweizer Armee radikal auf Maschinengewehre umzurüsten und ihr eine starke Flugwaffe beizugeben. Noch als alter Mann scheute er sich nicht, in Veranstaltungen der Gewerkschaften und der Sozialdemokraten als Referent aufzutreten, was bis zur Kampagne von Hans Hausamann für die Wehrvorlage von 1935 in keiner Weise zu den Gewohnheiten schweizerischer Offiziere gehörte.

Oberstdivisionär Paul Schiessle: Er war der Oberkommandierende der an der Flüela meuternden Bündner Gebirgstruppen. Dieser aus der Instruktion hervorgegangene Offizier alter Schule bezeichnete das Verhalten der Truppe als «Verbrechen».

Der Manöverskandal an der Flüela

Drei Jahre nach dem schriftlichen Wutausbruch von Oberst Gertsch setzte sich kein Geringerer als Korpskommandant Ulrich Wille mit einer ebenfalls äußerst scharfen öffentlichen Maßregelung in die Nesseln. Seine hohntriefende Kritik an der Fehlleistung bündnerischer Gebirgsfüsiliere von 1910 wurde als grobe Beleidigung des Kantons Graubünden aufgefaßt und führte zu heftigen Debatten in der in- und ausländischen Presse sowie schließlich auch im Nationalrat.

Vorausgegangen war diesem Aufruhr eine Meinungsverschiedenheit zwischen Wille und Generalstabschef von Sprecher im Vorfeld der Truppenordnung 1911. Von Sprecher und mit ihm die Landesverteidigungskommission befürworteten die Schaffung starker, selbständiger Gebirgskampfverbände, eine Aufgabe, die erstaunlicherweise zuvor nie ernsthaft an die Hand genommen worden war. Wille war im Prinzip kein Gegner dieses Planes, doch machte er geltend, die vorgesehenen Bestände seien viel zu groß; man könne sich das bei der gegenwärtigen Lage nicht leisten und ausbildungsmäßig nicht bewältigen. «Diesem Planen», so schrieb Wille in einer Eingabe zur Truppenordnung, «liegt der Gedanke zugrunde, daß wir uns vor allem auf einen Krieg gegen Italien wappnen müssen. Daß ich diesen Kriegsfall als den unwahrscheinlichsten von allen betrachte, habe ich schon zu Anfang meiner Darlegungen begründet. Aber auch wenn meine Ansicht grundfalsch wäre, bedürften wir niemals für die Verteidigung des Hochgebirges einer so großen Zahl Gebirgstruppen.» Besonders skeptisch war Wille gegen das Argument, man könne die Gebirgstruppen ja im Bedarfsfalle auch im Feld einsetzen; dann würden sie, wie er in einem Brief an von Sprecher spottete, mehr oder weniger den Charakter der Ausrüstung des Berliners annehmen, der seine Ferien im Gebirge zubringt.

Von Sprecher setzte sich mit seiner Auffassung bei der Landesverteidigungskommission durch. Daß der unterlegene Wille nun die Leistungen der neuen Truppe besonders kritisch prüfen würde, war zu erwarten.

Meuterei im Schneesturm

«Was geschehen ist, das ist eine Schande, ja ein Verbrechen, ja Meuterei», donnerte Oberstdivisionär Paul Schiessle vor den

Auf Nauen (Ledischiffen) erreicht die berittene Truppe den Hafen von Alpnachstad am Pilatusfuß.

versammelten Unteroffizieren. «Die Schande liegt auf der ganzen Truppe!» Auch Oberstkorpskommandant Wille schrieb in einem Bericht an das Militärdepartement mehrmals ausdrücklich von einem Verbrechen.

Was war geschehen?

Zwei Regimenter der jungen Gebirgsinfanteriebrigade 18 sollten am 10. September 1913 auf dem Flüelapaß gegeneinander manövrieren. Während des Gefechts am Vormittag schlug das Wetter jäh um. Dem Regen folgte Hagel, dann Schnee, und schließlich erhob sich ein mächtiger Schneesturm. Die Felshänge rechts und links der Paßhöhe, über die der Angreifer dem Verteidiger in die Flanken hätte fallen sollen, wurden unbegehbar. Der Brigadekommandant brach die Übung ab und ließ die Truppen auf der Paßstraße besammeln. Bei seinen zeitlichen Anordnungen ging er jedoch von der irrtümlichen Annahme aus, daß verschiedene Truppenteile recht hoch an den Hängen stünden; er legte deshalb für die Zeit ihres Abstiegs eine Manöverkritik fest. Aber die Truppen waren früher als erwartet auf der Straße und mußten anderthalb Stunden lang durchnäßt und frierend im Schneesturm stehenbleiben.

Die Soldaten wurden unruhig. «Abmarsch!» forderten sie durch lautes Rufen. «Partenza!» echoten die Italienischbündner. Als die Manöverkritik kein Ende nehmen wollte, stieg die Erregung. Schließlich marschierte das Regiment 36 ohne seine Offiziere eigenmächtig in die Kantonnemente nach Davos zurück.

Dieser Vorfall – wohl nicht der erste und nicht der letzte seiner Art in der Schweizer Armee – erhielt internationale Bedeutung und innenpolitische Tragweite erst durch einen Artikel, den der gern scharf formulierende Kritiker der Gebirgstruppen, Korpskommandant Ulrich Wille, zwei Wochen später in der «Neuen Zürcher Zeitung» veröffentlichte. Willes Urteil:

«Eine solche Truppe ist gänzlich unzuverlässig, sie ist für den Krieg unbrauchbar, auch wenn sie noch so leistungsfähig ist und alle ohne Ausnahme Heldensöhne sind, die nur den einen Lebenszweck kennen: für das Vaterland zu sterben.»

Bei allem Hohn und Spott: Wille erblickte in diesem Vorfall ein Symptom für den inneren Zustand der schweizerischen Miliztruppe in gefährlicher Zeit. Er kritisierte den Mangel an innerer Disziplin und den «dünnen militärischen Firnis», der von Regen und Schnee schnell abgewaschen wurde.

Wer die Bündner beleidigt...

Was die kritisierte und zweifellos fehlbare Bündner Truppe sowie Volk und Regierung Rätiens außer sich brachte, war der überaus scharfe und ätzende Ton, den Wille in diesem Artikel anschlug, sowie einzelne Aussagen, die über das Ziel hinausschossen:

– «Das Wetter hat auch Touristinnen aus dem Flachlande (am besagten Vormittag) nicht verhindert, den Paß zu überschreiten, und schließlich kann das Wetter sein, wie es will: Wenn schon unbehagliches Wetter berechtigt, den militärischen Gehorsam aufzukünden und davon zu laufen, wie werden diese Helden erst laufen, wenn statt Schnee und Regen blaue Bohnen auf sie herunterprasseln!»

– «Wenn behauptet werden wollte, diese Truppe sei militärisch erzogen und daher auch befähigt, die ganze Schwere ihres Vergehens zu kennen, gehört sie vor Kriegsgericht, und wenn dieses dann nicht eine elende Farce ist, ist langjährige Kerkerstrafe die unabwendbare Sühne.»

Dieser Artikel in der «Neuen Zürcher Zeitung» erregte ungeheures Aufsehen. Zahlreiche ausländische, besonders natürlich deutsche Zeitungen berichteten nun über den Manöverskandal. Bündner Nationalräte reichten Interpellationen ein, der Kleine Rat des Kantons Graubünden forderte «um der Ehre unseres freien Volkes, der Erhaltung der Disziplin in unserem Heere und der Entwicklung des ganzen Wehrwesens willen», der Bundesrat möge Ulrich Wille bestrafen.

Der Bundesrat tat das nicht, sondern ließ es mit einer scharfen Mißbilligung bewenden. In der abschließenden Stellungnahme vor dem Nationalrat stellte er Fehler auf beiden Seiten fest.

Artillerie beim Aufprotzen im Gebirgswinter. Solche Dienste, wohl die härtesten in der Armee, schärften die Empfindlichkeit der Wehrmänner gegen Leerlauf und autoritären Führungsstil.

Es war falsch, die Truppe bei derart mißlichem Wetter anderthalb Stunden im Freien stehenzulassen, doch blieb das Versagen der eigenmächtigen Truppe unbestritten.

Die Auseinandersetzung um diesen Vorfall zeigt, wie gerade damals das Dilemma der Milizarmee in Truppe und Öffentlichkeit empfunden, aber nicht verarbeitet wurde: Einerseits wird vom Bürger in Uniform verlangt, er müsse gegen einen überlegenen Gegner bestehen, anderseits gelingt es diesem Bürger oft nicht, durchaus naheliegende, aber «zivilistische» Haltungen abzulegen, und der perfektionistische, unerbittlich auf Leistung und Gehorsam drängende Berufsoffizier steht als Eisenfresser da . . .

In Manövern gezeugt, im Aktivdienst geboren: die Flugwaffe

Die wichtigste Neuerung, die in den Manövern vor dem Ersten Weltkrieg ausprobiert wurde, war das Flugzeug. Die Initiative ging nicht von der Armee aus, sondern von flugbegeisterten Privatleuten, die das Militärdepartement und den Generalstab zum Handeln drängten, zumal sich die Militäraviatik in Deutschland und Frankreich vielversprechend entwickelte. 1910 antwortete Generalstabschef von Sprecher, der Augenblick für einen Entscheid sei noch nicht gekommen; man wolle noch Erfahrungen sammeln. Der wichtigste Erfahrungsbericht kam von Kavallerie-Oberleutnant Theodor Real, der im Jahr darauf als Privatmann eine Fliegerschule in Darmstadt besuchte. Er sandte dem Militärdepartement einen ausführlichen Bericht über das Flugwesen in Deutschland.

Im gleichen Jahr bot die Fliegerschule Avenches dem Bund ein Flugzeug für die Herbstmanöver des 1. Armeekorps an. Eine Woche vor Manöverbeginn trat der Bundesrat auf diese Anregung ein und bewilligte einen Kredit von 5000 Franken.

Um 07.35 Uhr am 4. September 1911 stieg in Oron-la-Ville das erste schweizerische Militärflugzeug auf. Der Dufaux-Doppeldecker war besetzt mit dem Piloten Faiboullaz und einem Kavallerieleutnant als Beobachter. Der Flug dauerte acht Minuten und führte zur Entdeckung einer feindlichen Kavalleriebrigade zwischen Châtillens und Chapelle/Mossel. Nach der Landung gelangte diese Nachricht per Auto zum Divisionskommando.

Der zweite Flug am 5. September ging in Richtung Lucens. Er führte zu einer Notlandung bei Porsel: Windböen drückten den leichten Apparat zu Boden. Am folgenden Tag, auf einem weiteren morgendlichen Erkundungsflug in der Gegend von Romont, drückten wieder heftige Böen die Maschine zu Boden: Bruchlandung!

Oskar Bider war im Zivilleben wie auch im Dienst ein Flugpionier. Ab 1913 half er unter beträchtlichen Opfern die Militäraviatik aufbauen.

Trotzdem kam Oberstleutnant Lecoultre, der diese ersten Flugversuche betreute, zu folgenden Schlußfolgerungen:

1. Der Beweis ist erbracht, daß die Erkundung mit Flugzeugen in einer Höhe zwischen 500 und 1000 Metern bei günstigem Wetter auch in schwierigem Gelände gute Resultate erzielt.
2. Der Flugdienst sollte organisiert werden und einen Bestandteil der Armee bilden, wie dies gegenwärtig in Frankreich geschieht.
3. Der Aeroplan ist nicht nur ein Erkundungs-, sondern auch ein schnelles Übermittlungsgerät für Befehle an Orten, wo es weder Telegraph noch Telephon gibt.

Von Kampfflugzeugen sprach damals noch niemand.

Im folgenden Jahr, 1912, führte die Schweizerische Offiziersgesellschaft ihre Geldsammlung für die Militäraviatik durch. Sie erbrachte stolze 1,5 Millionen Franken. An den Herbstmanövern der 2. Division im Jahre 1913 kam es dann zum ersten organisierten und systematischen Einsatz zweier Flugzeuge: Jede Manöverpartei hatte eine Maschine zur Verfügung. Piloten waren der erst 19jährige Theodor Borer (in einem Hanriot) und der Schweizer Flugpionier Oskar Bider (im legendären Blériot-Eindecker); Bider hatte bislang in einer Guidenkompanie der Kavallerie Dienst geleistet. Theodor Real flog bei Bider als Beobachter mit. Insgesamt wurden für jede Manöverpartei zehn Flüge mit einer Flugzeit von je insgesamt etwa vier Stunden durchgeführt. Zum erstenmal wurden auch Nachtflüge unternommen.

Der Erfahrungsbericht des Flugdienstleiters, Oberstleutnant Etienne Borel, war nun schon bedeutend differenzierter als Lecoultres Manöverrapport von 1911. Auch Borel bejahte die Nützlichkeit einer Fliegertruppe. Er forderte vorab den Aufbau eines militärischen Fliegerkorps («weil Zivilpiloten häufig weniger diszipliniert sind wie übrigens viele aus dem Mechanikerberuf...»). Er befürwortete die Anschaffung von zwei Flugzeugen pro Division und je eines Geschwaders von vier Apparaten für jedes Armeekorps, ferner die Erstellung von Flugplätzen und Werkstätten in jedem Frontabschnitt sowie mobile Werkstatt- und Ersatzteilwagen.

Bei einem Nachtflug unter schlechten Sichtbedingungen (tiefhängende Wol-

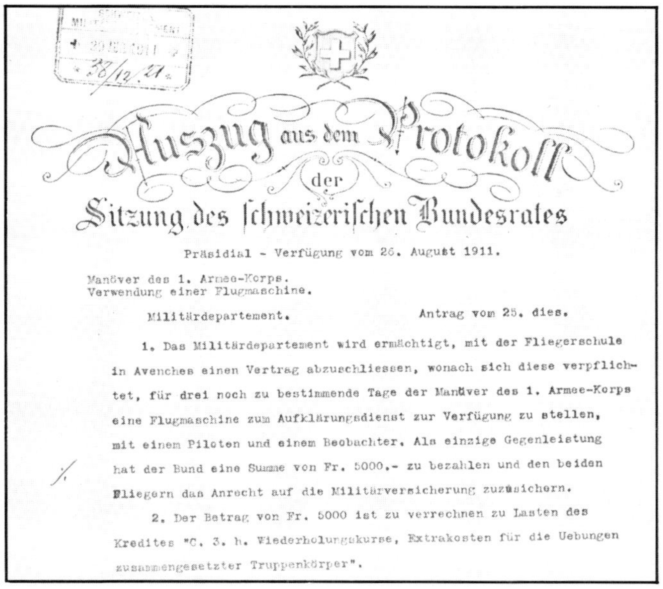

Auszug aus dem Protokoll der Sitzung des schweizerischen Bundesrates

Präsidial - Verfügung vom 26. August 1911.

Manöver des 1. Armee-Korps.
Verwendung einer Flugmaschine.

Militärdepartement. Antrag vom 25. dies.

1. Das Militärdepartement wird ermächtigt, mit der Fliegerschule in Avenches einen Vertrag abzuschliessen, wonach sich diese verpflichtet, für drei noch zu bestimmende Tage der Manöver des 1. Armee-Korps eine Flugmaschine zum Aufklärungsdienst zur Verfügung zu stellen, mit einem Piloten und einem Beobachter. Als einzige Gegenleistung hat der Bund eine Summe von Fr. 5000.- zu bezahlen und den beiden Fliegern das Anrecht auf die Militärversicherung zuzusichern.

2. Der Betrag von Fr. 5000 ist zu verrechnen zu Lasten des Kredites "C. 3. h. Wiederholungskurse, Extrakosten für die Uebungen zusammengesetzter Truppenkörper".

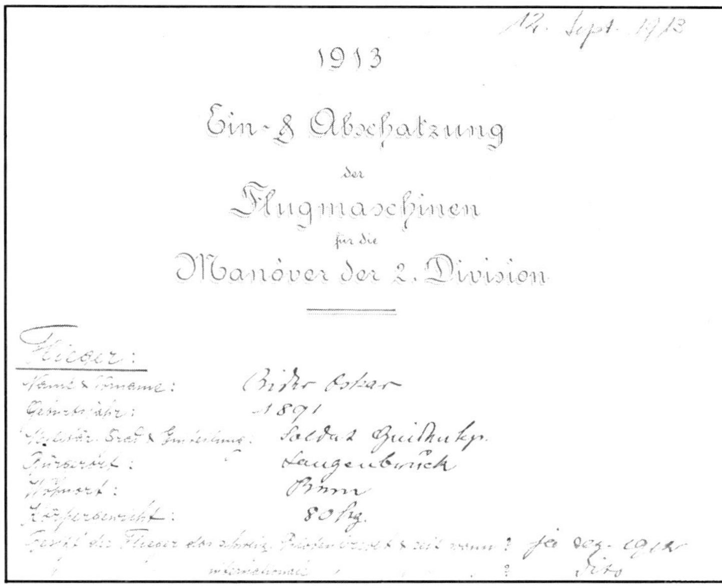

12. Sept. 1913

1913

Ein- & Abschatzung der Flugmaschinen für die Manöver der 2. Division

Flieger:

Name & Vorname: Bider Oskar

Geburtsjahr: 1891

Bürgerort: Langenbruck

Wohnort: Bern

Körpergewicht: 80 kg.

Diese beiden Dokumente belegen die Anfänge der Militärfliegerei in der Schweiz. *Links:* Wenige Tage vor Manöverbeginn bewilligte der Bundesrat am 26. August 1911 den erstmaligen Versuchseinsatz einer Flugmaschine. *Rechts:* Das Schadensprotokoll über Biders Blériot-Eindekker, der 1913 bei einer Notlandung in Kirchlindach (BE) zu Bruch ging. Der lange Weg bis ins Zeitalter von Mirage und Tiger konnte beginnen.

ken) verunglückten Bider und Real. Kurz nach vier Uhr früh waren sie am 10. September vom Weiler Bärfischenhaus (Barberèche) im Kanton Freiburg aufgestiegen. Der Wachoffizier auf dem improvisierten Flugfeld hatte mit Bider vereinbart, als Landehilfen drei Holzstöße anzuzünden und Raketen abzufeuern, wenn das Brummen des Flugzeugs zu hören sei. Im Nebel verflog sich Bider bis über Bern. In der Nähe von Kirchlindach vollzog er auf einem Feld eine an sich geglückte Notlandung, doch prallte der ausrollende Blériot-Eindecker gegen eine Telegraphenstange und ging völlig zu Bruch. Bider blutete stark, doch die Verletzungen erwiesen sich als leicht.

Bider, der gerade seine berühmten ersten Alpenflüge zur Bewunderung von ganz Europa hinter sich gebracht hatte, mußte eine Zeitlang um den Schadenersatz bangen. Eine militärische Schätzungskommission zählte und bewertete sogar die noch intakt scheinenden Drähte und Schrauben im Wrack. Außerdem wurden ihm für die noch brauchbaren Instrumente (Uhr, Kompaß, Tourenzähler) 100 Franken abgezogen. Bider verlor bei diesem Manöverunfall mit der eigenen Maschine über 1000 Franken auf den Schätzwert. Die «Basler Nachrichten» kritisierten:

«Von schönen Reden, Zeitungsartikeln, Medaillen, Uhren usw. kann der Mann eben nicht leben! Im Auslande heimsten die Flieger Belohnungen von 10000, 20000 und 100000 Mark ein, während Bider volle sechs Monate lang aus lauter Patriotismus die größten Leistungen ohne jegliche finanzielle Hilfe vollbrachte, ja nicht einmal moralische Unterstützung wurde ihm zuteil, kein offizielles Telegramm unserer obersten Behörde erreichte ihn zum Beispiel nach der glücklichen Landung in Mailand von diesem grandiosen Jungfraufluge, und doch äußerte er sich dort zu mir: Ich bin nur froh, daß es einem Schweizer gelang!»

Oskar Bider machte dann doch noch Frieden mit der schweizerischen Militärbürokratie: Im Ersten Weltkrieg wirkte er auf der neu errichteten Fliegerbasis von Dübendorf als Instruktor und erster Chefpilot der Schweizer Flugwaffe. 1919 stürzte er bei einem Akrobatikflug in Dübendorf tödlich ab.

Alle Pracht, die ein republikanischer Staat zu entfalten vermag, legte die Schweiz von 1912 dem deutschen Kaiser Wilhelm II. zu Füßen. Zehntausende jubelten dem Mann zu, der zwei Jahre später sein Volk in den Krieg schicken sollte. Aber der Kaiserbesuch beantwortete auch eine exakte militärische Frage: Wie zuverlässig würde die Schweiz Deutschlands Südflanke decken?

Kaisermanöver 1912: Als die Schweizer «Hurra» riefen

Achtung – steht! Die Schützenkompanie knallte die Hacken zusammen. Die Zürcher Stadtmusik schmetterte «Heil dir im Siegerkranz» bzw. «Rufst du, mein Vaterland»; die Melodien waren ja dieselben. Von der Polyterrasse dröhnten Böllerschüsse. Zürich war ein Flaggen- und Blumenmeer, das dem fahlen Septemberlicht eines regnerischen Frühherbsttages sommerlichen Glanz verlieh. Seit Stunden waren die Neugierigen an den Hauptbahnhof herangebrandet; schließlich mußten Dragoner zu Pferd den Bahnhofplatz absperren und die nach Zehntausenden zählende Menge zurückdrängen. Aus dem Portal des verrußten Hauptbahnhofs sah man sie kommen: zuerst nur eine Gruppe wippender Pickelhauben, dann den gewaltigen Schlapphut des Bundespräsidenten Ludwig Forrer, diskret im Hintergrund das schlicht demokratische Dunkelblau der schweizerischen Generalität. Fiebernde Feststimmung hatte die ganze Stadt erfaßt. Tausende schrien ununterbrochen hoch und hurra. Zürich empfing den deutschen Kaiser Wilhelm II. wie eine deutsche Stadt, und ein Stück weit war das Zürich dieses Septembers 1912 dies ja auch: 42 554 Deutsche lebten dort; sie machten 21,2 Prozent der Stadtbevölkerung aus.

Der Staatsbesuch des deutschen Kaisers galt in erster Linie den Manövern des 3. Armeekorps bei Wil (SG), die als «Kaisermanöver» in die jüngere Schweizer Geschichte eingegangen sind. Noch nie zuvor und nie danach hatten schweizerische Truppenübungen eine derart offenkundige außen- und militärpolitische Bedeutung. Erst nachdem der für schlichte Schweizer Verhältnisse geradezu orgiastische äußere Aufwand vorbei war, die Girlanden eingemottet und die auf allen Wegen des Hohenzollern gestreuten Rosen und Orchideen verwelkt waren, wurde der Öffentlichkeit die hochpolitische Seite dieses Staatsbesuchs richtig klar: Kaiser Wilhelm war nicht aus lauter Freude und Leutseligkeit selbst in die Schützengräben der schweizerischen Infanterie hinuntergestiegen; er wollte sich von ganz nahe ein wirklichkeitsgetreues Bild vom Zustand und von der Kampfkraft des Schweizer Heeres machen und abklären, wie gut die Südgrenze seines Reiches durch die Schweiz gesichert war.

Links oben: Die Ankunft des Kaisers in der Schweiz. Die Offiziere salutieren, die Politiker halten die Zylinder in der Hand, als Bundespräsident Ludwig Forrer den hohen Gast vor dessen Sonderzug begrüßt.

Links: Vor dem verschwenderisch beflaggten Zürcher Hauptbahnhof schreitet der Kaiser samt prominenter Eskorte mit dem schweizerischen Empfangskomitee die Front der Ehrenkompanie ab.

Brennessel-Shampoo zur Feier des Tages

Aber vorerst überschlug sich Zürich in brausendem Jubel und bisher nie dagewesenen Ehrenbezeugungen. Im offenen Landauer fuhr der Kaiser an der Seite des schweizerischen Bundespräsidenten und gefolgt von seiner in glänzender Wehr schimmernden Suite durch die Stadt zur Villa Rietberg in der Enge, wo er für die Dauer seines Zürcher Aufenthalts luxuriöses Quartier nahm. Schon tagelang hatten sich die Zürcher in Ehrenbezeugungen für den hohen Gast überboten. Selbst die Inserate der Warenhäuser spiegelten dieses Bemühen. Die Französische Warenhalle meldete: «Der deutsche Kaiser kommt! Anläßlich dieses großen Ereignisses eröffnen wir Dienstag, den 3. September 1912 unsere Herbst- und Wintersaison.» Ein Drogist empfahl: «Zum deutschen Kaiserbesuch: Bartosch's Brennessel-Shampoo mit Ei». Das Kleidergeschäft Naphthaly entbot in einem großen Inserat untertänigste Huldigung, verbunden mit der höflichen Empfehlung feinster Herrenanzüge zum Preise von 35 Franken. Mehr als die Hälfte davon, nämlich 20 Franken, verlangte das Hotel Habis Royal an diesem Nachmittag für einen Fensterplatz. Die kaisertreuen Mitglieder der deutschen Kolonie Zürichs strömten in Scharen herbei, zahlten, strahlten und riefen hoch.

Bedeutend weniger begeistert, ja unverhohlen bissig reagierten Zürichs Sozialdemokraten, die dem Kaiser seine von Bismarck übernommene Unterdrückungspolitik gegenüber der Opposition nicht vergessen konnten. Das «Volksrecht» veröffentlichte einen politischen Wetterbericht: «Im Befinden des Schweizervolkes ist leider noch keine Besserung eingetreten. Das Fieber hat zugenommen. Gegen Abend zeigte sich leichter Brechreiz...»

Soweit die feierlich befrackten Herren des Empfangskomitees über vertiefte militärgeschichtliche Kenntnisse verfügten, registrierten sie etwas betreten, daß der Kaiser die Uniform des preußischen Gardeschützenbataillons von Neuenburg trug. Das war wohl weniger eine wortlose Sympathiegeste für die Gastgeber als eine diskrete Erinnerung an den nur etwas mehr als 50 Jahre zurückliegenden Neuenburger Handel, der die Schweiz an den Rand eines Krieges mit Preußen gebracht hatte.

Die Schweizer Tage Seiner Majestät verliefen in ungetrübter Harmonie. Am Abend gab der Bundesrat im Hotel Baur au Lac ein Bankett von beispiellosem Gepränge. Die mit Rosen und Reseden überschüttete runde Tafel für 36 erlesene Gä-

Willkommen

ist jedermann in unserem Geschäft, der unsere Herren-Anzüge in den modernsten Dessins und Façons, von denen die schönsten nur Fr. 35.— kosten, ansehen will, ohne zu kaufen. Wir sind gerne bereit, dem,

der

uns die Ehre seines Besuches schenkt, alle diese Anzüge zu nur 35 Fr. vorzulegen. Auch jedermann muss erstaunt sein über unsere Frack-Smoking und Gehrock zu nur 35 Fr., welche so elegant sind, dass selbst

Kaiser

Könige, Prinzen und andere fürstliche Personen sich mit diesen bekleiden dürfen, denn sie sind nach den neuesten Façons angefertigt. Dass wir so billig verkaufen können, liegt darin, weil wir unsere sämtlichen Waren persönlich in den Fabriken einkaufen und solche sowohl

von Deutschland!

wie auch aus der Schweiz beziehen, wo wir eben gute, preiswerte Ware am Lager kaufen können.

Möge die

Konkurrenz Anzüge billiger als wir annoncieren; die Hauptsache für das Publikum ist, dass es in unseren Geschäften nur einen einzigen Preis für den besten Anzug gibt und zwar 35 Fr. Es kann dadurch niemand beim Ausspruch „Ich möchte etwas Besseres" in die Verlegenheit kommen, übervorteilt zu werden. Die

Schönheit

unserer Anzüge muss von jedermann anerkannt werden, denn die Stoffe sind solid, modern, so dass dieselben auch nach Mass verarbeitet werden können. Die Zutaten sind gut, die Façons die neuesten. Sehr schwer wird es ja vielen, zu glauben, dass unsere Anzüge, die nur 35 Fr. kosten, auch haltbar sind, und warum? Weil es in

der Natur

des Menschen liegt, nur eben das für sehr gut zu halten, was recht teuer ist, ohne zu wissen, welch' hohen Nutzen das Geschäft dabei erzielt. Nicht nur unsere Anzüge in Fantasie, Cheviot und Kammgarn,

die eine ruhmvolle

Bedeutung eben durch die Solidität erlangt haben, empfehlen wir zu 35 Fr., sondern auch unsere Ulster, Ueberzieher und Raglan, 1-reihig und 2-reihig, wirklich hochfein und modern, den besten für 35 Fr. Um zu beweisen, dass niemand gezwungen ist, die gekauften Sachen zu behalten, wird jedem Käufer bei

Ueberlieferung

des Anzuges, Ueberziehers oder Ulsters mitgeteilt, dass Umtausch jederzeit gestattet,

und

sollten Kleidungsstücke, die wir zu 35 Fr. verkaufen, dem Preise nicht entsprechend wert sein, tauschen wir dieselben, wenn solche noch nicht benutzt, bereitwilligst um. Jedermann kann sich

die Freiheit

nehmen, sich von der Billigkeit und Eleganz unserer Anzüge zu überzeugen. Das Geheimnis, dass wir preiswürdig verkaufen, liegt darin, weil wir grosse Posten billig einkaufen, dem Publikum wieder billig abgeben, um eben einen grossen Umsatz zu erzielen, denn wir können behaupten, dass es in keiner Stadt

des Schweizerlandes

ein Geschäft mit 11 Filialen gleicher Branche gibt, das sich mit solch einem kleinen Nutzen begnügt, als das unsrige. Hosen verkaufen wir zu 6—20 Fr. in schönen Fantasie- und Kammgarnstoffen. Den Knabenanzug Nr. 1, den wir zu 8 Fr. verkaufen,

in ihm

ist trotz des billigen Preises alles, was Passform und Schnitt betrifft, vereinigt,

als teuerste

und beste Knabenanzüge empfehlen wir Nr. 1 zu nur 12 Fr. Seit achtunddreissig Jahren haben wir unsere Geschäfte in der Schweiz und wenn wir uns bei

Erinnerung

früherer Jahre vergegenwärtigen, welchen Umsatz wir jetzt erzielen, so festigt sich in uns von Jahr zu Jahr das Prinzip: „Reellität ist unsere Waffe, Billigkeit unser Ziel". Wir wollen noch dem geehrten Publikum mitteilen, dass wir niemals

zurück bleiben

werden, stets das Neueste der Mode zu bringen und bitten, bei Bedarf in Herrenkleidern und Knabenanzügen unsere Geschäfte zu berücksichtigen.

Zürich, 3. September 1912.

Achtungsvoll

J. Naphtaly & Sohn, zum Einheitspreis.

ste war eigens für diesen Anlaß gebaut worden. Ständchen von Männerchören folgten den Tafelfreuden. Sinnigerweise sangen sie erst «Hohenzollernruhm» und am Schluß «Der Schweizer Soldat.» Einer der Dirigenten, die der Kaiser mit huldvollen Lobesworten bedachte, war der bekannte moderne Schweizer Komponist Volkmar Andreae.

Der Kaiser steigt in die Schützengräben

Mit dem Marschallstab in der Hand fand sich der Kaiser, nunmehr in der preußischen Offiziersuniform, in der Frühe des folgenden Morgens bei seinem Extrazug im Hauptbahnhof ein. Selbst auf der direkten Fahrt nach Wil (SG) standen jubelnde und grüßende Mengen am Gleis. Bahnbeamte, Polizisten und Feuerwehrleute bewachten die Bahnlinie. Programmgemäß hatten sich die Operationen der 5. und der 6. Division auf eine Anhöhe bei Kirchberg konzentriert, die später den Namen «Kaiserhügel» erhalten sollte. Im Gegensatz zum Ankunftstag strahlte die sanft gewellte, weite Ostschweizer Landschaft nun in herbstlichem Sonnenglanz. Zehntausende von Schlachtenbummlern folgten der illustren Gesellschaft auf Schritt und Tritt. Tausend unentwegte Kaisertreue aus Winterthur waren die ganze Nacht durchmarschiert und hatten auf dem Gelände kampiert, um sich gute Plätze zu sichern. Dutzende von Anekdoten ranken sich um die Stunden, die der Kaiser, unermüdlich in Stellungen und Schützengräben kletternd und mit sonnigstem Gemüt mit hoch und nieder plaudernd, im Manövergelände verbrachte. Weniger bekannt ist, daß er in den ersten Stunden des folgenden Tages mit weit geringerer Publikumsbeteiligung von Zürich in die Ostschweiz zurückkehrte, um noch mehr Einzelheiten des Schweizer Heeres im Manövergefecht zu studieren. Dafür war er in die Schweiz gekommen; die üppigen Huldigungen waren für ihn eine Begleiterscheinung.

Nach einem größeren, geschickt getarnten Umgehungsmarsch stürmte die blaue 5. Division die Höhen bei Kirchberg und schlug in rascher Verfolgung die rote 6. Division gegen Bazenheid und Wil zurück. Die Manöver leitete der oft in deutschen Generalstabskursen weilende Korpskommandant Ulrich Wille. Gefechtsabbruch war um 12.30 Uhr. Der Kaiser begab sich per Auto zum Mittagessen in die Kartause Ittingen bei Frauenfeld. Dort war eigens für den hohen Besuch das erste Wasserklosett des Kantons Thurgau eingebaut worden.

Der Mittwochabend gehörte einer festlichen Schiffahrt auf dem Zürichsee und einem glanzvollen Feuerwerk, dessen Schlußbukett mit 3000 Raketen, Granaten, Koboldbatterien und Silberpolybomben die in feenhaftem Fackellicht erglänzende Zürcher Seebucht taghell erleuchtete. An diesem Abend freilich begannen die unausgesetzt hoch und hurra rufenden Kaisertreuen aus der deutschen Kolonie den Zürchern langsam auf die Nerven zu gehen. Die deutschen Kriegervereine hatten ein eigenes Schiff gemietet, um möglichst nahe beim Kaiser zu sein, und im Gewirr der Begleitboote stach eins hervor, dessen Lampenschmuck die Flammenlinie des Hohenzollernkreuzes nachbildete. Am Abend des folgenden Tages (Donnerstag, 5. September) empfing der Kaiser in der Villa Rietberg die Abordnungen der deutschen Kolonie und ihrer Vereine. Dabei zeigte sich, wie minuziös der Besuch vorbereitet war. Kaiser Wilhelm, von seinen Referenten offenbar laufend genauestens über die Bedeutung der ihm vorgestellten Persönlichkeiten informiert, hatte für jeden ein passendes persönliches Wort. Das war übrigens auch gegenüber vielen Schweizer Prominenten der Fall. So staunte Bundesrat Motta, daß der Kaiser wußte, wann er in Heidelberg «summa cum laude» doktoriert hatte. Mit dem Direktor des Landesmuseums unterhielt sich Wilhelm II. lange über die Konservierung von Waffen, und ein Rechtsprofessor an der Universität glaubte nicht richtig zu hören, als ihn der Kaiser auf sein heimliches Hobby ansprach, die Vogelkunde.

Harte Worte, in Watte verpackt

Der vierte und letzte Tag der kaiserlichen Visite war der Bundesstadt Bern vorbehalten, die den hohen Gast nicht weniger auf-

«Gar ke hochmüetige Choge...»

Um den Kaiserbesuch von 1912 in den schweizerischen Manövern rankt sich eine Unzahl von Legenden und Anekdoten. Wenn sie nicht wahr sind, dann sind sie gut erfunden.

Wilhelm II., der ja auch ganz anders sein konnte, hatte gerade seine leutseligen Tage. So erwies er auch den einfachen Soldaten seine Reverenz und stieg in den Schützengraben, wo er prompt mit «Herr Hauptmann» angeredet wurde, nahm die Gewehre der Soldaten in die Hand und unterhielt sich freundschaftlich mit ihnen. Das trug dem Kaiser denn auch das Lob des gemeinen Mannes ein. Ein Soldat erklärte, der sei ja viel weniger stolz als sein eigener Zugführer, und ein Bäuerlein in Wil sagte: «Do seit men immer, der dütsch Cheiser sei so en hochmüetige Choge; es isch jo gar nid wohr.»

*

Auch die regierenden Häupter der Schweiz wurden durch die Höflichkeit ihres Gastes verwöhnt. Als der Wind sich einmal hinter den bereits legendär gewordenen Schlapphut des Bundespräsidenten Forrer machte, bückte sich Wilhelm und gab den Hut eigenhändig seinem Besitzer zurück, worauf Forrer bemerkte: «Einen so vornehmen Adjutanten habe ich noch nie gehabt.»

*

Auch die Anekdote mit dem Feldprediger gehört hierher. Da stieg also der Kaiser wieder einmal in einen Schützengraben. Zufälligerweise befand sich in diesem Graben auch ein Feldprediger, und hinter diesem konnte man eine Flasche sehen. Der Kaiser soll, als er das bemerkt hatte, eine Anspielung auf die Bibel gemacht haben, und zwar nach der einen Version: «Aha, Ihr seid auch einer von denen, die Wasser predigen und Wein trinken» und nach der anderen: «Ja, ja, der Mensch lebt nicht vom Brot allein.» Als nun diese Meldung im ganzen schweizerischen Blätterwald kursierte, wurmte das natürlich den Feldprediger, zumal man auch wußte, wer er war, nämlich ein angesehener Pfarrer aus dem Kanton Zürich. Er stellte darum der Presse eine Erklärung zu, in der er sie beschwor, jene Flasche habe nicht ihm gehört, sondern dem Bauern, der das Land besitze. Zudem sei sie leer gewesen: sonst hätten sie die Soldaten längst vor dem Eintreffen des Kaisers geleert. Drittens habe er völlig gefechtsmäßig im Graben gelegen, und viertens habe sich der Kaiser nicht mit ihm, sondern mit Lt Wyß und einem Füsilier unterhalten; er wisse also gar nicht, was der hohe Gast überhaupt gesagt habe.

*

Und dann natürlich das bekannteste aller Kaiser-Müsterli: Im Schützengraben fragt Wilhelm einen einfachen Appenzeller Füsilier:

«Na, was würdet ihr Schweizer denn tun, wenn ich mit hunderttausend Mann gegen euch aufmarschieren würde?»

«Honderttuusig? Hämmer o.» (Haben wir auch.)

«Und wenn es zweihunderttausend sind?»

«Hämmer o.»

«Donnerwetter, dann halt vierhunderttausend!»

Da überlegte der Appenzeller einen Augenblick und erwidert dann:

«Zwää mol lade!»

Oben: Auf dem Feldherrenhügel ob Wil (SG) beginnen die Kaisermanöver. Wilhelm II. (mit dem Rükken zur Kamera) unterhält sich mit Bundespräsident Ludwig Forrer (kenntlich an seinem legendären Schlapphut). Vorne rechts die unverwechselbare gedrungene Gestalt des nachmaligen Generals Ulrich Wille; er scheint gerade Feuer für seine Zigarre zu suchen.

Links: Kaiser Wilhelm und Ulrich Wille: Zwei alte Bekannte begutachten die Leistungen der manövrierenden Truppe. Was der Kaiser sah, stellte ihn zufrieden. Später soll er gesagt haben: «Ihre Armee spart mir sechs Armeekorps.»

Unten: Eine der zahllosen Huldigungspostkarten, die aus Anlaß des Kaiserbesuchs verbreitet wurden.

wendig und herzlich empfing als das große, stolze Zürich. Vor der Reise nach Bern besuchte Wilhelm II. aber noch das Landesmuseum, um dann an der strammen Ehrenkompanie des Schützenbataillons 6 vorbei den kaiserlichen Sonderzug zu besteigen. Bevor die Lokomotive abdampfte, öffnete der Kaiser nochmals das Fenster, winkte den Kommandanten der Ehrenkompanie zu sich heran und lobte ihn sowie seine Truppe auf das höchste. Später sollte er diesem Offizier aus Berlin eine wertvolle Taschenuhr mit dem kaiserlichen Porträt senden. Der Major war kein anderer als Ulrich Wille, der Sohn des nachmaligen Generals; im Zweiten Weltkrieg sollte Ulrich Wille junior als Gegenspieler von General Guisan zu umstrittener Bekanntheit gelangen. Die damals und seither immer wieder hervorgehobene Deutschfreundlichkeit der Willes hatte, wie ja auch die Familiengeschichte beweist, fast zwangsläufige Gründe.

Im verschwenderisch beflaggten Bern besuchte Kaiser Wilhelm vorerst das Bundeshaus, in dem bereits sein großzügiges Gastgeschenk tickte: eine zwei Meter hohe Porzellan-Standuhr aus einer der berühmtesten Manufakturen des Kaiserreichs, geschmückt mit wertvollen Malereien. Unter dem Brausen der Orgel besichtigte der hohe Gast anschließend das Münster, wo ihm eine Genfer Delegation das im Entstehen begriffene Reformationsdenkmal in Skizzen präsentierte; Kaiser Wilhelm hatte für dieses Monument aus seiner Privatschatulle 10000 Mark gespendet und erklärte sich spontan bereit, nochmals die Kosten für einen Teil des riesigen Reliefs zu übernehmen. Schließlich warf er noch einen kurzen Blick in den Bärengraben und nahm an der Länggasse, auf dem Weg zur deutschen Gesandtschaft, die Huldigung eines Jodlerklubs entgegen.

Das abendliche Diplomatenbankett im damaligen Luxushotel Bernerhof (heute Bundeshaus West) war eins der glanzvollsten und erlesensten, die es in der republikanisch nüchternen Bundesstadt je gegeben hatte. Eine gütige Laune der Geschichtsschreibung hat uns das vollständige Menü hinterlassen:

Cantaloup frappé au Biscuit Dubouché
Consommé Juanita
Darnes de Saumon Chambord
Selle d'Agneau à la Châtelaine
Suprêmes de Poularde rosés
Punch glacé au Marasquin
Jeunes Perdreaux, escortés de Cailles de Vigne
Compote panachée, Salade Demidoff
Nids d'Artichauts Forestière
Bombe favorite
Mille-feuilles Petit Duc
Paillettes au Gruyère
Jardinières de Fruits
Friandises

Inmitten dieser einmaligen Prozession wahrhaft fürstlicher Köstlichkeiten streute der im ganzen Festbetrieb ausgesprochen nüchtern und sympathisch wirkende Schweizer Bundespräsident Forrer in seiner Tischrede Erklärungen ein, die den kaiserlichen Gast einerseits befriedigen und beruhigen mußten, anderseits in ihrer höflichen Deutlichkeit nichts zu wünschen übrigließen. Zwischen diplomatische Artigkeiten setzte Forrer wichtige Akzente, indem er den unbedingten schweizerischen Neutralitätswillen unterstrich:

«Insbesondere erfüllt es uns mit Genugtuung, daß Eure Majestät unserem Wehrwesen ein so sympathisches Interesse entgegenbringen. Wir besitzen den bestimmten Vorsatz, unsere Unabhängigkeit gegenüber jedem Angriffe auf dieses unser höchstes Gut zu schützen und unsere Neutralität gegenüber jedem, der sie nicht respektiert, zu wahren. Ein notwendiges und zweckdienliches Mittel hiezu bildet eine tüchtige und schlagfertige Armee.»

Der Kaiser antwortete mit unverbindlichen Freundlichkeiten, ohne wesentliche politische Erklärungen abzugeben, außer der, daß er den Ursprung und den Bestand der Eidgenossenschaft inmitten der sie umgebenden Großmächte als «Willen der Vorsehung» preise und damit – durch die Blume – als unabänderliche Tatsache anerkenne. Im übrigen lobte er die Schweizer Soldaten, die er gesehen hatte, als «kernige Kämpfer», deren Anblick «meinem Soldatenherzen wohl getan hat», und hob hervor, daß «das Schweizer Heer getragen wird von der Liebe des ganzen Schweizervolkes».

Manöverbummler in Uniform

Insgesamt nahmen 38 ausländische Beobachter an den Kaisermanövern von 1912 teil; es handelte sich überwiegend um die in Bern akkreditierten Militärattachés. Der Schlußbericht des mit der Betreuung der Gäste beauftragten Oberstleutnants von Tscharner an den Bundesrat beweist, daß die Manöverbesuche damals den Charakter gesellschaftlicher Ereignisse trugen. So wurden die Gäste zwischen Empfängen und Banketten mit Autos in den städtischen Wildpark von St. Gallen geführt. Von Tscharner berichtete weiter:

«Während der ganzen Zeit war der Verkehr der verschiedenen Missionen unter einander ein sehr correcter, geradezu freundschaftlicher. Irgend welche Frictionen sind nicht vorgekommen. Die Herren zeigten sich über Unterkunft und Verpflegung sehr befriedigt, ebenso über die Art, ihnen die Manöver absolut frei zugänglich zu machen. Ich glaube, daß die Rechnung mit 5500 Frs. für 40 Personen während 6 Tagen, Pferdeverpflegung etc. inbegriffen, eine bescheidene genannt werden darf. (...)

Wenn ich mir eine Bemerkung über die Zusammensetzung der fremdländischen Missionen erlauben dürfte, so wäre es die, darauf aufmerksam zu machen, daß während die europäischen Staaten Militärpersonen senden, die enormes Interesse an unseren Einrichtungen bekunden und sich intensiv mit den Manövern beschäftigen, viele der überseeischen Abgeordneten mehr in die Kategorie ‹Manöverbummler› gehören. Es scheint mir auch, daß diese Missionen, die von Jahr zu Jahr anwachsen, nun (...) eine etwas große Ausdehnung angenommen haben.»

An den deutschen Kaiser Wilhelm II.

Wir sind kein Volk von Kunst und
Dichtern,
Wir sind ein harter Arbeitsschlag,
Es spielt die Pflicht mit scharfen Lichtern
Durch unsern schweren Werkeltag.

Doch heute leuchten Blumenreiser
An jedem Berg, an jedem Strand.
Willkomm' vieledler deutscher Kaiser!
Die Freude geht durch's Schweizerland.

Wir grüßen dich mit offnen Stirnen,
Doch inniglich so Greis wie Kind,
Wir alle, die im Schein der Firnen
Des Hochlands schlichte Söhne sind.

Und blühen wird in Bergesrunde
Die Schweiz, ein Eigenspiel der Welt,
Wenn uns in gut' und böser Stunde
Der deutsche Kaiser Freundschaft hält.

J. C. Heer

Jakob Christoph Heer (1859–1925) war zur Zeit des Kaiserbesuchs einer der meistgelesenen Schweizer Schriftsteller. Dieses Begrüßungsgedicht trug ihm freilich mehrheitlich herbe Kritik ein. Trotz aller Begeisterung über den Staatsbesuch war es vielen Schweizern denn doch zu pathetisch und zu unterwürfig.

Die Bedeutung des Kaiserbesuchs

Um die wirkliche Bedeutung dieses Besuchs und insbesondere der Manöver von 1912 zu erkennen, muß man schon tiefer schürfen. Der Schweizer Militärhistoriker Dr. Hans Rudolf Kurz hat es in einer wegweisenden Studie getan, die alle damaligen Reaktionen wie auch die wichtigen wissenschaftlichen Arbeiten zu diesem Gegenstand abschließend zusammenfaßt. Kurz stellt die Ereignisse des Septembers 1912 in den größeren Zusammenhang der deutschen Studien über Operationen gegen Frankreich seit etwa 1890. Da der direkte

Der vierte Tag des Kaiserbesuches, der 6. September 1912, war der Bundesstadt Bern vorbehalten. Auch sie empfing den Gast glanzvoll.

Oben: Abschreiten der Ehrenkompanie vor dem Berner Bahnhof. Bundespräsident Forrer trägt seinen Schlapphut – in diesen Tagen das republikanische Gegenstück zur kaiserlichen Pickelhaube – in der Hand.

Links: Sogar den Berner Wappentieren im Bärengraben erwies der Kaiser die Ehre seines Besuches.

Unten: Der Kaiser in Berns Straßen.

Dokumente zum Kaiserbesuch: Begehrt waren auch in der Schweiz Postkarten vom deutschen Kaiserhaus *(rechts)*.

Unten: Ein Luzerner Fahnenhändler hatte vergeblich mit einem Abstecher Wilhelms nach Luzern gerechnet, und Wille ließ seine Befehle zum Verkehrsdienst im Manövergebiet halbseitig inserieren.

Unten Mitte: Sogar der Speiseplan des kaiserlichen Manöverfrühstücks gab, kombiniert mit einer Soldaten-Vignette, die Vorlage für eine Erinnerungspostkarte ab.

Unten rechts: Die Tischordnung im Frühstückszelt, ein Meisterstück des Protokolls.

Kaiserbesuch

Infolge Absage des **Kaiserbesuches** in Luzern verkaufen wir eine Partie ganz neue **Flaggen**, in deutschen, Schweizer- und Zürcher-Farben, Länge 7 bis 16 Meter, sowie **Fahnen** in gleichen Farben, Größe 160 × 250, 160 × 300, 200 × 300, unter dem Erstellungspreis. Auskunft erteilen: **L. Amrein Söhne, Luzern.** Telephon Nr. 68.

Ordnungs-Dienst
im
MANÖVERGEBIET
der 5. und 6. Division
1912.

Da bei den bevorstehenden Manövern der 5. und 6. Division eine grosse Beteiligung von Zuschauern zu gewärtigen ist, sieht sich die Manöverleitung ebensosehr im Interesse des Publikums, wie im Interesse der Manöver zu folgenden Anordnungen veranlasst:

1. Ein bis zwei Strassen, die in das Manöverterrain führen, werden für **Privatfuhrwerke** und **Privatautomobile** gänzlich gesperrt.
2. Auf den andern Strassen dürfen die **Privatfuhrwerke** und **Automobile** nicht über einen bestimmten Punkt hinausfahren.
Sowohl die unter 1. erwähnte gänzliche Sperrung, sowie die unter 2. erwähnte Begrenzung, bis wohin vorgefahren werden darf, wird in den betreffenden Strassen durch deutliche Affichen kenntlich gemacht.
3. Auch auf den erlaubten Strassen dürfen **Fuhrwerke** und **Automobile** marschierenden Truppenkorps von Kompagniestärke und darüber nicht vorfahren.
4. **Zuschauendes Publikum** kann nicht in den Gefechtslinien geduldet werden. Das zuschauende Publikum darf nicht durch Verharren auf gewählten Aussichtspunkten oder durch das Vordrängen nach solchen hin den Truppen Bewegung und Gefechts-Entwicklung erschweren.
5. Insbesondere muss vom Publikum der Platz freigelassen werden, wo sich der Bundesrat und sein hoher Gast, der Deutsche Kaiser, mit ihrem Gefolge zur Beobachtung des Manöververlaufs aufstellen, wie überhaupt vermieden werden muss, die hohen Besucher des Manövers durch ungeziemende Neugierde zu belästigen.

Indem diese Anordnungen bekannt gegeben werden, wird die Erwartung ausgesprochen, dass das Publikum den mit ihrer Aufrechterhaltung betrauten Feld-Gendarmen und Militärs den Dienst erleichtert.

Der Leitende der Manöver der 5. und 6. Division:
Wille
Kommandant des 3. Armeekorps.

Wil, 5. IX. 12

Manöverfrühstück

Pastetchen und belegte Brötchen
Seeforellen mit Mayonnaise
Ochsenrücken
Schinken und Zunge
Kapaunen
Gefüllte Hühnerbrust
Salat
Emmenthaler Käse
Früchte und Backwerk

Neuenburger Stadtgewächs 1911
Wilberg-Burgstaller Auslese 1911
Bouvier, Année speciale 1908
Mauler, Cuvée speciale 1900

Art. Institut Orell Füssli Zürich

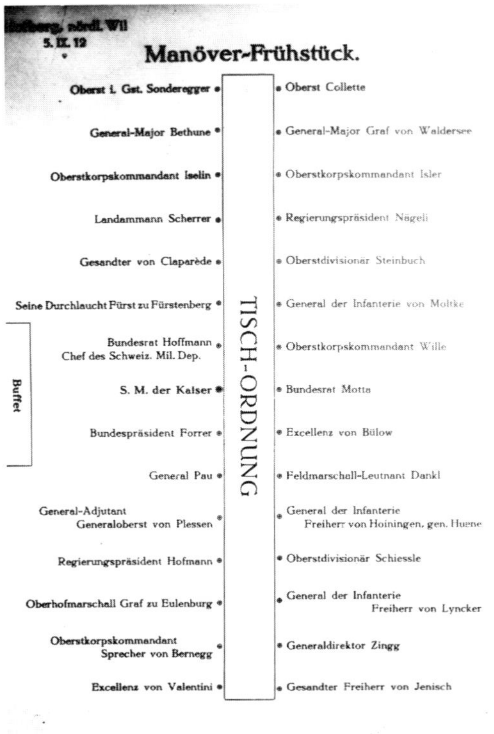

...hofberg, nördl. Wil
5. IX. 12

Manöver-Frühstück.

TISCH-ORDNUNG

Oberst i. Gst. Sonderegger	Oberst Collette
General-Major Bethune	General-Major Graf von Waldersee
Oberstkorpskommandant Iselin	Oberstkorpskommandant Isler
Landammann Scherrer	Regierungspräsident Nägeli
Gesandter von Claparède	Oberstdivisionär Steinbuch
Seine Durchlaucht Fürst zu Fürstenberg	General der Infanterie von Moltke
Bundesrat Hoffmann Chef des Schweiz. Mil. Dep.	Oberstkorpskommandant Wille
S. M. der Kaiser	Bundesrat Motta
Bundespräsident Forrer	Excellenz von Bülow
General Pau	Feldmarschall-Leutnant Dankl
General-Adjutant Generaloberst von Plessen	General der Infanterie Freiherr von Hoiningen, gen. Huene
Regierungspräsident Hofmann	Oberstdivisionär Schiessle
Oberhofmarschall Graf zu Eulenburg	General der Infanterie Freiherr von Lyncker
Oberstkorpskommandant Sprecher von Bernegg	Generaldirektor Zingg
Excellenz von Valentini	Gesandter Freiherr von Jenisch

Buffet

Durchbruch durch das französische Befestigungssystem zwischen den Vogesen und der belgisch-luxemburgischen Grenze nicht möglich schien, gewann der Plan eines Umfassungsangriffs an den Flanken Gestalt. Dieser Schlieffen-Plan wählte aus zwei theoretisch möglichen Lösungen den Angriff im Norden (also via Belgien und Nordfrankreich). Das warf aber die Frage auf, ob er es sich leisten könne, die südliche Flanke (durch schweizerisches Gebiet und Elsaß-Lothringen) zu entblößen. Für die Wahl der eventuellen Variante spielten nun die Stärke der Schweizer Armee und die Ernsthaftigkeit der schweizerischen Neutralität eine entscheidende Rolle.

Zwar hatte sich die deutsche Führung am Ende des 19. Jahrhunderts entschlossen, die Neutralität des kleinen Nachbarn im Süden zu respektieren und – wenn überhaupt – die Westoffensive über die Nordflanke vorzutragen; aber wichtig blieb die Frage nach der Kriegsbereitschaft der Schweiz für den deutschen Generalstab trotzdem: Je nachdem würde er mehr oder weniger Truppen im Süden binden müssen.

Um sich über diese Frage Gewißheit zu verschaffen, hatte Wilhelm II. schon lange darauf gebrannt, die Schweizer Armee im Manöver zu sehen. Bereits 1908 und 1909 ließ er u.a. gegenüber dem an deutsche Kaisermanöver delegierten Generalstabschef von Sprecher entsprechende Wünsche durchblicken. 1911 wiederholte er die Bitte gar offiziell auf dem Hofball gegenüber dem Schweizer Gesandten. Der Bundesrat wollte den Kaiser aber in diesem Jahr nicht im Land haben, weil sich die 1911er Manöver im Genferseegebiet abspielten; ein kaiserlicher Besuch in der dortigen Gegend hätte von den Franzosen mißverstanden werden können. Da jedoch alle übrigen Nachbarn der Schweiz, so Italiens König Vittorio Emanuele, Österreich-Ungarns Kaiser Franz Joseph und Frankreichs Staatspräsident de Fallières, in den Jahren zuvor ebenfalls zu offiziellen Besuchen in der Schweiz geweilt hatten, konnte sich der Bundesrat nicht länger zieren und sprach die ersehnte Einladung für 1912 aus. Fest steht jedoch, wie Hans Rudolf Kurz in seiner Studie betont, daß die Initiative zu dem Besuch von Wilhelm II. ausgegangen ist.

Was der Kaiser in den schweizerischen Manövern von 1912 sah, muß ihn, wie aus verschiedenen Zeugnissen hervorgeht, sehr zufriedengestellt haben. «Ihre Armee spart mir sechs Armeekorps», soll er nach unbestätigten Berichten Bundespräsident Forrer gegenüber geäußert haben. Er meinte damit, daß er seine Südflanke guten Gewissens entblößen und die eingesparten Truppen anderswo, zum Beispiel im Norden, würde einsetzen können.

Meinrad Inglin

Ein Dichter sieht die Kaisermanöver

In seinem großen Roman «Schweizerspiegel» wählt Meinrad Inglin die Kaisermanöver zum Ausgangspunkt für die monumentale Schilderung des schweizerischen Staatslebens und seiner sozialen und geistigen Krisen im zeitlichen Umfeld des Ersten Weltkriegs. So sah Inglin den ersten Manövervormittag des Kaisers bei Wil (SG):

«Der Kaiser trat sichtlich wohlgelaunt an den ihm bekannten Schweizer heran. ‹Also los, Wille!› sagte er. ‹Wo stehen Ihre Legionen? Ich bin sehr neugierig! Und Sie wissen ja, mir können Sie nichts vormachen!›

Wille begann dem Kaiser den Stand der Übung darzulegen, indem er bald auf die Karte wies, bald in das Gelände hinausdeutete. Vor ihnen lag unter dem blauen Septemberhimmel eine mannigfaltige weite Landschaft mit Hügeln, Wäldern, Schluchten und Wiesentälern, mit leuchtend grünen Flächen, schattigen Gründen und kleinen, flach hinziehenden Nebeln, die in der schräg einfallenden Morgensonne weiß aufschimmerten und verdampften, das Anmarschgelände der blauen Division. Sie selber standen auf dem wichtigsten Punkt der roten Stellung, der sechsten Division, die sich in der Nacht hier auf den Höhen südlich von Kirchberg mit leicht nach Westen und Osten abgebogenen Flügeln, mit der Hauptfront nach Süden, zur Verteidigung eingerichtet hatte. Die Infanterie war eingegraben, da und dort ließ sie ihr Gewehrfeuer spielen, das den vortastenden gegnerischen Patrouillen galt, und über die Schützengräben hinweg donnerten bereits die Kanonen nach den Hauptkräften des Feindes. Der blaue Gegner hatte sich, mit zwei Brigaden in der Front, in einem mächtigen Halbkreis schon bedrohlich nahe an die rote Stellung herangearbeitet; er zeigte Angriffsabsichten und begann eben jetzt von verschiedenen Punkten her mit der artilleristischen Vorbereitung. Prächtige, lehrreiche Bilder von Angriff und Verteidigung waren zu erwarten, oder wären unter gewohnten Umständen zu erwarten gewesen. Die immer noch wachsende Masse der Manöverbummler aber drohte nun alles zu vereiteln; nicht nur den Hügel, auf dem man hier stand, umgaben sie in dichten Scharen, sie hatten auch die benachbarten Höhen besetzt und wimmelten überall durch die Kampfzone, ungezählte neugierige Menschen, die nach Zehntausenden zu berechnen waren. Sie zerstörten die Illusion eines wirklichen Kampfes, die notwendig ist, wenn die Übung nicht zum Gefechtsexerzieren oder gar zur Spielerei werden soll, sie verleideten der Truppe das kriegsgemäße Verhalten und ironisierten durch ihre bloße Gegenwart die eben dargelegte Lage.

Oberst Wille spürte grimmige Lust, die Übung zu unterbrechen, aber jetzt waren ihm außergewöhnliche Rücksichten auferlegt, und so zwang er sich, von den widrigen Umständen abzusehen, um bei der Sache zu bleiben. ‹Der rote Parteikommandant›, erklärte er, ‹will alle verfügbaren Reserven an seinem rechten Flügel einsetzen, zur Umfassung des linken blauen Flügels, wie er hofft; er wird mit einem anständigen Gegenstoß zufrieden sein müssen, die Blauen haben dort auch Absichten, denke ich.›

‹Wohl alles supponiert, was?› fragte der Kaiser.

Wille ging nicht auf diesen Ton ein, mit dem Wilhelm scherzhafterweise versuchte, die Übung leicht zu nehmen, er wahrte seinen vollen Ernst, setzte seinen bedeutenden militärischen Ruf entschlossen daran und gedachte im übrigen, dem kaiserlichen Fachmann morgen ein Beispiel von Verfolgung und Rückzug aufzutischen, wie man es in Deutschland kaum viel besser würde erleben können. Er wußte, warum der Kaiser gekommen war.

Die andern hohen Herrschaften beobachteten indessen die militärischen Vorgänge oder gaben sich zwanglos einer gewissen Geselligkeit hin. Verschiedene fremde Offiziere ließen sich von Oberst Sonderegger, dem jugendlich schneidigen Stabschef Willes, über die Lage unterrichten. Man erkannte den französischen General Pau und die mächtige Gestalt des schwarzbärtigen Burengenerals Beyer, man sah den österreichischen Feldmarschalleutnant von Dankl im Gespräch mit Oberst von Sprecher, dem großgewachsenen hagern Chef des schweizerischen Generalstabs, und freute sich am Anblick des kaiserlichen Gefolges. Die Herren Generaladjutanten von Plessen und von Lynker, General Hüne, der Graf zu Eulenburg und der Fürst zu Fürstenberg mit ihren Orden, reichen Schnurgarnituren und glänzend beschlagenen Pickelhauben bildeten, angeregt von der guten Stimmung ihres Herrn, eine offensichtlich wohlgelaunte und eindrucksvolle Gruppe. Abseits mit dem Fernglas vor Augen stand General von Moltke.»

Auch der französische General Pau nahm als Beobachter an den Kaisermanövern von 1912 teil.

Von der Wehrbegeisterung zur Wehrmüdigkeit

«Nie wieder Krieg!» Nach dem Völkerringen von 1914/18 verfiel Europa in eine tiefe Depression. Auf dem Boden von Not und Krise wuchs die gewalttätige Nazi-Ideologie heran. Wieder wurde das Schweizervolk zu den Waffen gerufen.

Ein Hort des Friedens bist du und als solcher herzlich willkommen!» Dieser hoffnungsvolle Gruß auf einer vor dem Kaiserbesuch 1912 in der Schweiz verbreiteten Postkarte wurde nur zwei Jahre später Lügen gestraft: Kaiser Wilhelm II. als Verbündeter Franz Josephs von Österreich, dessen Neffe, Kronprinz Franz Ferdinand, in Sarajewo ermordet worden war, erklärte Rußland und Frankreich den Krieg. In einem beispiellosen Begeisterungstaumel mobilisierten die deutschen Truppen.

Der Krieg überraschte die Schweiz – welche Parallele zum Landi-Sommer 1939! – während der Landesausstellung von Bern. Der Bundesrat mobilisierte die Armee einen Tag vor der deutschen Kriegserklärung an Rußland und bekundete mit dieser frühzeitigen Reaktion die entschlossene Neutralität der Schweiz. 250000 Mann eilten unter die Fahnen. Zum erstenmal seit fast 50 Jahren galt es in der Schweiz wieder ernst. Jetzt aber marschierten Europas Massenheere zu einem neuen, technisierten, grausameren, eben zu einem totalen Krieg gegeneinander auf. Der Mann, der sich jahrelang mit seiner Kritik am Ungenügen der Schweizer Armee für diese neue Art des Krieges unbeliebt gemacht hatte, wurde von der

Vereinigten Bundesversammlung zum General gewählt: Ulrich Wille. Dabei hätte die Mehrheit der Parlamentarier lieber Theophil von Sprecher als General gesehen, doch Bundespräsident Arthur Hoffmann vermochte im Verein mit von Sprecher, der nach dem Willen der Landesregierung seine Generalstabsarbeit fortführen sollte, Wille durchzusetzen; von Sprecher schlug sich mit bewundernswerter Größe auf die Seite des Bundesrates und erklärte, er würde die Wahl zum General ablehnen. Damit ebnete er ausgerechnet seinem schärfsten Rivalen aus vielen vorangegangenen Jahren den Weg.

Das ergreifende Gemeinschaftserlebnis der Mobilmachungstage und der von Volk und Armee zur Schau getragene begeisterte Abwehrwille verblaßten bald, denn nun brachen die politischen Gegensätze und die sozialen Ungerechtigkeiten in der Schweiz von damals auf. Der Graben zwischen Deutsch und Welsch vertiefte sich: die Sympathien für die kriegführenden Mächte waren natürlich unterschiedlich verteilt. Diese unheilvolle Entwicklung fand ihren Höhepunkt in der Obersten-affäre von 1915. Oberst Moritz von Wattenwyl, Chef der Nachrichtensektion im Generalstab, und sein Mitarbeiter Oberst Karl Egli wurden neutralitätswidriger Handlungen zugunsten Deutschlands überführt: Sie hatten Hunderte von Abschriften abgefangener diplomatischer Telegramme und das vertrauliche tägliche Schweizer Generalstabsbulletin dem deutschen Militärattaché in Bern zugespielt. Daß die beiden Obersten nur disziplinarisch bestraft und aus dem Armeestab ausgeschlossen wurden, erregte den Zorn der Westschweizer, der zu Protestversammlungen und wütenden Resolutionen führte. Ein Fanatiker riß die aus Anlaß des Kaisergeburtstags gehißte Reichsfahne vom Gebäude des deutschen Konsulats in Lausanne herunter; der Bundesrat mußte sich offiziell entschuldigen.

Dazu kam, daß die deutsche Schweiz nie überfremdeter war als damals. Innert 20 Jahren hatte sich die Zahl der Österreicher und der Deutschen verdoppelt. Sie beherrschten die Wirtschaft und die Hochschulen. Ein Drittel aller Universitätsprofessoren in der deutschen Schweiz waren Deutsche. Namhafte Zürcher und Basler Familien sprachen nur hochdeutsch; auch General Wille bediente sich nie des Dialekts.

Bürgerliche und Sozialdemokraten standen einander unversöhnlich gegenüber. Die Linke haßte das Militär, das in den Vorkriegsjahren immer wieder gegen streikende Arbeiter eingesetzt worden war. Nun kam noch die drückende wirtschaftliche Not der einfachen Leute hinzu. Die Preise stiegen unaufhaltsam. Die Familien der Wehrmänner litten Not, denn es gab noch keinen Verdienstausgleich. Preistreiberei und Wucher waren an der Tagesordnung; Kriegsgewinnler und Spekulanten bereicherten sich auf Kosten der Armen.

Endloser Drill – wachsender Mißmut

Wille und von Sprecher benützten die lange und ereignislose Zeit der Grenzbesetzung, um Ausrüstung und Organisation der Armee zu verbessern. Die Bataillone bekamen Maschinengewehrkompanien zugeteilt, die Armee faßte Gasmasken, die alten farbenprächtigen Uniformen wurden durch das einheitliche Feldgrau ersetzt, und anstelle des alten Tschakos erhielten die Wehrmänner den Stahlhelm. Aber die Mißstimmung in der Truppe wuchs. Das Verhältnis zwischen Offizieren und Mannschaft war schlecht. Der Historiker Prof. Peter Dürrenmatt malt folgendes Zeitbild:

«Weniger erfindungsreich und anpassungsfähig erwies sich dagegen Willes Führung in allem, was die Ausbildung betraf. Dieser Fehler wirkte auf die Moral der Truppe zurück, um so mehr, als diese sozial ungeschützt war und die Männer, die an der Grenze standen, zusehen mußten, wie das eigene Geschäft zugrunde ging oder die Teuerung die Familie in Not brachte, weil der Vater nicht arbeiten konnte, sondern Soldat war. Der Dienstbetrieb wurde routinehaft, kasernenmäßig und – abgesehen von der Endzeit – ohne geistige Anregung durchgeführt. Alles beruhte auf dem deutschen Vorbild des Drills. Die Truppe, die nicht unmittelbar zum Grenzdienst eingesetzt war, übte nach den Programmen einer Rekrutenschule, und wenn sie damit zu Ende war, so fing man wieder von vorne an. Gewehrgriff, Taktschritt und Grußüben füllten halbe Tage aus. Das rein formelle Exerzieren erreichte eine unglaubliche Präzision. Aber den einzelnen Mann erfüllte es mit wachsender Unlust. Denn es war schwieriger, die Moral einer Truppe zu erhalten, deren Aufgabe das Wachestehen war, als die einer Truppe, welche kämpfen mußte. Als man endlich begriffen und gegen den harten Widerstand mancher reiner Militärköpfe einen Vortragsdienst eingerichtet hatte, war in vielen Einheiten die Dienstmüdigkeit bereits groß geworden.»

Mißstimmung, Not und Teuerung, schließlich die Grippeepidemie von 1918 führten die Schweiz in die Krise des Generalstreiks hinein, der wiederum mit dem Aufgebot von Truppen gegen die Streikenden begegnet wurde. In der Arbeiterbewegung gewannen die revolutionären Kräfte, darunter auch zahlreiche Emigranten wie Lenin, an Einfluß. Die Forderungen des Oltner Aktionskomitees, die sich nach heutigen Begriffen durchaus maßvoll anhören, wurden damals als umstürzlerische Herausforderung betrachtet:

Links: An der Landesausstellung von 1939 in Zürich kam der unbedingte Verteidigungswille der Schweiz bildhaft zum Ausdruck. *Unten:* Volk und Armee bildeten eine Gemeinschaft. Gleich regimentsweise besuchten Aktivdienstsoldaten die Landi.

Proporzwahl des Nationalrats, Frauenstimmrecht, 48-Stunden-Woche, Reorganisation der Armee im Sinne eines Volksheeres, Sicherung der Lebensmittelversorgung im Einvernehmen mit der Landwirtschaft, Einführung einer AHV, Vermögensabgabe zur Tilgung der Staatsschulden.

Auf Drängen der Armeeleitung ließ der Bundesrat große Truppenaufgebote – vorwiegend Kavallerie und andere aus ländlichen Gegenden stammende Mannschaften – in Zürich und Bern einmarschieren. Willes Befehle an die Stadtkommandanten Emil Sonderegger (Zürich) und Eduard Wildbolz (Bern) zeigen deutlich, daß er mit einer Kraftprobe mit umstürzlerischen Elementen rechnete und das Land unmittelbar bedroht sah. Die historische Forschung über den Landesstreik, insbesondere die Studie von Willi Gautschi, hat inzwischen aber eindeutig festgestellt, daß das Oltner Aktionskomitee keinen Staatsstreich geplant und der Streik, wenn auch von revolutionären Tönen begleitet, in erster Linie wirtschaftliche Ursachen hatte. Die Truppenaufgebote trugen aber wesentlich zu den nun für fast 20 Jahre lang unversöhnlichen Gegensätzen zwischen Arbeiterschaft und Bürgertum und zu der bis 1937 strikt armeefeindlichen Haltung der schweizerischen Sozialdemokratie bei.

Mit der Zwietracht leben

«Nie wieder Krieg!» schworen sich die Bürger Europas, als die Waffen endlich schwiegen. Die Wehrmüdigkeit fand auch in der Schweiz ihren Niederschlag, zunächst in radikalen Sparmaßnahmen bei den Militärbudgets. So gibt es denn auch über die Manöver der Zwischenkriegszeit nicht besonders viel zu berichten.

In den Manövern während der Grenzbesetzung waren entsprechend dem neuen Kriegsbild, das sich auf den Schlachtfeldern Europas zeigte, vor allem Bewegungsoperationen und Kämpfe um stark ausgebaute Stellungen geübt worden.

Nach dem Krieg wurden erstmals 1920 erneut Wiederholungskurse abgehalten. Es wurden aber nur die jüngeren Jahrgänge einberufen, so daß erst 1924 wieder eine Reihe großer Manöver begann. Sie wurden durch die Einführung der leichten Maschinengewehre bei der Infanterie und die deshalb notwendig gewordenen Ausbildungskurse nochmals für zwei Jahre unterbrochen. Gegenüber den Manövern der Vorkriegszeit wurden zwar die Kampfverfahren modernisiert, nicht aber die grundsätzlichen Anschauungen. Noch immer wurde auf den Bewegungskrieg und das Begegnungsgefecht großer Wert gelegt.

Oberstkorpskommandant Hermann Steinbuch

Korpskommandant stirbt nach Manövern

Er fuhr noch in die Manöver, obwohl er krank war. Als die Übung vorbei war, starb er im Haus von Freunden im Thurgau. Oberstkorpskommandant Hermann Steinbuch war 62 Jahre alt. Sein Tod im Herbst 1925 machte die schweizerische Öffentlichkeit nachdenklich, denn er offenbarte die Überlastung höchster schweizerischer Truppenführer mit teilweise unnötiger Kleinarbeit.

Neben seinen Aufgaben als Truppenkommandant hatte Steinbuch, ein alteingesessener Zürcher, auch die Gotthardtruppen und die Flieger zu inspizieren. Die «Neue Zürcher Zeitung» schrieb in ihrem Nachruf:

«Es braucht keine weiteren Ausführungen darüber, was für ein Maß von Arbeit mit allen diesen Funktionen verbunden war. Dabei muß man auch wissen, wie kärglich bei unserer begreiflichen Spartendenz die für Besorgung der Kanzleiarbeiten fließenden Mittel bemessen sind und wie manchen Brief auch noch der Oberstkorpskommandant aus diesem Grunde persönlich schreiben mußte, ohne daß die Wichtigkeit der Sache dies erfordert hätte. Meist konnte er in den letzten Jahren mit Inbegriff des Sonntags nur drei Tage in der Woche in Zürich verbringen; den ganzen Rest der Zeit mußte er auswärts sein, bei Inspektionen, Sitzungen der Landesverteidigungskommission und anderen dienstlichen Verrichtungen. Und vielfach mußte er auch seine Sonntage opfern. Dazu kamen im Winter noch Vorlesungen an der militärwissenschaftlichen Abteilung der Eidgenössischen Technischen Hochschule in Zürich.»

Die Parteien operierten in sehr breiten Geländestreifen und mußten ihre Kräfte zersplittern. Realistisch übten allenfalls die Verteidiger, während die Angreifer unter Umständen vorzugehen hatten, «welche im Krieg zu einer Niederlage führen müßten» (Divisionär von Muralt). Wörtlich führt dieser Manöverkritiker fort: «Die meisten Gefechtshandlungen spielten sich in übereiltem Tempo ab. Die Feuerwirkung wurde nur in ganz ungenügendem Maße berücksichtigt. Nach den ersten Anstrengungen wurde unterbrochen und friedensmäßig geruht. Die Führung lernte daher nicht, mit den Kräften zu haushalten und unter kriegsmäßigen Verhältnissen Ruhepausen zu organisieren.»

Trotz der eingeschränkten Militärkredite, die manchmal an den Rand des Existenzminimums und zum Beispiel bei den Zeughäusern zu massiven Personalentlassungen führten, wurden in diesen Zwischenkriegsmanövern etliche Neuerungen erprobt. Die Infanterie lernte mit den Leichten Maschinengewehren umzugehen und lockere Schützenlinien zu formen; der alte Oberst Gertsch mochte sich über diese späte Anerkennung seiner Theorien aus dem Jahre 1910 gefreut haben. Im Nachrichtendienst wurden vermehrt Brieftauben und Meldehunde eingesetzt. Die Leichten Truppen wurden durch Radfahrerregimenter verstärkt. 1936 erschienen in den Manövern erstmals einige Panzerwagen und mit ihnen Tankhindernisse. Eine brauchbare Panzerabwehr gab es aber noch nicht. Die Artillerie kam 1925 zu neuen Lafetten, später zu Trommelaufsätzen und Erhöhungsböcken, was das Abschießen von Spitzgranaten auf etwa elf Kilometer ermöglichte. Als am Vorabend des Zweiten Weltkriegs die Infanteriekanone eingeführt wurde, mußte die Artillerie den Fußtruppen keine Geschütze mehr für die behelfsmäßige Panzerabwehr zur Verfügung stellen. Die Ballontruppen wurden abgeschafft. Die Flieger erhielten 1927–1931 Funkgeräte und wurden von der Beobachtungs- zur Kampftruppe. Dieweil Luftkämpfe in den Manövern verboten waren, griffen sie jetzt mit ihren Devoitines und Fokkers in den Erdkampf ein; ab 1933 konnten sie zumindest theoretisch auch Bomben abwerfen. Fortwährend ausgebaut wurden die rückwärtigen Dienste und das Schiedsrichterwesen. 1935 begannen erste Versuche mit der Fliegerabwehr. Der Luftschutz wurde eingeführt, die Landesversorgung reorganisiert.

Erst die Machtergreifung Hitlers und der Abessinien-Feldzug Mussolinis lösten die Erstarrung im Ausbau und in der Modernisierung der Armee. Größere Militärkredite waren jetzt wieder möglich; die Wehranleihe von 1936 brachte 100 Millionen Franken ein. An ihrem Parteitag von 1935 bekannten sich die Sozialdemokraten zur Landesverteidigung; der Spanische Bürgerkrieg, der im folgenden Jahr ausbrach, bestätigte ihnen die Richtigkeit dieses Entschlusses. Unter der Führung von Bundesrat Rudolf Minger versuchte die Schweiz nun, ihren innenpolitisch und im Gefolge der Krisenjahre auch wirtschaftlich bedingten Rückstand in Rüstung, Ausbildung und Organisation der Armee aufzuholen.

Soldatenschindereien beim Stanser Defilee

Dilettantische Paraden bei größter Hitze. — Hitzschläge en masse. — Die Soldaten drohen mit offener Meuterei.

Die fröhlichen Soldatenlieder und das — da und dort etwas ausgezogene — Jodeln der Wiederholiger bei ihrer Entlassung und die von der bürgerlichen Presse gemeldete gute Verfassung der Truppe kann nicht darüber hinwegtäuschen, daß eine tiefe Erbitterung über verschiedene Soldatenschindereien bei den Manövern in Ob- und Nidwalden sich eingefressen hat.

Schon am späten Abend, als die Bataillone einzeln von Stans her auf einem oft langen Umweg nach Luzern marschierten, um hier ihre Quartiere zu beziehen, hörte man von schwerer Mißstimmung unter der Mannschaft aus Anlaß des Defilees in Stans. Man sprach von trotzdem „Truppenschau". Den Bogen gab es schließlich den Erschöpften, von der Hitze ohnehin Gemarterten, als die Truppen sich auf dem schattenlosen Feld der Stanser Allmend zur Inspektion vor dem Divisionskommandanten aufstellen mußte. Man fragte sich, ob denn der berühmte Arzt Dr. Bircher nicht im Bilde sei. Die deutschen Offiziere schauten mit langen Gesichtern auf dieses eigenartige Schauspiel. Als die ersten Soldaten zusammenbrachen, hieß es allerdings sofort: Kittel ausziehen. Wasser wurde sofort verteilt. Man war also oben doch im Bilde. Nur einer von den Offizieren nicht: Mitrailleurkommandant Wenger vom IV/45 leistete sich den üblen Scherz, die Kompagnie

«Freie Innerschweiz», 17. August 1937

Pfiffe beim Fahnenmarsch – der Skandal von Stans

Als bei der Inspektion der Fahnenmarsch ertönte, gellten Pfiffe über die glutheiße Stanser Allmend. Das anschließende Defilee vor Oberstdivisionär Eugen Bircher begann mit anderthalb Stunden Verspätung. Die Truppe mußte ohne Wasser in der ungewöhnlichen Hitze warten, weil die Offiziere zur Manöverkritik auf das Stanserhorn gefahren waren. Zwischen 200 und 300 Soldaten brachen mit Hitzschlägen zusammen. Die anderen humpelten zum Teil fußkrank und abgeschlafft an ihren Führern und an den Beobachtern, darunter zivile Behörden und zwei deutsche Offiziere, vorbei. Auf dem Rückmarsch zum Demobilisierungsplatz in Luzern liefen etliche Wehrmänner einfach aus der Kolonne, legten sich an den Straßenrand oder hielten zivile Lastwagen an, um mitfahren zu können. Pferde und Maultiere wurden von den erschöpften Füsilieren bis zum Umfallen mit Tornistern beladen.

Dieses ruhmlose Gemisch aus krassen Führungsfehlern, ungünstigen Umständen und Disziplinlosigkeit ist als Defileeskandal von Stans in die schweizerische Militärgeschichte eingegangen. Das unvermeidliche Nachspiel führte zu politischen Verstimmungen zwischen der Luzerner Kantonsregierung und dem Bund. Die beiden traditionsreichen Luzerner Regimenter 19 und 20 befanden sich vom 2. bis 14. August 1937, zusammengeschlossen in der Geb Inf Brigade 10, zum letztenmal im Verband der 4. Division im Wiederholungskurs. Es war ein ausgesprochen harter Gebirgsdienst mit anstrengenden Manövern in der zweiten Woche, die durch ungewöhnlich viele Märsche und etliche Fehldispositionen der Parteikommandanten gekennzeichnet waren. Schließlich wird in allen Akten und Berichten der sengenden Sommerhitze, die selbst für den August ungewöhnlich war, eine wesentliche Rolle bei den Ereignissen zugeschrieben.

Das Elend begann in der Nacht zum Freitag, dem 12. August: Es gab Truppenteile, die bis zu sechs Stunden Schlaf verloren, weil sie von ihrem Standort am Manöverende vorerst kilometerweit zu den Unterkünften marschieren mußten; so weiß man von einer in Kerns stationierten, direkt aus strengen Hitzemanövern kommenden Kompanie, daß ihre befohlene Unterkunft in Alpnachstad lag.

Am nächsten Vormittag hatte die Brigade auf der schattenlosen Stanser Allmend zur Inspektion vor dem Divisionskommandanten anzutreten. Nach dem bekannten militärischen Motto «Warten – pressieren...» waren die meisten Einheiten schon um drei Uhr früh geweckt und – teilweise unverpflegt – kilometerweit und zum Teil ohne Stundenhalte zum Inspektionsplatz gejagt worden, wo sie stundenlang warten mußten. Beim Wasserfassen kam es zu Gedränge und Chaos. Bierfuhrwerke fuhren in die ungeordneten Reihen hinein.

Inspektion! Zu den Klängen des Fahnenmarsches ritt Divisionär Bircher die Front ab. Zeugen berichten, daß Pfiffe und Pfuirufe ertönten. Nach dem Kommando «Ruhn» gellten die Unmutsbezeigungen minutenlang durch die Luft. «Suuffe, suuffe!» riefen die gepeinigten Füsiliere. Dutzende brachen in der Hitze ohnmächtig zusammen und wurden von der Sanität weggetragen. Es wurde sofort Tenü-Erleichterung befohlen, aber es gab Bataillonskommandanten, die ihre Leute noch eine Viertelstunde länger im Waffenrock in der Mittagshitze stehen ließen. 18 Wehrmänner kamen in Spitalpflege.

Nicht genug! Das vorprogrammierte Defilee sollte durchgeführt werden. Vor dem Winkelried-Denkmal im Flecken Stans hatten sich die Offiziellen aufgestellt. Die Truppe mußte marschieren. Ein weiterer Weg von 45 Minuten! Immerhin: Auf den damals noch gebräuchlichen Taktschritt wurde verzichtet. Aber die vorbeimarschierende, völlig ermattete Truppe bot ein klägliches Bild. Auf dem Rückmarsch nach Luzern wirkte sie teilweise aufgelöst. Bei der Fahnenabgabe am Freitagabend waren die Wehrmänner so wütend, daß viele von ihnen, statt in Achtungstellung zu verharren, mit den Stahlhelmen Fußball spielten.

Aber Divisionär, Brigadekommandant und Chefschiedsrichter, alles erfahrene Offiziere mit gewöhnlich geübtem Blick für die geringste Disziplinlosigkeit, taten vorerst merkwürdigerweise so, als wäre nichts geschehen. Es wurden keine Rapporte erstattet. Die Aufregung begann erst, als die liberale und die sozialdemokratische Luzerner Presse in der folgenden Woche die Vorfälle aufgriff und u.a. als «Soldatenschinderei» anprangerte.

Bundesrat Rudolf Minger, damaliger Chef des Eidgenössischen Militärdepartements, beauftragte Oberstkorpskommandant Fritz Prisi mit einer Untersuchung. Dieser kritisierte vor allem die zuwenig entschlossene und durchsetzungswillige Haltung der Truppenoffiziere und kam zum Schluß: «Solche Vorkommnisse lockern Zucht und Ordnung, schädigen in hohem Maße die Vorgesetztenautorität und öffnen den Weg zu zügellosen Ausschreitungen. Schon hier haben zahlreiche Offiziere im Willen zur Aufrechterhaltung der militärischen Disziplin in bedauerlicher Weise versagt.»

Der Bundesrat folgte den Anträgen Prisis in der Hauptsache und enthob die beiden Regiments- sowie drei Bataillonskommandanten ihres Kommandos. Dagegen protestierte die Luzerner Kantonsregierung. Sie war nicht angehört worden. Der Hintergrund: Die abgesetzten (und später zum Teil wieder mit ehrenvollen neuen Aufgaben betrauten) Truppenführer waren Luzerner gewesen; die neuen Leute kamen von auswärts.

Aufgrund der Akten steht fest, daß Bundesrat Minger mit diesem ungewöhnlich harten Entscheid ein Exempel gegen die in einer Zeit spürbarer politischer und militärischer Bedrohung noch immer zu large Dienstauffassung statuieren und am praktischen Fall die Maßstäbe setzen wollte, an der die Truppe in einem Ernstfall gemessen würde.

Unverständlich blieb nicht nur den direkt Beteiligten, daß die höchsten Mitverantwortlichen, insbesondere Divisionär Bircher, in keiner Weise zur Rechenschaft gezogen wurden. Offensichtlich entschied sich Minger, unterstützt von der Landesverteidigungskommission, für den alten militärischen Disziplingrundsatz der bedingungs- und diskussionslosen Unterwerfung, während die gemaßregelten Truppenoffiziere die modernere Auffassung vertraten, daß Soldaten den Sinn von Befehlen einsehen müssen, wenn sie gut arbeiten sollen. Die wahrscheinlich treffendste Bilanz zog das Luzerner Tagblatt:

«Wir wissen, daß unsere Mannschaften im Manöver geradezu Unglaubliches aus sich herausbringen. Tagelanges Ausbleiben jeder Verpflegung bei einzelnen weit detachierten kleinen Abteilungen ertragen sie mit Gleichmut, ja mit Freude und berechtigtem Stolz. Stellungsbezüge auf üblem Grund und unter mannigfach erschwerten Bedingungen geschehen wie von selbst (...), wenn der Mann sich einen Sinn hineindenken kann, wo er erkennt oder auch nur fühlt, daß seine eigene Ausbildung und die seiner Kameraden und Führer gefördert wird, ist er zu mehr fähig, als seine ihm vorgesetzten Führer erwarten, er ist zu allem fähig in des Wortes bester Bedeutung. Diesen Sinn, diese Bedeutung erkennt unsere Mannschaft im Defilee nicht.»

Manöver – eine Waffe in der Hand von General Guisan

Menschen neigen dazu, die geschichtlichen Leistungen großer Männer zu Legenden zu verklären. So geschah es auch mit dem väterlichen Henri Guisan, der ein streng fordernder Heerführer sein konnte.

Als Hitler gegen Polen marschierte und damit den Zweiten Weltkrieg auslöste, war die Schweiz besser gerüstet als 25 Jahre zuvor, aber bei weitem nicht gut genug. Immer noch klafften tiefe Lükken, denn erst ab 1936 waren die großen Kredite flüssiggemacht worden, und die Zeit reichte nicht mehr überall aus für die Beschaffung und Einführung neuer Waffen und den Ausbau der Befestigungswerke.

Das schweizerische Befestigungssystem, das in der Zwischenkriegszeit mit massiven Anstrengungen ausgebaut worden war, wies noch Lücken auf. Die Infanterie war 1939 – im Angesicht eines neuen Krieges, in dem Panzerverbände und Kampfflugzeuge die Schlachtfelder be-

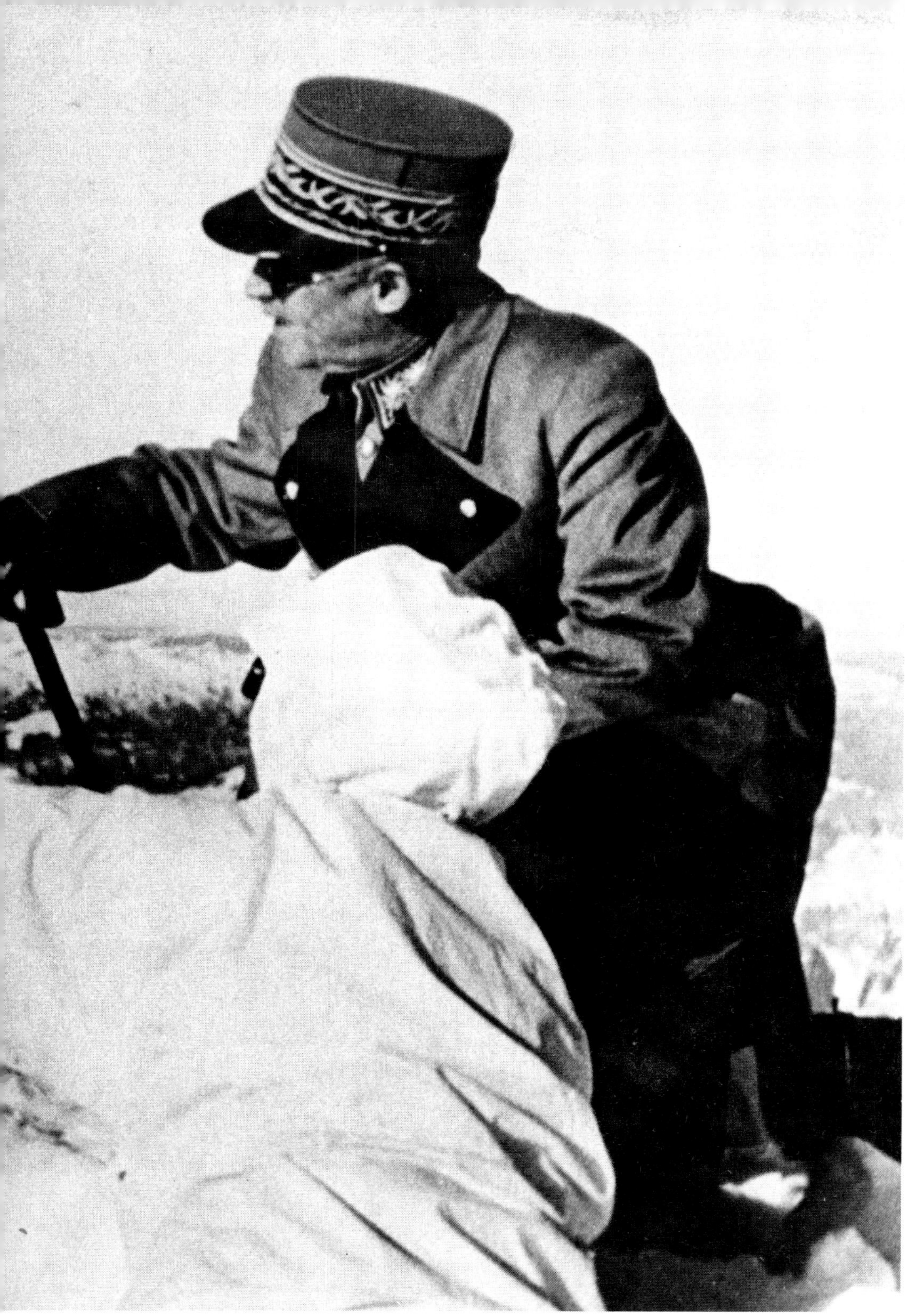

Oben: General Henri Guisan bei der winterlichen Infanterie. Die von ihm befohlenen Wintermanöver 1943/44 gruben sich als außerordentlich strenge Übungen in die Erinnerung der Teilnehmer ein. Der General wertete dabei die neuesten Kriegserfahrungen aus und schulte die Schweizer Armee u.a. im hinhaltenden Abnützungskrieg, wie ihn die zurückweichenden Deutschen führten.

herrschten – weder mit Panzer- noch mit Fliegerabwehrmitteln ausgestattet. Die Artillerie war zahlen- und kalibermäßig kraß unterlegen und nur schwach motorisiert. Die Flugwaffe hatte zuwenig Flugzeuge; fünf von 21 Fliegerkompanien konnten deshalb bis Ende August 1939 nicht einmal aufgestellt werden. Die Fliegerabwehr stand noch im Aufbau, Panzer fehlten. Die oberste Armeeführung war nicht optimal besetzt. General Guisan: «Ganz offensichtlich wies die Equipe, die ich am Anfang des Aktivdienstes auf den Posten der Heereseinheitskommandanten antraf, Führer auf, die nicht in der Lage gewesen wären, einen Feldzug zu bestehen, sei es, daß sie bereits von einem unaufhaltbar fortschreitenden Leiden befallen waren, sei es, daß sie verbraucht und damit kaum fähig waren, die Anstrengungen eines modernen Feldzuges zu ertragen.»

Der Geist macht stark

Wenn die schweizerische Armee 1939 trotzdem weitaus kriegstüchtiger und schlagkräftiger war als beim Ausbruch des Ersten Weltkrieges, so hing das in erster Linie mit der völlig veränderten geistigen Lage der Nation zusammen. Alle wichtigen politischen Kräfte des Landes standen hinter der Landesverteidigung. Das Volk wußte, gegen wen es anzutreten galt: gegen ein menschenfeindliches und größenwahnsinniges Regime, das am laufenden Band Völkerrecht brach. Das Schicksal der wehrlosen Kleinstaaten wie Belgien und Holland, die vom deutschen «Blitzkrieg» einfach überrollt wurden, bestärkte den Widerstands- und Kampfwillen. Auch die sozialen Spannungen waren trotz der vorangegangenen weltweiten Wirtschaftskrise weitgehend verschwunden. In der Zwischenzeit war eine vernünftige Erwerbsersatzordnung geschaffen worden, die es dem Wehrmann erlaubte, Dienst zu leisten, ohne um die Existenz seiner Familie bangen zu müssen. Auch im Bereich der Landesversorgung waren die Lehren aus den Mißständen von 1914/18 gezogen worden: Das Rationierungssystem und die Kriegswirtschaft rollten mit der Präzision von Uhrwerken an; die einigermaßen gerechte Verteilung der lebenswichtigen Güter war gewährleistet. Der «Plan Wahlen» mobilisierte in der «Anbauschlacht» nicht allein die Landesversorgung, sondern auch die Solidarität der schweizerischen Schicksalsgemeinschaft. Schließlich schweißte das Erlebnis der Landesausstellung 1939 in Zürich am Vorabend und in den ersten Wochen der Kriegsmobilmachung den Mikrokosmos des schweizerischen Vielvölker- und Vielsprachenstaates zusammen. Bei allen Mängeln in Ausbildung und Ausrüstung und trotz des für die Landesregierung überaus heiklen Zwanges, politisch ständig zwischen den kriegführenden Mächten zu lavieren, waren deshalb die Voraussetzungen gut, daß die Schweiz diese Bewährungsprobe bestehen würde. Und die Schweiz bestand sie.

Daß dies gelang, war zu einem wesentlichen Teil das Verdienst des unvergeßlichen Generals Henri Guisan. Sein Konzept hakte vorerst bei der Schulung der obersten Führer ein. Gerade hier erwiesen sich Manöver und andere Truppenübungen als unentbehrliche Waffe in der Hand des obersten Heerführers. Guisan schreibt dazu in seinem Bericht über den Aktivdienst:

«Es ist notwendig, daß diese obersten Führer in Zukunft zu einer intensiveren und systematischeren geistigen Tätigkeit herangezogen werden. Dafür bestünde die beste Lösung in der Durchführung einer Reihe von operativen Übungen und Übungen der Stäbe unter der Leitung entweder des Generalstabschefs oder der Armeekorpskommandanten, in Verbindung mit dem Generalstab. Neben diesen Übungen, die genaueste Vorbereitungen und ein zahlreiches Personal erfordern, müßte man häufig ‹Kriegsspiele› einfacher Art durchführen, wobei man sich z.B. darauf beschränken könnte, alle oder einen Teil der Armeekorps-, Divisions- und Gebirgsbrigadekommandanten mit ihren Stabschefs aufzubieten. Es würde sich dabei vor allen Dingen um Entschlußübungen handeln, bei denen man selbstverständlich die Befehle nicht bis ins Detail redigiert. Es wäre von Vorteil, gewisse Übungen im geheimen vorzubereiten und die Teilnehmer entweder im letzten Moment oder wenige Tage vorher zu kommandieren, d.h. sie zu alarmieren, um die geistige Elastizität unserer obersten Führung aufrechtzuerhalten und sich zu vergewissern, daß sie ständig bereit ist.

Die operativen Übungen und die Übungen der Stäbe würden grundsätzlich Themen aus unserer Landesverteidigung behandeln, während diese Kriegsspiele in völliger Freiheit von den verschiedensten Lagen ausgehen können.»

Die Manöver im Aktivdienst

Bis zum Sommer 1940 war die schweizerische Aktivdiensttruppe vorwiegend mit dem Bau von Verteidigungsstellungen und mit Detailausbildung beschäftigt, so daß keine Zeit für größere Manöver übrigblieb. Im September 1940, nach dem Rütlirapport und den ersten Einrichtungsarbeiten im Reduit, beschloß General Guisan, die Ablösung der 7. durch die 6. Division in Form eines Manövers durchzuführen. Die Übungsanlage entsprach dem, was die Schweizer Armee in einem Ernstfall damals wirklich erwartet hätte: Der Feind hat die vorgeschobene Stellung durchbrochen, in anderen Sektoren schon breite und tiefe Einbrüche erzielt und diese mit der Panzerwaffe ausgebaut.

Die Gefechte fanden zwischen dem Zürichsee und dem Raum Einsiedeln statt. Der General setzte sich für diese ersten Aktivdienstmanöver drei Ziele: Er wollte die Widerstandsfähigkeit des Verteidigungsdispositivs in einem von Auszugseinheiten besetzten Reduitabschnitt testen, die Führung und die Stäbe in einer überraschenden Situation schulen und die Ausdauer der angreifenden Truppe (6. Division) nach einer Urlaubsperiode kontrollieren. Die Aufzeichnungen des Generals zeigen außerdem auf, welche gesamt- und verteidigungspolitischen Überlegungen für diesen Manöverentschluß zu berücksichtigen waren:

«Als ich den Entschluß faßte, diese Manöver zu organisieren, verhehlte ich mir die Gefahren nicht, denen ich mich zum erstenmal aussetzte. In einem Augenblick, wo die deutsche Spionage bemüht war, unsere Stellungen in Erfahrung zu bringen, würden wir fast notwendig ihre Aufmerksamkeit auf einen Abschnitt unseres Dispositivs und die Art und Weise seiner Besetzung lenken. Es lag nahe, daraus zu schließen, daß die blaue Partei, die in der Verteidigung war, vielleicht nicht die eigentlichen Stellungen bezöge, aber doch wohl mindestens solche besetzen würde, die denjenigen in der Abwehrfront ähnlich wären. Die 7. Division besetzte tatsächlich nicht genau ihren Kriegsabschnitt; ihr linker Flügel ragte über ihn hinaus, und der 6. Division fiel die Aufgabe zu, einen Teil ihres eigenen Kriegsabschnittes anzugreifen. Ich hatte noch andere Vorsichtsmaßnahmen getroffen, und die fremden Militärattachés waren selbstverständlich nicht eingeladen worden. Aber die Anwesenheit des Bundespräsidenten, des Vizepräsidenten und des Vorstehers des Eidg. Militärdepartementes sowie einer großen Anzahl von Stabsoffizieren im Gelände und bei der Kritik verriet, wie auch die Stärke der beteiligten Truppen, die Bedeutung, die diesen ersten großen Manövern während der Kriegszeit zukam. Schließlich brauchte man ja kein großer Stratege zu sein, um herauszufinden, daß der gewählte Abschnitt einer der verwundbarsten in unserer Abwehrfront war.

Ich zögerte indessen nicht, diese Risiken in Kauf zu nehmen; es schien mir zu notwendig, die Truppe im Angriff und in der Verteidigung dieses typischen Geländes einzusetzen, sie an der Arbeit zu sehen und die Physiognomie eines Kampfes auf dem von uns gewählten Schlachtfeld aufmerksam zu studieren.

Man hat allgemein viel gesprochen und auch viel geschrieben über die Wahrscheinlichkeit oder Unwahrscheinlichkeit unserer Manöverthemen. Ich machte mir schon damals, das ist klar, keine Illusionen über die ‹Ähnlichkeit› zwischen den Methoden und den Angriffsmitteln unseres allfälligen Angreifers im Jahre 1940 und dem Bild, das unsere 6. rote Division bot, obwohl diese verstärkt worden war und über die Luftüberlegenheit verfügte. Es war nichtsdestoweniger nützlich, festzustellen, in welchem Maße unsere Truppen das Gelände im Angriff wie in der Verteidigung ausnützten.»

Der General bezeichnete die Lehren aus diesen Manövern als wertvoll. Sie zeigten zum Beispiel, daß das Dispositiv in diesem Raume zuwenig tief war, wo doch wirksame Gegenangriffe nur aus der Tiefe erfolgversprechend sind. Die konkrete Lehre war, daß, um diese Tiefe zu erzielen, Truppen aus der vordersten Linie abgezogen und dafür Bunker sowie andere Hindernisse eingerichtet wurden.

Ebenfalls bei einer Ablösung und mit ähnlichen Zielsetzungen ließ der General Anfang November 1940 die 1. und die 3. Division gegeneinander manövrieren. Zudem ging es darum, die inzwischen geschaffenen Reduiteinrichtungen zu testen.

Links: Diese Flugaufnahme aus dem Archiv einer Heereseinheit beweist, wie weit die Schweizer Armee während des Aktivdienstes manchmal noch davon entfernt war, die brutale Wirklichkeit des modernen Luftkriegs zu berücksichtigen; ungedeckt besammelt sich eine Kavallerieeinheit bei einem Bahnhof – leichte Beute für Flieger!

Rechts: So meldeten die Zeitungen die historische Nachricht: Generalmobilmachung – Kriegsbeginn!

Bern, Samstag
2. September 1939

Redaktion,
Verlag, Druck und Expedition:
Effingerstraße 1
Telephon: 21.211
(21.212. 21.213. 21.214)
Postscheckkonto Bund III/78

Der Bund erscheint zwölfmal in der Woche, mit Sonntagsblatt „Der kleine Bund" und Beilagen

Der Bund

Organ der freisinnig-demokratischen Politik
Eidgenössisches Zentralblatt und Berner Zeitung

Samstags-Ausgabe
90. Jahrgang

Inserate
Publicitas A.-G.
Inseraten-Annahme in Bern:
Schanzenstraße 1
Telephon: 20.002
Postscheckkonto Publicitas III 327

Jede Verbindlichkeit für die Aufnahme von Inseraten an bestimmten Stellen oder Tagen wird abgelehnt

Abonnementspreise, direkt bei der Expedition des „Bund" bestellt: Bern-Stadt: 1 Monat Fr. 2.80, 2 Monate Fr. 5.—, 3 Monate Fr. 6.50, 6 Monate Fr. 12.50, 12 Monate Fr. 25.—. Kanton und übrige Schweiz: 1 Monat Fr. 3.30, 2 Monate Fr. 5.80, 3 Monate Fr. 7.80, 6 Monate Fr. 15.—, 12 Monate Fr. 30.—. Beim Postbureau abonniert je 30 Rp. mehr. Unter Einzeladresse vierteljährlich 50 Rp. mehr. — Per Post zugestellte Einzelnummer 25 Rp., Einsendung in Briefmarken oder durch Einzahlung auf Postscheckkonto Bund III 78. — Einzelverkaufspreis 15 Rappen. — Für Abonnenten in der Schweiz erfolgt täglich zweimalige Zustellung.

Nr. 408

Bei Adreßänderungen bisherige Adresse angeben unter Beilage von 30 Rp. in Briefmarken — Abonnements-Aufträge sind schriftlich an die Expedition des „Bund" zu richten. Ueber die Abonnementspreise eines jeden Landes in Europa oder Uebersee gibt die Expedition des „Bund" kostenlos Auskunft. — Insertionspreis die, einspaltige Grundzeile oder deren Raum: für die Schweiz 50 Rappen; für das Ausland 75 Rappen. Reklamepreis In- und Ausland Fr. 2.50. Bei größern Aufträgen angemessene Rabatte. Annoncenregie: Publicitas Schweizerische Annoncen-Expedition Aktien-Gesellschaft in Bern und deren Filialen im In- und Ausland.

Generalmobilmachung

Der Bundesrat hat die Mobilmachung der schweizerischen Armee auf den 2. September beschlossen.

Die Generalmobilmachung wurde auf Antrag des Generals von allen Bundesräten einstimmig beschlossen.

Mobilmachungsbeschluß

I.

ag. Der Bundesratsbeschluß betr. die Kriegsmobilmachung der Armee lautet:

Der schweizerische Bundesrat, auf Antrag seines Militärdepartements und gestützt auf Art. 102 der Bundesverfassung und die Art. 198, 199, 202 und 217 der Militärorganisation vom 12. April 1907, **beschließt die Kriegsmobilmachung der ganzen Armee.**

Der 2. September 1939 ist der erste Mobilmachungstag.

1. Es haben gemäß den Weisungen des Mobilmachungszettels im Dienstbüchlein und den nachstehenden Bestimmungen einzurücken:

a) Alle noch nicht aufgebotenen Stäbe, Truppenkörper und Einheiten des Auszuges, der Landwehr, des Landsturms und der aus diesen Heeresklassen gemischten Truppen;

b) die Stäbe und Formationen des Transportdienstes, der rückwärtigen Dienste und des Territorialdienstes;

c) die zur Verfügung des Bundesrates stehenden Offiziere;

d) die Angehörigen der Hilfsdienste, deren Mobilmachungszettel im Dienstbüchlein das Einrücken am Vortag des 1. Mobilmachungstages, am 1., 2. oder 3. Mobilmachungstag vorschreibt;

e) die Schatzungskommissionen für Fahrräder.

2. Die mit den Grenztruppen eingerückten, aber wieder auf Pikett entlassenen Mobilmachungsfunktionäre der Platzkommandostäbe, Pferdestellungskommissionen und Motorfahrzeugstellungskommissionen sowie die Trainmannschaften der Stammbataillone der Grenztruppen haben sofort wieder einzurücken.

3. Stellung der Pferde und Maultiere. Alle Gemeinden haben die Stellung von Pferden und Maultieren gemäß den Bestimmungen des Pferdestellungsbefehls auszuführen. Soweit die Zeit reicht, führen die Gemeinden die Vormusterung durch und lassen das Beschläg in Ordnung bringen.

4. Stellung der Motorfahrzeuge: a) Alle Motorfahrzeuge (Personenwagen, Lastwagen, Traktoren, Anhänger, Motorräder usw.), deren Fahrzeugausweis mit einem weißen Aufgebotszettel versehen ist, sind gemäß den Bestimmungen dieses Zettels zu stellen.

b) Alle Motorfahrzeuge, deren Fahrzeugausweis mit einem grünen Aufgebotszettel versehen sind, sind gemäß dem den Fahrzeughalter zugehenden Befehl zu stellen.

II.

Allgemeine Bestimmungen

1. Durch diesen Beschluß aufgebotene Offiziere, Unteroffiziere und Soldaten, die sich in Kaderschulen, Kaderkursen und Rekrutenschulen befinden, sind sofort zu entlassen; sie haben sich gemäß den Bestimmungen des Mobilmachungszettels im Dienstbüchlein auf dem Korpssammelplatz ihres Stabes oder ihrer Einheit zu begeben.

2. a) Das Eidg. Militärdepartement, die kantonalen Militärbehörden, die Kommandanten der Stäbe, Truppenkörper und Einheiten, die Kommandanten der Schulen und Kurse, die Platzkommandanten, die Pferdestellungsoffiziere und die Motorfahrzeugstellungsoffiziere führen die Mobilmachung gemäß den Bestimmungen der Kriegsmobilmachungsvorschrift 1938 und den besonderen Weisungen der Generalstabsabteilung durch. b) Die überzähligen dienstauglichen Pferde und Maultiere sind ihren Besitzern zurückzugeben; sie bleiben auf Pikett gestellt.

III.

Kriegsbetrieb der Transportanstalten

Der Kriegsbetrieb der Eisenbahnen und anderen öffentlichen Transportanstalten beginnt mit dem ersten Mobilisationstag 00.01 Uhr.

IV.

Pikettstellung

Es sind auf Pikett gestellt: a) alle nicht bereits aufgebotenen Hilfsdienstpflichtigen; b) alle nicht von der Armee in Dienst genommenen Pferde, Maultiere, Brieftauben und Kriegshunde; c) alle nicht von der Armee in Dienst genommenen Fuhrwerke, Karren, Motorfahrzeuge aller Art und Luftfahrzeuge.

V.

Verbot von Veräußerung und Ausfuhr

Jede Veräußerung und Ausfuhr von Pferden, Maultieren, Brieftauben, Kriegshunden, Motorfahrzeugen und Luftfahrzeugen ohne Erlaubnis der eidg. Militärbehörden ist bis auf weiteres verboten.

Wer diesem Verbot zuwiderhandelt, wird durch das Bundesstrafgericht mit Geldbuße von Franken 100—10 000, womit Gefängnis bis zu sechs Monaten verbunden werden kann, bestraft.

Militäreisenbahndirektor

Zum Militäreisenbahndirektor wurde Generaldirektor Paschoud von den SBB unter Beförderung zum Oberst ernannt.

Zum Betriebsgruppendirektor I wurde ernannt Oberst Chenaux, Direktor des Kreises 1, zum Betriebsgruppendirektor II Oberstlt. Luchini, Direktor des Kreises 2, unter Beförderung zum Oberst; zum Betriebsgruppendirektor III Oberst Bärlocher, Vizedirektor des Kreises 3.

Der Kriegsfahrplan in Kraft

ag. Die Schweiz. Bundesbahnen teilen mit: Der Bundesrat hat die allgemeine Mobilmachung auf Samstag, 2. September, und damit im Zusammenhang die Unterstellung der öffentlichen Transportanstalten unter die Militärgesetze verfügt. Am ersten Mobilmachungstag, d. h. in der Nacht vom Freitag zum Samstag, um 0.01, tritt der Kriegsfahrplan in Kraft. Die dem Publikum von diesem Zeitpunkt an zur Verfügung stehenden Reisezüge werden durch Aushang eines Plakatfahrplans auf den Bahnstationen und in öffentlichen Lokalen bekanntgegeben. Sie sind ferner in einem Kursbuch zusammengefaßt, **welches bei den wichtigeren Stationen bezogen werden kann.**

Für das Einrücken auf den Korpssammelplätzen verkehren heute und am 1. und 2. Mobilmachungstag Extrazüge, die mit besondern Plakaten in den Bahnstationen und öffentlichen Lokalen bekanntgegeben werden. Es wird ausdrücklich darauf aufmerksam gemacht, daß für das Einrücken nur die Extrazüge benützt werden sollen.

In der Uebergangsnacht vom Freitag zum Samstag verkehren einzelne Züge, die gemäß dem gegenwärtig gültigen Fahrplan ihr Ziel erst nach Mitternacht erreichen, noch bis zu ihrer Bestimmung. Näheres ist bei den Stationen zu erfragen.

Frankreich respektiert die schweiz. Neutralität

ag. Bern, 1. d. Der schweizerische Gesandte in Paris, Minister Stucki, hat am Freitagvormittag die schweizerische Neutralitätserklärung dem französischen Außenminister Georges Bonnet übergeben. Dieser hat daraufhin dem schweizerischen Gesandten die folgende Erklärung überreicht:

„Ich habe die Ehre, Ihnen den Empfang der Neutralitätserklärung der schweizerischen Regierung zu bestätigen, die Sie mir unter heutigem Datum notifiziert haben. Ich nehme von dieser Mitteilung Kenntnis. Was sie anlangt, wird die Regierung der Republik nicht verfehlen, peinlich die Neutralität der Schweizerischen Eidgenossenschaft und die Unversehrtheit ihres Gebietes zu respektieren, gemäß den Verträgen von 1815 und den sie ergänzenden Abmachungen."

Die Landesausstellung wird geschlossen

Die Direktion der Schweizerischen Landesausstellung teilt mit:

Im Hinblick auf die vom Bundesrat beschlossene Kriegsmobilmachung hat die Leitung der Landesausstellung angeordnet:

1. Die Landesausstellung wird sofort geschlossen.

2. Die Bewachung übernimmt die Stadtpolizei Zürich.

3. Alle Ausstellungsobjekte und Einrichtungen bleiben unverändert an Ort und Stelle.

4. Zeitpunkt und Umfang der Wiedereröffnung werden später bekanntgegeben.

5. Die Ausstellungsleitung führt ihre Arbeiten mit eingeschränktem Personalbestand weiter.

Deutschland schlägt los

Die militärische Aktion hat an verschiedenen Stellen begonnen

Warschau, 1. d. (United Preß.) Das polnische Außenministerium gibt folgende Erklärung heraus: „Kurz nach 7 Uhr morgens begannen die deutschen Truppen eine militärische Aktion an verschiedenen Punkten der Grenze. Es handelt sich zweifellos um einen deutschen Angriff gegen Polen. Der Kampf ist im Begriffe, sich zu entwickeln."

Die deutsche Mitteilung

Spt. **Berlin**, 1. d. In einer Sondermeldung des deutschen Rundfunks wurde am Freitagmittag bekanntgegeben: „Die deutsche Wehrmacht hat den aktiven Schutz des Reiches übernommen. In Erfüllung ihres Auftrages, der polnischen Gewalt Einhalt zu gebieten, sind Truppen des deutschen Reiches heute früh über alle deutsch-polnischen Grenzen zum Gegenangriff angetreten. Gleichzeitig sind Geschwader der Luftwaffe zum Niederkämpfen militärischer Ziele in Polen gestartet. Die Kriegsmarine hat den Schutz der Ostsee übernommen."

Luftbombardements

An maßgebender Stelle wird erklärt, daß heute morgen um 4 Uhr 30 fünf verschiedene Orte Polens einem Luftbombardement unterworfen wurden. Die Bombardements seien von einer verhältnismäßig geringen Zahl deutscher Bomber ausgeführt worden. Der angerichtete Schaden ist zurzeit noch unbekannt und die Namen der bombardierten Ortschaften werden noch nicht bekanntgegeben.

Kattowitz, Gdingen, Krakau bombardiert

Warschau, 1. d. (United Preß.) Wie angekündigt wird, haben deutsche Flugzeuge den Lufthafen von Kattowitz bombardiert und drei Bomben über Gdingen abgeworfen, die jedoch ins Meer fielen. Auch Krakau ist bombardiert worden. Der Umfang des Schadens ist nicht bekannt.

Man hat in Warschau den Eindruck, daß die Luftangriffe keinen sehr ernsten Charakter trugen und möglicherweise darauf berechnet waren, Eindruck auf das polnische Volk zu machen. So wird jedoch der United-Preß-Korrespondent am Fenster seines Hotelzimmers feststellen kann, scheint die Bevölkerung nicht im geringsten beeindruckt.

Bestätigungen

Paris, 1. d. (United Preß.) Die amerikanische Botschaft in Warschau bestätigt offiziell, daß fünf polnische Städte bombardiert worden seien und daß Danzig besetzt sei.

ag. **Bern**, 1. d. Die polnische Gesandtschaft in Bern teilt mit: „Am Freitagmorgen 8 Uhr 18 hat die deutsche Armee die polnische Grenze an vier Orten überschritten.

Hitler hat in seinem Appell von einer angeblichen Verletzung der Grenze durch Polen gesprochen. Dies ist eine notorische Lüge. Die angebliche terroristische Bande in Gleiwitz ist eine Erfindung des deutschen Generalstabs.

Auf Grund der Pressenachrichten wurden heute morgen die folgenden offenen polnischen Städte bombardiert: Krakau, Kattowotz, Grodno, Pusk und Tjew. Es entstand kein beträchtlicher Schaden."

ag. **Warschau**, 1. d. Die Agentur Pat teilt mit: Von deutscher Seite wurden die ersten Angriffshandlungen

in der Nacht zum Freitag

begangen. Die deutsche Luftwaffe ging zum Angriff über durch Bombenabwurf auf den polnischen Küstenort Puck in der Umgebung von Gdingen, der die Zerstörung des Flugplatzes zum Ziel hatte. Indessen entstand kein Schaden. Ztow in Pomerellen wurde ebenfalls bombardiert ohne Erfolg. Dann erfolgte ein deutscher Luftangriff auf die Stadt Biala Podlaska, in der Absicht, die dortige Fluggzeugfabrik zu treffen. Die Bomben verfehlten ihr Ziel. Drei Bomben wurden auch auf Gdingen abgeworfen, ohne daß sie ihr Ziel erreichten.

Gegen die Städte Ciechanow werden Aktionen der deutschen Truppen gemeldet, damit ist der deutsche Angriff auf Polen ein fait accompli.

England und Frankreich werden eingreifen

ag. **London**, 1. d. Offiziös wird mitgeteilt: In den offiziellen Kreisen wird betont, wenn die Proklamation Hitlers, wie es der Fall zu sein scheint, zu bedeuten habe, daß Deutschland an Polen den Krieg erklärt, so kann mit aller Autorität festgestellt werden, daß Großbritannien und Frankreich unbeugsam entschlossen sind, ihre Verpflichtungen gegenüber der polnischen Regierung bis zum äußersten zu erfüllen.

Die deutschen Behauptungen von Verhandlungen werden in London als völlig irreführend bezeichnet. Am 29. August hat der Reichskanzler dem britischen Botschafter mitgeteilt, er erwarte, daß ein polnischer Bevollmächtigter mit allen Vollmachten zu Verhandlungen in Berlin eintreffen werde, um über eine Regelung zu verhandeln. Die polnische Regierung war natürlich nicht geneigt, sich in eine solche demütigende Stellung zu begeben.

Die englische Stellungnahme kann kurz in folgender Weise umschrieben werden: Wenn die deutsche Regierung aufrichtig den Willen hat, den Konflikt durch Verhandlungen zu regeln, so würde sie nicht ein Verfahren eingeschlagen haben, das den Charakter eines Ultimatums hat. Sie würde dann im Gegenteil Verhandlungen mit der polnischen Regierung eröffnen, wie es das normale Verfahren zwischen zivilisierten Regierungen ist. Die heute morgen erfolgten Bekanntmachungen sind bisher der polnischen Regierung nicht übermittelt worden, so daß Warschau auch nicht geprüft hat, ob sie die

Kriegszustand zwischen Deutschland und den Westmächten

Ultimatum an Deutschland erfolglos / Erklärung Chamberlains: „Ich bin gewiß, daß das Recht siegen wird" / Die britische Flotte in Aktion / Enthüllungen des englischen Weißbuches / Slowakische Widerstände gegen Deutschland / Scharfe Preis- und Ausfuhrkontrolle der Schweiz

Polens mutige Verteidigung

Warschau, 3. September. (Privattel.) Die ersten Kriegstage waren für Warschau Tage außerordentlicher Aufregung und äußerster Nervenanspannung. Trotzdem ist die Bevölkerung unerschütterlich ruhig und diszipliniert. Seit dem ersten Flugalarm erfolgen alle paar Stunden neue Alarme. Schon Freitag nachmittag tobte über der Stadt ein

schwerer Luftkampf zwischen deutschen Bombern, polnischen Jagdfliegern und der Luftabwehr.

Eine deutsche Bombe traf in Warschau ein jüdisches Kinderheim. Mehrere Kinder sind tot oder verletzt. Tagsüber wurden zahlreiche offene polnische Städte bombardiert.

Bombenziele sind vorwiegend nichtmilitärische Objekte,

wie ein Bahnzug evakuierter Frauen und Kinder bei Kutno aus 50 Meter Höhe, die katholische Kirche in Grodno usw. Insgesamt wurden

schon am Freitag 32 deutsche Flugzeuge abgeschossen.

Zu schweren Kämpfen kam es an zahlreichen Grenzstellen, wo die Deutschen vorzustoßen versuchten, besonders in Schlesien. Ein deutscher Panzerzug wurde erobert. Eine polnische Kompagnie verteidigte erfolgreich die Westernplatte bei Danzig gegen deutsche Angriffe.

Die Empörung über den beispiellosen deutschen Gewaltakt

und die unvorstellbare Brutalität ist unbeschreiblich. Kein Pole zweifelt an schneller Westmächtehilfe und am Endsieg

Weitere schwere deutsche Bombenangriffe

Warschau, 3. September. (Exchange.) Wie hier verlautet, fanden wiederholt schwere Bombenangriffe auf Warschau, Krakau und Posen statt. Von besonderer Heftigkeit waren die Angriffe auf Gdingen. Dazu verlautet amtlich, daß bei [illegible]

werke von Neufahrwasser bei Danzig an der Mündung der Vistula (Weichsel) erobert.

Polnischer Heeresbericht

Warschau, 3. September. (Exchange.) In den Kämpfen des Samstags und der vergangenen Nacht wurden insgesamt etwas mehr als 100 deutsche Tanks niedergekämpft und insgesamt 34 deutsche Kampfmaschinen zur Erde gebracht. Von den Deutschen wurden bisher

94 Flugangriffe auf polnische Städte und Dörfer

durchgeführt, die 130 Tote und eine große Zahl Verwundeter forderten. Die Bombardierung unbefestigter Städte durch deutsche Kampfgeschwader wurde zahlreich wiederholt.

Rydz-Smigly oberster Führer der Armee

Warschau, 3. September. ag. (Pat.) Der Präsident der Republik hat Marschall Rydz-Smigly, bisher Generalinspektor der polnischen Streitkräfte, vom 1. September an zum obersten Führer der Armee ernannt.

Der Präsident der Republik hat folgendes Dekret unterzeichnet. Gestützt auf das Verfassungsgesetz ernenne ich Marschall Rydz-Smigly zum Nachfolger des Präsidenten der Republik, falls der Posten des Präsidenten verwaist würde.

Der Präsident hat über ganz Polen den Kriegszustand verhängt.

Erklärung des polnischen Parlamentes

Warschau, 3. September. ag. (Havas.) Bei der Eröffnung der außerordentlichen Tagung des Landtages verlas Ministerpräsident General Skladkowski eine Erklärung, in der es heißt: „Die Lage ist klar. Nicht wir haben den Krieg begonnen.

Wir sind angegriffen worden und wir werden kämpfen.

Die gesamte Regierung steht dem obersten Befehlshaber der Armee für den Kampf gegen den Feind zur Verfügung. Wir sind ruhig und haben keine [illegible]

Zensur wird jeden Augenblick erwartet.

Hitler geht an die Front

Berlin, 3. September. (United Preß.) In einer an die Ostarmee erlassenen Proklamation erklärt Hitler, daß er sich nun an die Ostfront begebe.

1500 Opfer der deutschen Bomber

Warschau, 3. Seeptember. (United Preß.) In einer nach Amerika gerichteten Warschauer Radiosendung wird erklärt, daß die Zahl der Opfer der deutschen Luftangriffe amtlicherseits bisher auf 1500 Tote und Verwundete geschätzt werde. Auf Warschau entfielen davon 16 Tote und Verwundete.

Wie die Regierung ankündigt, sind insgesamt 21 Bomben über Warschau abgeworfen worden. Zwei davon explodierten auf dem Militärfriedhof, 13 in den Offiziers- und Familienquartieren des Militärflugplatzes und 20 in der Umgebung. Weiter sei ein auf dem Felde arbeitender Traktor mit Bomben beworfen und mit Maschinengewehrfeuer belegt worden.

Das britische Ultimatum an Deutschland

London, 3. September. ag. (Havas.) Das Auswärtige Amt teilt mit:

Dem britischen Botschafter in Berlin wurde Weisung gegeben, der deutschen Regierung zur Kenntnis zu bringen, daß die britische Regierung nicht zögern werde, ihren Verpflichtungen gegenüber Polen nachzukommen, sofern die deutsche Regierung der englischen Regierung nicht zufriedenstellende Zusicherungen abgebe, wonach die deutsche Regierung sich bereit erklärt,

jede Angriffshandlung gegen Polen sofort einzustellen und die deutschen Truppen aus Polen zurückzuziehen.

Der englische Botschafter in Berlin brachte der deutschen Regierung zur Kenntnis, daß wenn die deutsche Regierung nicht

vor 11 Uhr am Sonntag

zufriedenstellende Zusicherungen abgegeben habe, der Kriegszustand zwischen den beiden Länder von 11 Uhr ab in Kraft trete.

Deutsche Antwort: „England ist schuld"

Berlin, 3. September. (United Preß.) Die deutsche Regierung hat nunmehr eine Antwort auf das britische Ultimatum erteilt, in der die Schuld für die nun entstandene Situation dem britischen Kabinett zugeschrieben wird.

Chamberlains entscheidende Erklärung

„Ich kann Ihnen sagen," heißt es in der Erklärung, die Chamberlain um 11.15 Uhr abgab, „daß Deutschland die von uns geforderte Verpflichtung nicht eingegangen ist. Folglich

befindet sich England mit Deutschland im Krieg.

Sie können sich denken, was für ein fürchterlicher Schlag dies für uns bedeutet, da ich mein ganzes [illegible]

Gewalt aufgehalten werden. Heute werden Frankreich und England ihre Verpflichtung gegenüber Polen erfüllen.

Es liegt auf der Hand, daß wir alles nur mögliche getan haben, um den Frieden zu retten. Die Lage ist so, daß man

kein Vertrauen in den Führer setzen kann.

Während die Weltgeschichte ihren Lauf nahm, richtete sich die Schweizer Armee in ihren Verteidigungsstellungen ein, besser gerüstet als 1914.

Da es ausgesprochene Verteidigungsübungen waren – beide Divisionen wurden als Defensivtruppen in benachbarten Abschnitten eingesetzt –, ließ der General ein Überfalldetachement bilden, um Stäbe und Truppen ständig in Alarmbereitschaft zu halten. Es handelte sich um motorisierte Einheiten, die von Fliegern unterstützt wurden. Der Manöverabschnitt erstreckte sich von den Höhen am Nordufer des Thunersees (Beatenberg) längs der Reduitfront durch die Berner und Freiburger Voralpen.

Die Lehren aus den Reduitmanövern

General Guisan faßte sie wie folgt zusammen:

«Die zu Ende gegangenen Manöver stellten eine ‹Hauptprobe› dar; sie haben jedem Kommandanten und jedem einzelnen Soldaten unmittelbar nach dem Einrücken Gelegenheit geboten, seine Kampfstellung zu beziehen – mit dem Gefühl der Zusammengehörigkeit in der Einheit, im Truppenkörper, in der Division –, von einem Ende dieses ausgedehnten Abschnitts bis zum andern. Man hat auf diese Weise die Zeiten für die Mobilmachung, die Märsche und den Stellungsbezug – wobei nicht alle Mittel, und insbesondere die Pferde, nicht sofort verfügbar waren – kontrollieren können; ferner die Organisation der Verteidigung und die Anpassung der Feuerpläne; die Vorkehrungen für die Verteidigung bei Tag und bei Nacht; das ‹Leben› in der Stellung und die zu diesem Zweck am Anfang des Winters notwendigen Verbesserungen; die Organisation der Kommandoposten, der Verbindungen und der Übermittlung; die Tarnung gegen Erd- und Fliegersicht; den Nach- und Rückschub und das Funktionieren der Rückwärtigen Dienste im allgemeinen.

Es war aber auch wichtig, die moralische und psychologische Seite dieser Erfahrungen zu betonen. Von jetzt an hatte jeder Kämpfer im Reduit seinen Kampfposten, seine umschriebene Aufgabe, für die er seinen Nachbarn und dem Ganzen gegenüber verantwortlich war. Bei einem Überfall mußten alle seine Anstrengungen darauf gerichtet sein, diesen Posten zu erreichen, ihn so rasch als möglich unter den bestmöglichen Bedingungen zu besetzen und dann zu ‹halten›.

Mit der durch das Überfalldetachement gebildeten roten Partei hatte ich ebenfalls nicht darnach getrachtet, auch nur in einem räumlich und zeitlich eingeschränkten Rahmen einen wirklichen Angriff im Stil des Jahres 1940, so wie er gegen uns ausgelöst werden könnte, darzustellen. Bei dieser ‹Hauptprobe› bedeuteten die Unternehmungen dieses Detachements nicht einmal einen ‹ersten Akt›, sondern lediglich ein ‹Aufziehen des Vorhangs›. Es spielte gewissermaßen die Rolle einer leichten Vorhut, die vor allen Dingen eine Überraschungswirkung erzielen konnte. Es gelang diesem Detachement in der Tat, in verschiedenen Verteidigungsorganisationen Verwirrung zu stiften und gewisse Breschen zu öffnen. Ich legte natürlich Wert darauf, festzustellen, daß in Wirklichkeit die eigentliche Prüfung erst nach dem ‹Aufziehen des Vorhangs› beginnen und nicht nur diese wenigstens aus der Theorie der Lehren von den Kriegsschauplätzen bekannten Panzer- und Fliegerangriffe umfassen würde, sondern auch die Angriffe einer speziell ausgebildeten, mit dem Kampf im Gebirge vertrauten und mit modernem Kriegsmaterial ausgerüsteten Infanterie. Es wäre deshalb, fügte ich bei, eine gefährliche Illusion, zu glauben, daß unsere Reduittruppen bei der Erfüllung ihres Auftrags lediglich Handstreiche von Detachementen von der Art des im Verlaufe dieser Manöver eingesetzten abzuwehren hätten; und ich schloß mit folgenden Worten:

Als das Pferd in der Armee noch unentbehrlich war: berittener Spähtrupp in den Herbstmanövern 1940, den ersten des Aktivdienstes. Der Karabiner hängt griffbereit am rechten Halfter.

Nächtliches Maschinengewehrschießen im Aktivdienst. Deutlich ist zuhinterst das Mündungsfeuer einer Leuchtspurgarbe zu sehen.

75-mm-Fliegerabwehr im teilweise getarnten Unterstand. Die Flab-Waffe wurde während des Aktivdienstes recht eigentlich aufgebaut. Mehrmals mußte sie gegen fremde Flugzeuge vorgehen, die in den schweizerischen Luftraum eingedrungen waren.

Dr. Hans Rudolf Schmid, der Verfasser dieses Erlebnisberichts, war der Pressechef von General Guisan.

Wenn nötig Stauwehr öffnen...

Ein Offizier berichtet, wie es in den Armeekorpsmanövern von 1940 zuging.

Anmarsch in der Nacht

Fernes Gerassel vom Berg läßt ahnen, daß Truppenverschiebungen vor sich gehen. Wir steigen durch die mondhelle Nacht gegen den Wald empor. Das Pferdegetrappel hat sich unterdessen entfernt, neues Geräusch erhebt sich, es müssen noch mehr Fuhrwerke im Anmarsch sein. Im Wald föhnt ein heißer Wind durch die Tannen. Es ist stockdunkel auf der Waldstraße, da und dort liegt heller Mondschein am Boden, der die Dunkelheit noch dunkler erscheinen läßt. Da blitzt ein Lichtlein auf, man erkennt für einen Augenblick den Stahlhelm mit der Feindsbinde drauf. Ein Radfahrer hat sich eine Zigarette angezündet. In der Dunkelheit hätte man ihn kaum beachtet. Er ist Wegweiser.

Weiter vorn stehen noch mehr solcher Wegweiser. Überall dort, wo Straßen auseinandergehen, sind sie postiert. Wer eine Ahnung davon hat, was im Manöver und im Krieg der Zeitverlust durch Wegverfehlungen bedeutet, weiß auch, wie wichtig diese Wegweiser sind. Nun schwirrt ein Trupp Radfahrer vorbei, ohne Licht. Dann kommen ein paar Kompanien, dahinter der Troß und die Küchen. Bald könnte man den Vormarsch an den Karrengeleisen der Waldstraße erkennen. Sie kommen alle aus dem Tälchen drüben, wo die Sappeure rasch eine Notbrücke über den Fluß erstellten. Das Flußbett war zwar fast trocken, doch schwoll es mit einemmal an und hätte den niedrigen Steg beinahe fortgeschwemmt.

Der blaue Verteidiger hatte nämlich den Flußübergang bemerkt. Er war zu weit weg, um ihn anders als durch seine Artillerie bekämpfen zu können. Er tat ein weiteres: Er ließ ein Stauwehr, das viele Kilometer flußaufwärts in seinem Befehlsbereich lag, rasch um einen Meter senken, so daß wenigstens für eine kurze Zeit ein beträchtlicher Wasserschwall das Flußbett hinabreiste.

In der Verteidigungsstellung

Also los! Wir verfolgen den Vormarsch der roten Truppen. Flieger surren über uns, aber sie bekommen von diesen Truppen wohl kaum etwas zu Gesicht. Diese stehen in den Dörfern, in den Wäldern, in den Gebüschen und graben sich ein. Weiter vorn, gegen die Abwehrfront von Blau zu, liegt hinter jedem Busch ein Schütze. Dort hat man Kontakt, ab und zu löst sich ein Schuß.

Wir überfahren die Frontlinie und gelangen in das erste «blaue» Dorf. Das ist für ein Auto nicht leicht. Die Eingänge sind verbarrikadiert, hurtig haben die Truppen baumstammdicke Pfähle in mehreren Reihen quer über die Asphaltstraße eingerammt. Eine Tanksperre, daneben ein Schützennest. Ein Maschinengewehr ist auf uns gerichtet. Ein Soldat kriecht hervor und deutet, daß wir um eine Scheune und um einen Miststock herumfahren sollen, um unsere Reise fortsetzen zu können. Im Dorf drin ist alles für eine Belagerung und Verteidigung vorbereitet. Die Tanksperren wiederholen sich; Stacheldrahtrollen sind quer über alle Straßen und Wege gelegt, die ins Dorf führen. Auf dem Platz, wo alle Wege zusammenkommen, ist noch eine Barrikade aus Baumstämmen und Sandsäcken zusammengefügt. Wenn man sich umsieht, bemerkt man auch da und dort die Abwehrwaffen, die zu diesen Hindernissen gehören: Am Hang dort hinten schaut die Mündung einer Infanteriekanone aus dem Gartengebüsch. Zwischen Sandsäcken, die ein Kellerfenster umschließen, guckt das Rohr eines Lmg heraus. Oben auf dem Kirchturm hat sich ein Beobachtungsposten niedergelassen. Man sieht nichts von ihm, die Jalousien der Turmfenster bleiben gesenkt wie sie sind.

Kinder stehen umher und erfinden neue Spiele. Die Mädchen schlüpfen durch die Stacheldrahtrollen, die selbstverständlich friedensmäßig hingelegt und nur lose befestigt sind, und wer ohne Schranz und Schramme aus dieser luftigen und dornigen Röhre herauskommt, ist Sieger.

Wir besuchen einen andern Abschnitt, verfolgen eine zusammengefahrene, holperige Straße, die über die Anhöhe führt. Die blauen Autoparks sind in der Nähe des einsamen Bergwirtshauses zusammengepfercht, die Namensaufschrift des Hauses ist überklebt, kein Mensch scheint dazusein, und doch ist alles voller Truppen. Aha, nun bewegen sich die Leute in ihrer Deckung. Aus den Gurten der Segeltuchblachen, aus den Türfugen der Personenwagen wachsen die gleichen Zweige heraus, die auch auf den Stahlhelmen zu sprießen scheinen. Truppen werden in Camions verfrachtet und nach vorn geworfen, wo an den Waldrändern eifrig geschaufelt wird. Man arbeitet hier offenbar in Schichten; denn neben den Grabenden liegen Tagesschläfer, eingehüllt in warme Decken.

Angriff im Morgengrauen

Wir stehen schon um drei Uhr auf; ziemlich sicher erfolgt bei Tagesanbruch der Angriff von Rot auf die blauen Stellungen. Wieder fahren wir durch den Aufmarsch von Rot hindurch. Der Angreifer hat sich seit gestern stark vorgearbeitet. In erleuchteten Scheunen und Ställen stehen die Pferde der Trains und der Artillerie; im Kriegsfall würde man diese Lichter natürlich ausblasen.

Im Halbdunkel erkennen wir die langsam vorrückenden Angreifer. Oben am Wiesenhorizont schleichen Kämpfer bergan, einige davon tragen Maschinengewehre auf der Schulter, sinken beim Gehen absichtlich tief in die Knie, um von jenseits der Krete nicht beobachtet zu werden.

Es tagt. Eine seltsame, brandrote Dämmerung erfüllt die Luft; unser Hügelland kehrt in die Wirklichkeit des Tages zurück, hinter den Alpen liegt ein feuriger Lichtstreifen, und drunten im breiten Tal schwimmt ein weißes Nebelmeer, aus dem die Höhenzüge wie graugrüne Raupen hervortreten. Das Herbstföhnwetter hält an. Ein zweiter Manövertag voll Sonne, Wärme und Fernsicht ist unserer Truppe beschieden.

Überall regt sich's. Kleinere und größere Trupps mit Helmbinden lösen sich aus der Erde, aus den Gebüschen, aus den Vertiefungen des Geländes heraus, klettern und kriechen bergan. Aber sie werden bei den Berghöfen zurückgehalten. Dort überfällt sie das Feuer des Verteidigers. Immer wieder müssen sie zurück. Zwischen dem Geknatter und dem Taktaktak der Maschinengewehre vernimmt man ein leises Brummen aus der Höhe. Noch sind die Flieger unsichtbar; im nächsten Augenblick stechen sie herab, drei Doppeldecker, hinter ihnen weitere Staffeln, die im Tiefflug über uns hinwegsausen. Wenn jetzt Krieg und nicht Manöver wäre, würden aus den Propellerachsen Feuerströme auf uns niederprasseln. Es dauert nur einen Augenblick. Die Flugzeuge biegen in die Schlucht ein und entschwinden unserm Blick. Die Fliegerabwehr auf den Anhöhen drüben bei Blau ist nicht untätig, aber man hört sie nicht. Sonst hätte sie mit gewichtiger Stimme zu dem Konzert beigetragen, und der eine oder andere Apparat läge zerfetzt in den Bäumen der Waldschlucht...

Wir suchen bei Blau die Schützennester ab und stoßen beim Heraustreten aus einer Waldlichtung auf den General, der mit den Offizieren seines Stabes den Manövern folgt. Rot ist in kleinen Trupps über den Wildbach vorgestoßen und sitzt den blauen Verteidigern stellenweise schon im Rücken.

Übungsabbruch

Um 9 Uhr morgens hat Rot das befestigte Dorf genommen. Gleichzeitig kommt der Befehl: Die Übung ist abgebrochen. Nun kriechen sie aus allen Löchern hervor. Es war ein Höllenlärm in den Straßen, aber kaum ein Mensch zu sehen außer ein paar Schiedsrichtern und ihren Ordonnanzen; nun ist sie voll von Soldaten, die den Stahlhelm an den Arm gehängt und die Mütze aufgesetzt haben. Dann sammeln sich die Einheiten zum Abmarsch. *Hans Rudolf Schmid*

‹Die Heftigkeit und das Ausmaß der Angriffe, die gegen unser Land in die Wege geleitet werden könnten, dürfen nach den Erfahrungen dieser Manöver nicht unterschätzt werden. Aber auch der Wert und die Trümpfe unserer Verteidigung nicht. Jeder von uns hat Gelegenheit gehabt, einmal mehr die natürliche Stärke der Abwehrfront des Reduits festzustellen: die Engpässe, die der Gegner nicht umgehen kann und wo unsere Sperren und Zerstörungen eine wesentliche Rolle spielen werden; die Werke und Stände, die Hindernisse und die Tarnungen. Ich schöpfe daraus, wie Ihr selbst, begründetes Vertrauen.

Aber es ist wichtig, daß unsere Verteidigung sich nicht auf diese natürliche Stärke allein stützt und daß sie nicht einen passiven Charakter annimmt. Ich hatte da und dort den Eindruck, daß die Reaktion des Verteidigers weder stark noch rasch genug erfolgte. Es gibt keinen Abschnitt und keinen Kampfstand, wo nicht eine Reihe von Maßnahmen zur Bekämpfung der Panzer zu treffen wären; es müssen initiativere und besser ausgebildete Panzerabwehrtrupps gebildet werden, und bis zur untersten Stufe muß der Geist des Zurückschlagens eingepflanzt werden.

Ich zähle auf jeden von Euch, daß Ihr die wenigen, kurzen und darum um so wertvolleren Tage, die Ihr im Reduit verbringt, in diesem Sinne ausnützt, um in Euch selbst und in Eurer Truppe diesen Geist des aktiven Widerstandes noch zu verstärken.›

Wenn ich mich mit einiger Ausführlichkeit über die Themen dieser Manöver und über die Erfahrungen, die sie uns vermittelten, verbreitet habe, so geschah dies, um ihre Bedeutung in jener Zeit – im Herbst 1940 –, wo Mittel und Methoden für einen wirklich aktiven Widerstand uns zum Teil noch fehlten, darzutun. Wir besaßen in der Tat nur wenige Flammenwerfer und keine Panzerwurfgranaten; unsere Truppen hatten noch nicht systematisch im Nahkampf ausgebildet werden können, und unsere Grenadierkompanien waren noch nicht aufgestellt. Aber es war nicht zu früh, um, trotz unserer unvollkommenen Mittel, unseren Kommandanten den Geist dieser aktiven und, wie wir später zu sagen pflegten, aggressiven Verteidigung einzuflößen.»

Oben: Manöver im Säntisgebiet während des Aktivdienstes: Mit Flammenwerfern gehen die Grenadiere gegen eine feindliche Stellung vor.

Unten: Panzermanöver im Petardenrauch; der Praga-Panzer («Panzerwagen 39») rückt vor.

Kleine Übungen – wichtige Lehren

Als nach und nach die Gefechtsfelder im Reduit vorbereitet und die Stellungen sowie Hindernisse ausgebaut waren, folgten zahlreiche kleinere Manöverübungen, vorwiegend im Regimentsverband, sowie – besonders wichtig – Mobilmachungs- und Alarmübungen einzelner Divisionen, die lebensnahe Aufschlüsse über die technische und administrative Seite der Mobilmachungen sowie über Schwachstellen aller Art brachten. Selbst als der General 1945 seinen Aktivdienstbericht schrieb, mochte er (wahrscheinlich aus Geheimhaltungsgründen) noch keine näheren Angaben über die teilweise recht ernüchternden Ergebnisse dieser Alarmübungen geben. Aus der Distanz von mehr als 30 Jahren ist es nun aber möglich, anhand der damals geheimen Manöverberichte an einem konkreten Beispiel zu zeigen, welche wichtigen Lehren aus diesen Übungen gezogen wurden.

Wir wählen als Beispiel eine Alarmübung der 6. Division unter der Leitung von Divisionär Constam. Diese fand am 18. und 19. Februar 1941 bei hochwinterlichen Verhältnissen im Raum Arth/Schwyz/Sattel/Ägeri/oberer Zürichsee statt.

Die Übung begann wie ein normales Einrücken. Die Truppe reiste in Extrazügen. Aber bevor sie ihre Bestimmungsorte (Schwyz, Sattel, Sihlbrugg und Au ZH) erreichte, griffen Flieger die Bahnlinie an und zerstörten (supponiert) Brücken und Bahnhöfe. Die Züge stoppten, die Mannschaft mußte sofort in Fliegerdeckung eilen, sich zu Marschpaketen formieren und, nach oben geschützt, ihre Depotstandorte in stundenlangen Fußmärschen erreichen. Im Schutz der Dunkelheit hatte die Truppe dann ihre Stellungen zu beziehen und sich feuerbereit zu machen; außerdem waren zusätzliche Tankhindernisse zu bauen, eine Aufgabe, die in den Ortschaften den Ortswehren zufiel.

Constams Schlußbericht zeigt, daß in solchen Übungen die Schwachstellen recht genau hervortraten und die gewonnenen Verbesserungsvorschläge stark ins Detail gingen. Dies, obwohl die betreffende Alarmübung aus zwei Gründen nicht ganz realistisch sein konnte: Einmal waren nur etwa 40 Prozent des Pferde-Sollbestandes verfügbar, zum andern war die Zahl der als «Angreifer» mitwirkenden Kampfflugzeuge viel zu gering, als daß sie kriegsechte Angriffs- und Bedrohungsatmosphäre hätten schaffen können. An manchen Orten ließ deshalb die Organisation des passiven Fliegerschutzes zu wünschen übrig. Divisionär Constam nennt als Beispiel den Motorfahrzeug-Einschatzungsplatz Küßnacht am Rigi:

«Dort wurden zahlreiche Fahrzeuge in wunderbarer Ordnung, aber auf völlig offenem Platze aufgestellt. (...) Auch bei Infanterie und Feldartillerie ist während der Mobilmachung durch das unbesorgte Herumlaufen von Kader und Mannschaft gesündigt worden. Genügend scharfe Begriffe über Fliegeralarm, das damit verbundene sofortige Verschwinden in Fliegerdekkung und die damit zusammenhängenden Polizeimaßnahmen fehlen. Es sind Dinge, die durch Belehrung und Befehle nur unvollkommen durchgesetzt werden können, deren unbedingte Notwendigkeit die Truppe aber dann begreift, wenn genügend Flieger zur Verfügung stehen, um ihr die Sache klar vor Augen zu führen.»

Aus dieser Übung ergaben sich auch klare Vorgaben für eine bessere Organisation der Truppensammelplätze und der Depots. Das Fehlen ständiger Minenanlagen an bedeutsamen Brückenübergängen über die Sihl und von Zerstörungsvorrichtungen an wichtigen Punkten der Südostbahn rächte sich; außerdem war zu erfahren, daß viele Sappeureinheiten im Anbringen der Ladungen und der Organisation der Zündung noch zuwenig geübt waren. Schließlich zeigten die Ortswehren in den Dörfern und Städten des Übungsgebiets ihre Grenzen. Divisionär Constam:

«Die Ortswehren haben mit Interesse und Eifer gearbeitet und waren besonders auch für die Instruktion dankbar. Man darf sich aber durch den guten Willen nicht blenden lassen und muß sich darüber klar sein, daß man es hier mit einer Organisation zu tun hat, die ausschließlich für das Einsetzen der Tankbarrikaden und ihre Bewachung bis zum Eintreffen der Truppe verwendet werden kann. Unter Umständen eignen sich die Ortswehren auch zur Unterstützung der Polizei bei Verhaftung und Bewachung unzuverlässiger Elemente, vielleicht auch zur Bewachung von Bahnhöfen und Telephonstationen und für die Besetzung von Beobachtungsposten. Ihre Verwendung zu irgendwelchen Aufgaben, die sie mit dem Feind in Kontakt bringen, müßte mangels genügender militärischer Ausbildung unweigerlich zu einem vollständigen Fiasko führen.»

Zu guter Letzt ergaben sich aus dieser manöverähnlichen Übung zahlreiche Lehren über die notwendige Um- und Zusatzbewaffnung der verschiedensten Truppenteile sowie über die Unentbehrlichkeit der Leichten Fliegerabwehr, welche die marschierende Truppe nach oben deckt. Constam forderte für sein Divisionsgebiet nicht weniger als 36 mobile Flabgeschütze von 20 und 40 mm Kaliber!

Manöverszenen, von unten erlebt, wie sie ein kleines, stark verbreitetes Witzbüchlein schilderte. Mit Humor ging's eben schon damals besser...

Übungsbesprechung: «Uf dä scharf Tubak abe han-ich s Gfühl, de Türgg seig abverreckt – jetze nimmts mich aber numeno Wunder, i wellere Form mers eus bringt!»

Manöver: «... d Uebigsleitig gaht mich nüüt aa – mir hät mer gseit, de Find heig wiißi Binde und da ine chunnt mer niemer!»

Schwer bepackt bahnt sich eine Trainkolonne ihren Pfad durch tiefverschneite Jura-Höhen. Kein großes Ereignis, und doch ein wichtiges Bild! Denn so haften die Erinnerungen in den Herzen vieler hunderttausend Aktivdienstsoldaten.

Aus vielen ähnlichen Berichten von Übungen der verschiedensten Heereseinheiten und kleinerer Truppenteile gewann der Oberbefehlshaber ein buntscheckiges, aber wirklichkeitsgetreues Bild über den Zustand seiner Armee und realistische Anhaltspunkte für laufende Reorganisationsmaßnahmen.

Später, 1942, wollte der General weitere ähnliche Übungen durchführen, doch der Bundesrat war zunächst aus außen- und innenpolitischen Gründen dagegen: Er fürchtete, diese Manöver würden Deutschland provozieren. General Guisan bestand aber auf seinem Vorhaben und konnte sich schließlich durchsetzen.

Schwäche auf breiten Fronten

«Im Verlaufe von Herbst und Winter 1940/41 wurden Übungen in der ‹vorgeschobenen Stellung› durchgeführt. Sie gestatteten Anfang Oktober an der Saane der Leichten Division ad hoc festzustellen, was die Kommandanten der Leichten Truppen, insbesondere in bezug auf Befehlstechnik und Übermittlung, sich noch anzueignen hatten, bis sie aus der Geschwindigkeit ihrer Mittel das Maximum herausholen könnten. Sie machten auch die Unvollkommenheit der Transportmittel unserer Leichten Einheiten augenscheinlich, die statt über Kampffahrzeuge nur über requirierte Personenwagen verfügten.

Im Winter leitete der Kommandant des 2. Armeekorps große Manöver im Jura: Die rote 4. Division griff von der Schleife von Möhlin aus, wo sie nach der Manöverannahme den Rhein überschritten hatte, die blaue 5. Division an, welche die Übergänge des Aargauer Juras in ihrem ‹Kriegsabschnitt› der ‹vorgeschobenen Stellung› verteidigte. Die Erfahrung zeigte, wie schwierig es für die Verteidigung war, eine verhältnismäßig breite Front überall gleich sorgfältig zu überwachen, bei einem noch unvollständig organisierten Gefechtsfeld, und sie ließ abschätzen, was wir an Menschen und Material hätten opfern müssen, um auf dieser vom Reduit weit abgelegenen Front einen dauerhaften Widerstand leisten zu können.

Eine Reihe von im Februar und März im Abschnitt der 2. Division durchgeführten Übungen hatte zum Ziel, die Widerstandsfähigkeit dieser gleichen Stellung in einem der verwundbarsten Abschnitte, der Gegend des Vully und derjenigen von Murten bis zur Saane, auf die Probe zu stellen. Aber alle diese Übungen und Manöver in der vorgeschobenen Stellung – wie übrigens auch diejenigen, die das 4. Armeekorps im Februar mit der 7. Division und der Gruppe Glärnisch in der Gegend von Einsiedeln durchführte – verfolgten andere Ziele als die Überprüfung des Wertes dieser oder jener Stellung. Es handelte sich vor allen Dingen darum, den Kommandanten Gelegenheit zu geben, Lagen zu beurteilen und daraufhin ihre Entschlüsse in die Tat umzusetzen, mit Beständen, die so groß waren, wie die Beurlaubungen es gestatteten; und für die Truppe handelte es sich darum, ihre Ausdauer zu entwickeln.

Das Jahr 1942, während welchem der Ablösungsplan grundsätzlich nur Gruppen in der Stärke einer Brigade oder eines verstärkten Regiments unter die Waffen rief, erlaubte keine Manöver großen Stils. Aber man benützte ‹Überschneidungen› von einander ablösenden Truppen, um unter der Leitung von Heereseinheitskommandanten Übungen auf Gegenseitigkeit durchzuführen, bei denen gewisse Parteien Divisionsstärke erreichten. Diese Übungen spielten sich im Mittelland und insbesondere im Kanton Freiburg ab. Die Großzahl der Regimenter der 1., 2. und 3. Division nahm daran teil, zusammen mit der Leichten Brigade 1. Man machte damals mit provisorischen Rekrutenregimentern ziemlich unangenehme Erfahrungen; es zeigte sich die ungenügende physische Widerstandsfähigkeit der jungen Soldaten nach Abschluß ihrer Rekrutenschule» (aus dem Bericht General Guisans über den Aktivdienst).

Die Feder ständig spannen...

Im Herbst 1943 verschärfte sich die Kriegsbedrohung für die Schweiz wieder. Die Alliierten hatten in Italien Fuß gefaßt und rückten nordwärts vor. Würden die in zähen Kämpfen zurückweichenden deutschen Truppen schließlich schweizerisches Gebiet besetzen? Angesichts solcher Möglichkeiten war das Reduit nicht mehr als reine Verteidigungsstellung, sondern auch als Ausgangsbasis für Operationen im offenen Felde zu betrachten. Den General beunruhigte die Frage, ob die Reduitarmee dazu noch imstande war. Die Aktivdienstbestände waren abgebaut worden und die dienstleistenden Truppen mit ortsgebundenen Bewachungs- und Sicherungsaufgaben ausgelastet, so daß Manöver in großen Truppenverbänden nicht möglich schienen. Deshalb setzte Guisan Mitte November 1943 beim Bundesrat durch, daß er einzelne Divisionen, zeitlich gestaffelt, eigens für Manöver zu zehntägigen Spezialdiensten aufbieten konnte. Es begann die Reihe der außergewöhnlich harten und vielkritisierten Wintermanöver 1943/44.

Drei Truppenübungen gab es. Anfang Dezember 1943 übte die 7. Division zwischen Winterthur und Jona; der General hob nachher hervor, daß diese Übungen besonders auf dem Gebiet der Verkehrsprobleme bezeichnende Erfahrungen gebracht hatten.

Februar 1944: Die 1. Division mußte durch hohen Schnee aus dem Reduit abmarschieren. Einen Monat später übte die 4. Division auf den tiefverschneiten Anhöhen zwischen Sempacher- und Baldeggersee. «Geist und Körper kamen aus den Anspannungen nicht heraus», erinnerte sich General Guisan. «Man kam fast nie zum Schlafen, und eine glatte Schneeschicht machte die Märsche beschwerlich.»

Die Wintermanöver wurden zur harten Prüfung der Ausdauer. Der alte Witz, daß man die Schweizer Armee nicht bekämpfen müsse, weil sie nach wenigen Tagen infolge Schlafmangels erschöpft sei, sollte entkräftet werden. Guisan ging es darum, jedem Mann die Grenzen seiner Leistungsfähigkeit vorzuführen, die ja oft viel entfernter sind, als der einzelne glaubt. Er bestand darauf, daß die Truppenführer einen vernünftigen Zeittakt zwischen Marsch, Kampf und Ruhe durchsetzten und daß Nachschub und Verpflegung ausexerziert wurden. Bei dieser Gelegenheit lernten die Schweizer Wehrmänner ihren liebenswürdigen und leutseligen General von einer ganz anderen Seite kennen: als unerbittlich fordernden, harten Vorgesetzten.

General Guisan selber berichtet, wie er bei den Manövern der 1. Division auftrat: «Ich mußte recht heftig einschreiten gegen die zögernde Haltung und den Mangel an Schwung, mit dem gewisse Kommandanten die Manöver begannen. Es herrschte in der Gegend eine übrigens nicht schwere Grippe-Epidemie; ich wußte das, und ich wußte auch, daß der Winter streng war. Aber in ganz Europa standen und kämpften die Armeen unter viel schlimmeren Umständen. Auch unsere Soldaten konnten für ein paar Tage auf gewisse Bequemlichkeiten des Zivillebens verzichten, um Manöver durchzuführen. Sie hatten dies übrigens sehr gut begriffen. Ich bedauerte es deshalb um so mehr, daß gewisse zivile Elemente um sie herum versuchten, die Nützlichkeit dieser Anstrengung in Zweifel zu ziehen. Die Ausdauer ist eine Fähigkeit, die ziemlich rasch verschwindet, wenn ihre Feder nicht regelmäßig gespannt bleibt.»

Abschied vom Begegnungsgefecht

Auch im Kriegsjahr 1944 wurden vier Korpsmanöver (Division gegen Division) durchgeführt, bei denen es darauf ankam, die taktischen Lehren und Erfahrungen aus dem laufenden Krieg auf schweizerische Verhältnisse anzuwenden. So diente dem General zum Beispiel die geschickte Verteidigung der deutschen Infanterie in Elsaß-Lothringen gegen die alliierte Übermacht als Bestätigung für seine Auffassung, daß die ortskundige, auf Geländeausnützung bedachte und wetterfeste Infanterie auch einen mächtigeren Gegner in einen langen und erfolgversprechenden Abnützungskrieg verwickeln kann. Von daher rührte auch seine Skepsis gegenüber der alten, aus den Zeiten vor dem Ersten Weltkrieg stammenden schweizerischen Manövermethode, wonach sich zwei ungefähr gleich starke Gegner gegenüberstehen sollten.

«Das gab unseren Manövern», so der General, «diesen schematischen Ablauf – Vormarsch, Rückzug und dann noch einmal Vormarsch und noch einmal Rückzug im gleichen Abschnitt –, der an die Arbeitsweise einer Dampfwalze erinnert. Aber wenn man den Lehren des Krieges und den wahrscheinlichen Bedingungen, unter denen unsere Armee in den Krieg käme, Rechnung tragen wollte, so wurde es immer sicherer, daß unsere Truppen sich auf den Angriff eines an Zahl, Bewaffnung und Mitteln aller Art überlegenen Gegners vorbereiten mußten.»

Die Schlußfolgerungen, die Guisan aus den Aktivdienstmanövern zog, fanden zwar nicht auf Anhieb bei allen Korpskommandanten und Divisionären Gegenliebe, doch haben sie sich im Licht der seither gemachten Erfahrungen bewahrheitet. Manche sind auch im Zeitalter der atomaren Bedrohung und der neuen Kampfformen noch aktuell, manche sind dem Sinn nach in die geltende Einsatzdoktrin der Schweizer Armee eingeflossen, wie sie Generalstabschef Hans Senn in diesem Buch beschreibt. General Guisan vertrat vor allem die Auffassung, daß die Übungsanlagen origineller sein dürften:

«Ich habe im Zusammenhang mit den Manövern eines Armeekorps darauf hingewiesen, daß man Parteien von ungleicher Stärke und Zusammensetzung bilden sollte. Dieser Hinweis gilt für alle Stufen. Es handelt sich dabei nicht nur darum, der mit der Angriffsaufgabe betrauten Partei eine Überlegenheit zu verleihen, die derjenigen unseres allfälligen Gegners an einem bestimmten Punkt und in einem bestimmten Moment einigermaßen ‹gleicht›; man sollte ganz allgemein lernen, gegen die Übermacht, hin und wieder aber auch im Besitze der Übermacht zu kämpfen.

Ich habe mich auch gegen die verbreitete Vorliebe gewehrt, die man bei uns für das sogenannte Begegnungsgefecht nach bekanntem Schema hat. Ich anerkenne die Vorzüge, die diese Art von Übungen bietet: Die Kommandanten beider Parteien müssen rasch und unter wechselnden Umständen die Lage beurteilen, unverzüglich Entschlüsse von großer Tragweite fassen und sie durch die Truppe ausführen lassen. Es handelt sich dabei um ‹Führung› im reinsten Sinne – eine geistig höchst anregende Tätigkeit des Kommandanten. Aber

Maschinengewehrnest der Gebirgsinfanterie in den Säntis-Manövern (Juli 1942). Im harten Dienstalltag formten sich Geist und Gewandtheit der Truppe.

dieses Schema wird trügerisch und sogar gefährlich, wenn man es durchs Band weg anwendet; denn es verführt dazu, von all dem abzusehen, was Hindernisse, Schwierigkeiten, Verzögerungen und Zwischenfälle zur Folge haben – diese aber gehören auch zum Krieg.

Ich glaube auch, daß wir bei unseren Übungen und Manövern mit Vorteil in vermehrtem Maße die Verluste in Rechnung setzen sollten, indem wir zum Beispiel die eine Partei von Anfang an mit einem hohen Prozentsatz an Verwundeten mitten in den Kampf versetzen, wobei es sich darum handeln würde, diese während des Gefechtes zu evakuieren. Wir müssen unsere Kommandanten daran gewöhnen, ganz allgemein nicht nur Mannschaftsverluste, sondern auch Verluste und Verschleiß an Material zu berücksichtigen. Ein Manöver kann auf diese Art sehr wohl in einer gewissen Phase die Form einer Gefechtsübung annehmen.

Wir müssen auch die Übungen bei Nacht – Märsche und Stellungsbezüge – vermehren, da sie wichtige Verbindungs- und Nachschubprobleme stellen.

Ich weiß, daß alle diese Arten von Übungen mit der Tradition oder Routine brechen, daß sie weniger schöne ‹Manöverbilder› bieten als die Übungen, die sich am Tag abspielen, und daß sie von der Leitung und den Schiedsrichtern viel mehr fordern. Aber diese Anstrengung erscheint mir eben gerade notwendig und unerläßlich. Man muß für den Schiedsrichterdienst überlegene Offiziere verwenden, die für jede Übung speziell instruiert werden müssen; sie müssen dazu erzogen werden, daß sie, mit größerer Sicherheit als bisher, beurteilen können, was die Überlegenheit einer bestimmten Partei an einem gewissen Punkt und in einem gegebenen Moment ausmacht; nicht die zahlenmäßige Überlegenheit der Mittel, sondern der Gebrauch, den sie davon macht.

Alles in allem: Wir müssen bei der Anlage von Übungen und Manövern mehr Phantasie und mehr Wirklichkeitssinn walten lassen.

Es wird schließlich und vor allen Dingen angezeigt sein, in Zukunft – mehr, als wir dies während des Aktivdienstes haben tun können – jene Art von Übungen zu pflegen, die Oberstdivisionär Montfort wie folgt empfiehlt: ‹Wenn man unsere Armee wirklich auf den Krieg vorbereiten will, muß man eine Truppe aufstellen, die, bewaffnet, ausgerüstet und ausgebildet wie eine ausländische Heereseinheit, als ernsthafter Gegner unseren Heereseinheiten zur Einübung unserer schweizerischen Taktik dient.›»

Der General von der harten Seite

Manchmal scheint es, als hätte die Geschichts- und die Geschichtenschreibung den beliebten und volksverbundenen General Henri Guisan allzu einseitig zu einem gutmütigen und nachsichtigen Soldatenvater gemacht. Dieser General konnte hart sein, unerbittlich fordern und begangene Fehler – wenn auch in sachlicher, ruhiger Form – beim Namen nennen. Was Guisan an Manöverlehren namentlich aus den großen Winterübungen von 1943/44 in seinem veröffentlichten Aktivdienstbericht anführt, ist nur eine gefilterte Zusammenfassung. Intern ging er wie jeder gute Chef mit seiner Kritik viel weiter ins Detail und brachte seine Einwände auch offener vor. Der Beweis dafür ist eine damals als geheim klassifizierte Broschüre von 54 Seiten, die im Mai 1944 an sämtliche Generalstabsoffiziere und alle Truppenkommandanten bis zur Stufe Bataillon/Abteilung verteilt wurde. Darin legt General Guisan den Finger u.a. auf folgende wunden Punkte:

– Divisionskommandanten gehören nahe an die Front. «Unsere althergebrachten Kdo Posten, weitab von der Front und wenn möglich in einer Wirtschaft gelegen, müssen verschwinden.»

– Es wird zuviel diskutiert und zuwenig befohlen. Ein Führer, der den Kampf der verbundenen Waffen leiten, also Feuer und Bewegung in Einklang bringen soll, darf nicht auf Vorschläge der fachtechnischen Berater (Flieger, Artillerie, Genie) warten; sie führen oft zu Kompromissen.

– Die Nachrichtenbeschaffung ist weder aktiv noch systematisch genug. Die Kommandanten kümmern sich zuwenig darum.

– Die Beobachtungsergebnisse der Flugwaffe werden überschätzt. Nicht immer sieht man aus Flugzeugen so viel wie in der klaren Winterluft, auf der kontrastfördernden Schneefläche und bei entlaubten Bäumen.

– Zu oft werden die einfachsten Sicherungsregeln auf Märschen außer acht gelassen. Viele Truppen tun so, als ob es keine Fliegerangriffe geben könnte.

– Das Kampfverhalten entspricht zu oft nicht den Vorschriften. Statt konzentrierte Überraschungsschläge unter Ausnützung des Geländes zu führen, zersplittert die Truppe ihre Kräfte oder verwickelt sich in stundenlange Ortskämpfe.

– In einer Zeit, da sich die kriegführenden Armeen in Rußland und in der nordafrikanischen Wüste Panzerschlachten und Artillerieduelle größten Stils liefern, treten in der Schweiz der Mangel an Panzern und die veraltete Ausrüstung der Artillerie besonders kraß in Erscheinung.

– Die Kommandanten der Erdtruppen wissen mit Kampfflugzeugen zuwenig anzufangen, erteilen nicht exakte oder unrealistische Befehle und setzen die Flugzeuge falsch ein. Die Piloten bewegen sich zu häufig genau im besten Trefferbereich der Flab, die ihrerseits viel zuwenig rasch aktionsbereit und unzweckmäßig aufgestellt ist.

Ebenso höflich wie deutlich schließt General Guisan seine hochinteressante interne Manöverkritik mit folgender Beurteilung: «Ich bin mir bewußt, daß die Anstrengungen für die meisten Truppen groß waren. Ihren Kommandanten möchte ich nicht sagen, daß ich im allgemeinen mit den erreichten Resultaten zufrieden bin; ein so allgemeines Urteil wäre nur eine billige Behauptung. Ich begnüge mich, ihnen zu erklären: Ich bin zufrieden, daß große Anstrengungen vollbracht wurden; es war notwendig; sie werden für uns nutzbringend sein, wenn sie die Erfahrungen unserer Führer zu Beginn dieses Jahres bereichern, das uns jederzeit noch größere Anstrengungen und Opfer auferlegen kann.»

Überraschend tauchte General Guisan immer wieder bei der Truppe auf. Freundlich und ungezwungen sprach er mit den Wehrmännern aller Grade.

DER OBERBEFEHLSHABER DER ARMEE

No. 6791

GEHEIM — Armeehauptquartier, Mai 1944.

Lehren

aus den Wintermanövern

1943/44

—

Nach Beendigung der während dieses Winters im Rahmen des 1., 2. und 4. A. K. durchgeführten Manöver möchte ich hier keine Kritik im eigentlichen Sinn des Wortes durchführen, da sie mehr oder weniger ausführlich bereits durch die Manöverleitungen vorgenommen wurde. Wo es mir notwendig scheint, werde ich Ergänzungen anbringen. Den bei dieser Gelegenheit gesammelten Erfahrungen werde ich jedoch unter Berücksichtigung des erreichten Ausbildungsgrades der Armee und der zu erzielenden Fortschritte verschiedene der wichtigsten Lehren entnehmen.

Diese Lehren bilden nicht ein vollständiges System. Es sollen damit bloß auf Grund einiger einfacher und gleichbleibender Prinzipien und Erfahrungen aus dem gegenwärtigen Krieg Fehler behoben werden.

Das neue Gesicht des Krieges

Den vernichtenden Schlachten des Zweiten Weltkriegs folgte kein Friede, sondern der kalte Krieg, die ideologische Konfrontation zwischen West und Ost. Mit ihr einher ging eine neue Dimension der Bedrohung: der totale Krieg, der mit allen Listen und den schrecklichsten Waffen geführt wird.

Die strategischen Atomangriffe auf Hiroshima und Nagasaki wälzten am Ende des Zweiten Weltkriegs das Bild auf den Schlachtfeldern der ganzen Welt entscheidend um. Der tödliche Blitz aus heiterem Himmel, den die Amerikaner auf die beiden japanischen Städte schleuderten, löste auch im friedlichen neutralen Kleinstaat am anderen Ende der Welt eine fast 20 Jahre dauernde, leidenschaftliche Auseinandersetzung um Rüstung, Ausbildung und Einsatzdoktrin der Armee aus. Sie verstärkte sich noch, als 1953 die ersten taktischen Atomwaffen auftauchten.

Mit dieser epochemachenden neuen Waffe ging eine schnell fortschreitende technische Entwicklung in fast allen Waffengattungen einher. Aus den Rüstungswerkstätten der Großmächte kamen die ersten Lenkwaffen und Raketen. Der Düsenantrieb revolutionierte die Flugwaffe. Die bewegliche Panzerwaffe erlebte im Gefolge der kriegsentscheidenden Panzerschlachten des Weltkriegs einen ungeahnten Aufschwung. Das Radar eröffnete neue Aussichten für die Aufklärung. Die Elektronik revolutionierte die Waffenführung. 1957, als die Russen ihren ersten Sputnik-Satelliten in den Himmel jagten, wurde die Möglichkeit, zwischen Menschen Krieg zu führen, in den Weltraum getragen. Und das alles vor einem weltpolitischen Hintergrund, der wenig Hoffnung übrigließ.

Die Welt spaltete sich in vorerst zwei Machtblöcke um Amerika und die Sowjetunion, die einander im kalten Krieg belauerten. Die Schweiz, bis dahin auf ihre mächtigen europäischen Nachbarn fixiert, mußte nun die weltweiten Entwicklungen und Abhängigkeiten in ihr verteidigungspolitisches Kalkül einbeziehen.

Das waren die Randbedingungen für den jahrelangen Streit um die Neuorganisation der Schweizer Armee und die Neuformulierung ihrer Aufgaben. Er gipfelte in der Frage, ob auch sie taktische Atomwaffen erhalten müsse, um ihren Auftrag erfüllen zu können, die Sicherheit und Unabhängigkeit des Landes sowie das Leben seiner Bürger jederzeit und unter allen Umständen zu schützen.

Humanisten, Pazifisten und vorwiegend linksstehende Politiker, insgesamt aber Männer und Frauen der verschiedensten politischen Richtungen und mit den verschiedensten, vorwiegend überaus ehrenwerten Beweggründen, sehnten das Ende des globalen Wettrüstens herbei, das ja, wie sie glaubten, ohnehin nur auf einen totalen Krieg und damit zwangsläufig auf eine atomare Vernichtung des ganzen Erdballs hinauslaufen könne. Sie plädierten dafür, die Schweiz solle mit einem demonstrativen Atomverzicht als friedliebender Kleinstaat vor der ganzen Welt ein Zeichen setzen; als Alternative wurde eine aktive Friedenspolitik skizziert.

Beide Atomverbotsinitiativen wurden deutlich abgelehnt. Die Mehrheit des Schweizervolkes war mit dem Bundesrat der Meinung, daß die Beschaffung taktischer Atomwaffen zwar nicht geplant sei, aber auch nicht für alle Zeiten ausgeschlossen werden solle. Die Schweiz wollte sich die Hände nicht binden lassen.

Auf der Ebene des Generalstabs und der höchsten Truppenführer drehte sich die grundsätzliche Auseinandersetzung um zwei Konzepte der Landesverteidigung, die vor allem die Kampfführung im Mittelland betraf:

– Die mehr defensive Lösung sah stark befestigte Abwehrzonen und eine Verstärkung der Infanterieverbände vor. Ihre Hauptverfechter waren Oberstkorpskommandant Alfred Ernst und Oberstdivisionär Max Waibel.

– Die mehr offensive Variante plädierte für eine bewegliche Verteidigung mit starken Panzerkräften und einer schlagkräftigen Flugwaffe, eventuell sogar mit dem Einsatz von atomaren Mitteln. Ihr hingen u.a. die Oberstkorpskommandanten Georg Züblin, Ernst Uhlmann und Jakob Annasohn an.

Links: Gespannte Bereitschaft! Auf dem Panzerjäger G 13 lauert ein Schütze bei Siggenthal (AG) auf Flugzeuge (Manöverbild vom Oktober 1963).

Rechts: Im Tiefflug pfeilt das schnellste und modernste Kampfflugzeug der Schweizer Armee, die Mirage, über die Alpen. Dieses ungewöhnliche Foto wurde von einem Hunter-Doppelsitzer aus aufgenommen, der in Patrouille mitflog.

Oben: Feind von vorne! Die Waffe gepackt, und blitzschnell verschwindet die Patrouille in mächtigen Sätzen in Deckung. Überraschungsangriffe zu führen und zu parieren gehört zu den wichtigsten Aufgaben der modernen Manöverschulung.

Rechts: Durch das Gebüsch arbeitet sich ein Spähtrupp voran. Was der Kamerad im Scherenfernrohr erblickt, meldet der Funker sogleich weiter. Mut und Phantasie des einzelnen, auf sich selbst gestellten Mannes sind im Gelände unentbehrlich.

Ganz rechts: Stoßtrupp beim Übersetzen in einem Schlauchboot.

Oben: Grenadier mit Flammenwerfer im Angriff auf eine feindliche Bunkerstellung. Vor allem im Kampf um befestigte Stellungen sind die Flammenwerfer eine gefürchtete Nahkampfwaffe. Grenadiere sind die harten und vielseitigen Elitesoldaten der Infanterie.

Links: Raketenrohrmannschaft mit Waffe und Geschoß in Stellung. Das 8,3-cm-Raketenrohr wurde seit 1950 laufend verbessert, vor allem wurde seine Reichweite vergrößert. Heute dient es der Nahbekämpfung von Panzern auf Distanzen bis 400 m.

Die schweizerische Panzerwaffe steckte zu Beginn des Aktivdienstes noch in schüchternen Anfängen. Die starke Panzer-Unterlegenheit war einer der Gründe, die den General zu seiner Reduitkonzeption und damit zur weitgehenden Preisgabe des Mittellandes bewogen.

Erst in den fünfziger Jahren konnte die Panzerwaffe der Schweiz gehörig ausgebaut werden.

Ganz oben: Profil des Centurion-Panzers.

Oben: Der Panzer 68 in einer Extremsituation.

Rechts: Panzergrenadiere verlassen den Schützenpanzer und greifen an.

221
416

Ganz oben: Der Brückenpanzer 68 ist eine Spezialentwicklung im Rahmen der schweizerischen «Panzerfamilie» und dient zur schnellen Überwindung von Geländehindernissen und Flüssen.

Oben: Panzer 68 rückt vor. Diese erfolgreiche schweizerische Eigenentwicklung war schneller und leichter als gewichtige ausländische Konkurrenten; das abgerundete Profil erleichtert das Abprallen feindlicher Geschosse.

Links: Panzerreparaturtruppen an getarnter Stelle an der Arbeit.

Rechts: Seit 1968 verfügt die Infanterie auch über Fallschirmgrenadiere. Diese neue Elitetruppe hat sich als Überraschungswaffe überaus bewährt.

Bis zu zehn Tagen können sich die Fallschirmgrenadiere der Armee ohne Nachschub in Feindesland durchschlagen. In hartem Training werden diese Spezialverbände für zwei Hauptaufgaben geschult: Einerseits bewegen sie sich als Feindspäher in jenen Teilen des feindlich besetzten Gebietes, das durch die Erdaufklärung nicht erfaßt werden kann; anderseits führen sie kleinere Jagdkriegsaktionen durch, seien es Täuschungsmanöver oder Zerstörungen wichtiger Einzelziele. Fallschirmgrenadiere gibt es in der Schweizer Armee erst seit 1969. In der Regel werden sie in Pilatus-Porter-Flugzeugen meist nachts über ihre Einsatzgebiete geflogen, die bis 50 Kilometer tief in das feindliche Gebiet hinein reichen können.

Oben: Absprung aus dem Pilatus-Porter.

Unten: Warten auf den Absprung im Laderaum.

Der Meinungskampf unter den höchsten Armeeführern bewegte die Öffentlichkeit jahrelang. Bisweilen mochte es scheinen, als stünden sich Anhänger einer infanteristischen Volksguerilla und Befürworter einer Großmachtarmee nach Nato-Muster gegenüber. Mit ihrem in der Truppenordnung 61 niedergelegten Entscheid wählten Bundesrat und Parlament den Mittelweg. Es sollten Mittel beschafft und die Heeresteile so organisiert und ausgebildet werden, daß der General in einem zukünftigen Krieg sowohl die stabile wie die bewegliche Variante wählen könnte, je nach Lage der Dinge. Gleichzeitig legte der Bundesrat die Botschaft für die Beschaffung der Mirage-Kampfflugzeuge vor – ein Geschäft, dessen spätere Verwicklungen zur neuen Konzeption der militärischen Landesverteidigung von 1966 führten. Sie bedeutete eine endgültige Absage an die schweizerische «Force de frappe» und kam auf den alten Grundsatz der bewaffneten Neutralität zurück.

Im 1969 erschienenen Reglement «Truppenführung» werden die heute geltenden Grundlagen für den Einsatz der Schweizer Armee wie folgt formuliert:

Die Aufgaben der Armee

«Unsere Armee soll durch ihr Vorhandensein und ihre Bereitschaft dazu beitragen, einen Angriff auf unser Land als nicht lohnend erscheinen zu lassen und dadurch unsere Unabhängigkeit wenn möglich ohne Krieg zu wahren.

Im Zustand der bewaffneten Neutralität hat die Armee, im Rahmen des dem neutralen Staat Zumutbaren, Neutralitätsverletzungen in der Luft und auf der Erde entgegenzutreten.

Im Kriege ist es Aufgabe der Armee, durch einen hartnäckigen, lange dauernden und für den Angreifer möglichst verlustreichen Widerstand unsere Unabhängigkeit zu erhalten.

Als weitere Aufgaben können der Armee Hilfeleistungen bei Katastrophen und die Wahrung von Ruhe und Ordnung übertragen werden.

Unsere Kampfführung

Ihrer Aufgabe und Eigenart entsprechend führt unsere Armee operativ einen Abwehrkampf.

Die Abwehr wird um so erfolgreicher sein, je häufiger es gelingt, im operativen Rahmen Gegenschläge mit mechanisierten Kräften oder Gegenangriffe durchzuführen und auf taktischer Stufe angriffsweise vorzugehen.

Wir führen den Kampf im eigenen Lande und können ihn unter Ausnützung unserer Geländekenntnisse weitgehend planen und vorbereiten.

Die Einsatzräume können – wenigstens zu Beginn des Krieges – nach Maßgabe ihrer besonderen Eignung frei gewählt und verstärkt werden.

Gegenüber einem stark mechanisierten Angreifer, der zudem über AC-Waffen und namhafte Luftkampfmittel verfügt, muß unsere Armee Kampfverfahren wählen, die den Gegner daran hindern, seine überlegene Feuer- und Stoßkraft voll zum Tragen zu bringen.

Die – im Verhältnis zur Ausdehnung unseres Gebietes – beträchtliche zahlenmäßige Stärke unserer Armee erlaubt uns, ein tief gestaffeltes System der Abwehr aufzubauen, das nicht schnell durchbrochen werden kann. Ein Angreifer kann unseren militärischen Widerstand nicht mit wenigen Atomschlägen ausschalten, es sei denn, er setze thermonukleare Massenvernichtungsmittel ein und führe die gänzliche Verwüstung unseres Landes herbei.

Festungen, zahlreiche vorbereitete Stützpunkte und Sperren sowie eine große Zahl permanenter Sprengobjekte erhöhen unsere Abwehrkraft.»

Vom Bewegungsgefecht zum Abwehrkampf

Der Verlauf der großen Armeemanöver der Nachkriegszeit illustriert die verschiedenen Argumente im geschilderten Meinungskampf. Obwohl große Truppenübungen im zunehmend dichter besiedelten schweizerischen Mittelland immer schwieriger durchzuführen waren, behielten die Manöver ihre Bedeutung als Prüfstände für neue Kampfverfahren und als Examen für die Truppe, ihre Führer und die Stäbe bei.

Drei Stimmen bedeutender schweizerischer Heerführer mögen aber die Wandlung der Auffassungen von Sinn und Zweck der Manöver seit den frühen fünfziger Jahren aufzeigen.

– Noch unter dem deutlichen Eindruck des Zweiten Weltkriegs schrieb Oberstkorpskommandant Hans Frick 1954:

«Nur bei diesen Übungen (auf Gegenseitigkeit), wo ein unabhängiger fremder Wille und nicht bloß ein stillstehender Markierer die eigenen Pläne durchkreuzt, entstehen solche (unerwartete) Lagen. Nur die Anwesenheit der Truppe schafft auch wenigstens einen Teil jener Friktionen, wie sie im Kriege vorkommen und die auch durch eine noch so phantasievolle Gestaltung taktischer Übungen nicht ersetzt werden können. Denn es zeigt sich immer wieder, daß schon in Manövern eines gewissen Umfanges Dinge vorkommen, die man auf dem Papier für ausgeschlossen hält.»

– Oberstbrigadier Ernst Brandenberger im Oktober 1963:

«Weil ein Kampf aus und in der Bewegung gegen einen neuzeitlich gerüsteten Gegner allein den Mechanisierten Divisionen vorbehalten ist, erweist sich für das Gros unserer Feldarmee der von uns bisher geübte Manöverstil mit seiner Vorliebe für Begegnungsgefecht und hinhaltenden Widerstand als längst überholt. Es muß daher nach einer neuen Methodik und Organisation der Manöver gesucht werden, welche dem gehörig Rechnung tragen, was Infanterieverbände auf einem Schlachtfeld des modernen Krieges von der Art unseres Mittellandes noch leisten können. Ohne Zweifel werden die dazu tauglichen Verfahren weit anspruchsvoller sein als die bislang verwendeten, im übrigen genügen auch die bis heute gerne benützten Mittel zur Raffung der Zeit kaum länger. Beides mag die Frage nahelegen, ob nicht Manöver auf Gegenseitigkeit vermehrt durch Übungen gegen eine relativ klein bemessene, dafür jedoch modern gerüstete und auch neuzeitlich fechtende Markiertruppe ersetzt werden sollten – eine Lösung, deren Möglichkeiten bisher noch recht wenig ausgeschöpft wurden, wiewohl gerade sie beim notwendigen Geschick trotz bescheidenen Mitteln recht vieles bietet.»

– Oberstkorpskommandant Hans Senn, damals Kommandant des Feldarmeekorps 4 und nachmaliger Generalstabschef, hat 1974 die vertrauten «Manöver» durch den Ausdruck «Truppenübung» ersetzt. Die Erklärung dafür bezeichnet auch den neuesten Wandel:

«Der Ausdruck ‹Manöver› hängt mit Manövrieren zusammen. Er ist mit der Vorstellung eines weiträumigen Begegnungsgefechtes verbunden, das von zwei Parteikommandanten im Rahmen weitgesteckter Aufträge frei geführt wird. Für die Truppe bedeutet dies häufige Verschiebungen und mehrheitlich improvisierte Einsätze. Manöver schulen zwar die Beweglichkeit der Verbände, werfen aber in der Regel keinen Gewinn für die Gefechtstechnik ab. Da kaum Zeit für eine vertiefte Zusammenarbeit vorhanden ist, bleibt auch die Begegnung von Chefs verschiedener Truppengattungen an der Oberfläche.

Für die Kommandanten und ihre Stäbe bedeuten Manöver ein anspruchsvolles geistiges Turnen unter stärkstem Zeitdruck. Sie sind dabei ganz auf sich selbst und ihren eigenen Nachrichtendienst gestellt. Wer sich schneller in Besitz der Schlüsselräume setzt, hat die erste Runde gewonnen. Er kann sich nun darauf konzentrieren, den in Nachteil versetzten Gegner mit frei verfügbaren Kräften aus einer unerwarteten Richtung anzugreifen und zu vernichten. Welch unerhört schöne Aufgabe für den geborenen Feldherrn mit dem Blick für das entscheidende Gelände und dem Instinkt für kühne Entwürfe, die rasche Entscheidungen herbeiführen.

Doch wie weit ist dies alles von der Kriegswirklichkeit entfernt, in der wir einem an Hochleistungswaffen und Feuerwirkung überlegenen Feind gegenüberstehen! Unsere Einsatzdoktrin, wie sie 1969 im Reglement Truppenführung niedergelegt wurde, trägt den realen Gegebenheiten Rechnung. Sie verlangt, daß wir Begegnungsgefechte zu meiden trachten und unsere defensive Kampfführung in frei gewählten Einsatzräumen möglichst intensiv vorbereiten. Wir besetzen die Schlüsselräume vor Beginn des Gefechtes und überlassen die Initiative notgedrungen zunächst dem Gegner. Wenn er sich in unser Kampfdispositiv verbissen hat, nützen wir jede seiner Schwächen aus, um ihm Schläge zu versetzen und das Gesetz des Handelns an uns zu reißen. Je weiter das Gefecht fortschreitet, desto mehr entfernen wir uns von der ursprünglichen Planung, passen wir uns den sich wandelnden Umständen an. Es geht zunächst darum, so viel Nutzen als möglich aus der Verteidigungsinfrastruktur zu ziehen, um zu überleben und die Angriffswucht des Gegners zu brechen. Wenn diese zu zerbröckeln beginnt, ist unsere Stunde gekommen. Jetzt gilt es, sich von den getroffenen Einsatzvorbereitungen zu lösen, die Gunst des Augenblicks zu packen und die Stützpunkte und Sperren für kurze, aber um so heftigere Gegenschläge zu verlassen.»

Außerdem betont Senn noch eine andere, die psychologische Zielsetzung moderner Truppenübungen:

«In Führungsübungen können die Kommandanten und ihre Gehilfen zwar in der Lagebeurteilung, Entschlußfassung, Befehlsgebung und Einsatzplanung intensiv geschult werden, aber die psychologische Seite der Führung fehlt vollständig. Nur wenn eine Truppe im Dienst steht, welche die Absichten der Kommandanten in die Tat umsetzt, wenn auftretende Mißverständnisse, Friktionen und andere Schwierigkeiten durch gemeinsame Kraftanstrengung überwunden werden müssen, treten die menschlichen Aspekte der Führung in ihrer ganzen Bedeutung hervor, wird die Größe der Verantwortung auf allen Stufen spürbar. Schon deshalb müssen

periodisch größere Truppenübungen durchgeführt werden. Dazu kommt, daß das Zusammenwirken der verschiedenen Truppengattungen und Dienstzweige innerhalb und zwischen den Heereseinheiten nur auf Korpsstufe praktisch geübt werden kann. Die Kriegserfahrungen lehren aber, daß die enge Zusammenarbeit der verbundenen Waffen (insbesondere Infanterie, Mechanisierte und Leichte Truppen, Artillerie, Flieger/Flab und Genie) eine der wichtigsten Voraussetzungen für den Erfolg im Kampf bildet.»

Rote Panzer stürmen Romont

Alles ging blitzschnell. Rote Panzer und Motordragoner stürmten das Städtchen Romont. Die verteidigende blaue Infanterie feuerte aus allen Rohren, aber das half nichts. Auch wenn der rechte Flügel des Angreifers an der Broye steckenblieb, mußte das im Städtchen befindliche Hauptquartier der blauen 1. Division Hals über Kopf an einen Reservestandort flüchten.

So dramatisch begannen im Mai 1959 die Manöver des 1. Armeekorps. Sie und die Manöver des gleichen Korps von 1961 führten noch richtigen Bewegungskrieg über gewaltige Distanzen vor und boten Anlaß nicht nur zu Kritik, sondern auch zu Lehren über die soeben erst vollzogene Vollmotorisierung der Armee, die bei diesen Gelegenheiten bis zur Neige ausgeschöpft wurde.

Oberstkorpskommandant Samuel Gonard hatte mit dem schnellen Sturm auf Romont sein Ziel erreicht und beide Manöverparteien vor völlig flüssige und unübersichtliche Lagen gestellt. Laufend wurden die infolge der weiträumigen Bewegungen ausgesprochen dünnen Fronten angegriffen. Um jeden Flußübergang wurde erbittert gerungen. Die Kampfhandlungen zogen sich von der Ebene von Orbe bis zur Aare und in den Jura hinein. Umgehungsoperationen, Flankenangriffe, Durchbrüche und Rückschläge jagten einander.

Nicht anders war es zwei Jahre später in der gleichen Gegend. Nun wurden sogar Luftlandungen supponiert. «In Angriff und Gegenangriff entwickelte sich ein harter Zermürbungskampf, wobei auf beiden Seiten hohe Verluste entstanden», rapportierten die Zeitungen, als wären wirkliche Frontberichte zu erstatten. Die Grenzen dieses weiträumigen Bewegungskriegs bei freier Führung waren freilich schon damals offensichtlich. So schrieb der Militärexperte des «Bunds»:

«Daß eine Heereseinheit, die auf 70 km verteilt ist, wobei der Raum noch durch verschiedene ernsthafte Flußhindernisse unterbrochen ist, kaum mehr ein Schwergewicht bilden kann, ist offensichtlich; gegenüber der Tendenz, eine Division den Kampf in Form regional eingesetzter Regimentskampfgruppen führen zu lassen, sei ein Vorbehalt angebracht. Man denke nur an die Versorgung. (...) Man kann sich im weiteren fragen, ob der vom Übungsleiter den beiden Parteien erteilte Auftrag, eine Bewegung von über 100 km in vier Tagen auszuführen, der Kriegswirklichkeit nahekommt. Die Kriegsgeschichte lehrt, daß solche Operationen nicht aus der Luft gegriffen sind. Panzerverbände vermögen sehr wohl 100 km weit zu operieren, ohne

Das Aufeinanderprallen zweier etwa gleich starker «Feinde», das möglichst kriegsähnliche Begegnungsgefecht bei freier Führung – das war der alte Typ von Manövern. Politiker und Öffentlichkeit belächelten manchmal diesen militärischen «Heimatstil», Wehrmänner sprachen nicht selten von «Indianerlis», wenn die «Feinde» in der Hitze des Gefechts das Augenmaß verloren. In den Manövern des 4. Armeekorps von 1964 kam es zu einer für die alte Manöverkonzeption typischen Szene. Ein glücklicher Zufall wollte es, daß ein Fotograf dabei war.

Links außen: Die rote Partei schickte aus ihrer starken Stellung heraus einen Parlamentär mit der weißen Fahne, um der verteidigenden blauen Gegenpartei die Kapitulation anzubieten. Soldaten von «Blau» nehmen den Unterhändler in Empfang und ziehen ihm eine Zeltplane über den Kopf, damit er nichts sehen kann, was ihm, dem Feind, nützen könnte.

Mitte oben: Ein Offizier und eine Wache führen den Gast aus dem Feindeslager zum Kommandoposten.

Mitte unten: Immer noch mit verhülltem Gesicht trägt der Unterhändler im KP sein Ansinnen vor.

Links: «Blau» denkt nicht daran, sich zu ergeben. Der Parlamentär wird im Jeep zu seiner Einheit zurückgeschickt – die Mission ist gescheitert!

zufolge der Notwendigkeit der Versorgung einen längeren Halt einschalten zu müssen. Nach 100 bis 150 km wird dann allerdings ein mechanisierter Verband eine größere Pause einschalten müssen.»

Fragwürdig wurden solche «Panzermärsche» vor allem durch die Tatsache, daß es in Wirklichkeit gar keine Panzer waren, die da marschierten: In den Manövern des 2. Armeekorps in den Kantonen Luzern und Aargau im Jahre 1961 wurden nur Panzerattrappen auf Pneus eingesetzt. Die durften zwar bloß Brücken überqueren, die auch für wirkliche Centurions stark genug gewesen wären; aber weder waren sie geländegängig, noch übten sie auch nur im entferntesten die deprimierende psychologische Wirkung einer wirklich feuernd stürmenden Panzerrotte auf die verteidigende Truppe aus. An einen realistischen Panzereinsatz war wegen der unvermeidlichen großen Geländeschäden nicht zu denken. So indes wurden, wie Manöverteilnehmer nachher beklagten, die Kampfresultate gelegentlich verfälscht.

Auf entsprechende Fragen aus der Geschäftsprüfungskommission des Nationalrates antwortete das Eidgenössische Militärdepartement mit der Feststellung, daß das Sammeln von Kriegserfahrungen nicht der primäre Zweck von Manövern ist. In Manövern läuft alles viel schneller ab als im Krieg. Bewegungen, die im Ernstfall Tage dauern würden, können aus «Übungsgründen» innert Stunden ausgeführt werden. Die Manöverbestände entsprechen nicht den Kriegsbeständen. Vor allem aber spielen sich Manöver unter weitaus harmloseren psychologischen und materiellen äußeren Umständen ab: Der Wehrmann schwebt nicht in angstvoller Ungewißheit um das Schicksal seiner Familie; die Feuerkraft des Feindes kann höchstens symbolisch dargestellt werden, die Zerstörungswirkung seiner Waffen bleibt unsichtbar. Man kann deshalb nicht von Manövern auf den Krieg schließen, betonte das EMD. Im Vordergrund stehen vielmehr die Schulung der Führer aller Grade, die Kontrolle der Ausdauer bei schlechtem Wetter, Müdigkeit, Hunger und Durst, die Provokation von Improvisationen bei fehlenden Verbindungen und überraschenden neuen Entwicklungen sowie die Gefechtsausbildung der Truppe.

Wörtlich heißt es im EMD-Bericht:

«Die Zerreißproben mehrtägiger Manöverübungen zeigen Stärken und Schwächen auf; sie bringen Fehler, Lücken und Mängel an den Tag und geben damit wertvolle Fingerzeige für die künftige militärische Detailausbildung und Erziehungsarbeit, nämlich

– bezüglich des gefechtstechnischen und taktischen Könnens der Truppe (Waffenhandhabung, Verhalten im Gefecht usw.);

– bezüglich der inneren Voraussetzungen der Truppe, Einsatzbereitschaft, soldatische Haltung usw.;

– bezüglich der Eignung oder Nichteignung bestimmter Führerpersönlichkeiten für ihre Aufgaben als Kommandanten im Krieg.»

«Atommanöver» als Ärgernis

«Im Raume Rot gingen nieder: zwei Atombomben mit hohem Sprengpunkt bei Bassersdorf und an der unteren Eulach sowie eine Atombombe mit tiefem Sprengpunkt bei Pfungen. Der Bereich von Blau wurde bedacht mit drei Atombomben mit hohem Sprengpunkt bei Schöftland, Safenwil und an der Roth sowie einer Atombombe mit tiefem Sprengpunkt bei Sursee. Um die Manöverparteien zur Dezentralisation zu zwingen, setzte die Übungsleitung zwischen 12.30 und 14.30 Uhr kleinkalibrige Atomwaffen ein, und zwar ‹blaue› bei Stilli und Würenlingen und ‹rote› bei Wildegg, Biberstein und Rupperswil.»

Weitere Manöverbomben fielen auf Klingnau, Brugg und Schinznach in diesen Herbstmanövern des Feldarmeekorps 2 bei herrlichem Wetter und kalten Nächten vom 13. bis 16. Oktober 1963. Übungsleiter war Oberstkorpskommandant Ernst Uhlmann, ein entschiedener Befürworter der mobilen Verteidigung und kein Gegner der Atomwaffen. Seit der Verwerfung der Atominitiative II war es gerade knapp ein halbes Jahr her. In den Manövergebieten verteilten Mitglieder der «Schweizerischen Bewegung gegen die atomare Aufrüstung» Flugblätter; der spätere Zürcher SP-Nationalrat Hansjörg Braunschweig kritisierte:

«Bekanntlich werden Manöver dieser Art monatelang sorgfältig vorbereitet. Trotzdem ist nicht mit einem einzigen Wort vom Schutze der Zivilbevölkerung die Rede. Die Verantwortlichen haben auf sie weder Rücksicht genommen noch irgendeine Vorsorge getroffen. Und das im Zeitalter des Zivilschutzes! Ursprünglich war der Schutz von Frau und Kind der Armee vornehmste Aufgabe; die heutige Verteidigung gilt nur noch abstrakten Begriffen. Wir Atomwaffengegner haben von jeher auf diese folgenreiche Wandlung der militärischen Landesverteidigung hingewiesen.»

Außerdem hob Braunschweig hervor, daß die «blauen» Verteidiger als erste den Griff zur supponierten Bombe getan hatten.

Die «Atommanöver» von 1963 und die starke Kritik seitens der zweimal unterlegenen Atomwaffengegner führten zu einer heftigen innenpolitischen Auseinandersetzung. Militärisch gesehen waren die Übungen ein Erfolg, wie Oberstkorpskommandant Uhlmann an der Übungsbesprechung hervorhob. Die Manöver hatten das gesteckte Ziel weitgehend erreicht. Durch die wechselvollen Situationen, die sich im Gebiet links der Limmat (Kantone Aargau, Zürich und Luzern) abspielten, wurde vor allem die höhere Führung immer wieder gezwungen, wesentliche neue Entschlüsse zu fassen. Die Manöverleitung

Links: An einer improvisierten Straßensperre treffen Militär und Zivil aufeinander. Das entspannte Gesicht des Bauern verrät, daß die Begegnung keine Konfrontation ist. Die drei Männer werden schon einen Weg finden, auch für das Motorrad und den Anhänger. Manöver beeinträchtigen den Zivilverkehr, nicht selten richten sie Landschäden an, und sie verursachen auch Lärm. Deshalb legen die Kommandanten moderner Truppenübungen größten Wert auf die rechtzeitige Unterrichtung der Öffentlichkeit und auf die zügige Erledigung von Schadenfällen; denn das gute Einvernehmen zwischen Truppe und Zivilbevölkerung ist unentbehrlich, wenn die Übung gelingen soll.

Mitte: In der mobilen Übermittlungszentrale laufen die Nachrichten über die Manöverlage zusammen.

Unten: Panzergrenadiere rücken vor.

Großes Bild: Ein Hunter überfliegt eine getarnte Fliegerabwehrstellung. Flieger- und Fliegerabwehrtruppe mögen von der Funktion her Feinde sein; in der Luftverteidigung sind sie Partner, denn der Luftraum ist zum Kampfplatz der modernen Waffensysteme geworden. Die Fliegerabwehr kann im unteren Luftraum der eigenen Flugwaffe die Erfüllung ihrer Aufgaben erleichtern.

Streifen rechts: Einmalig auf der ganzen Welt ist diese militärische Operation: der Kavernenstart von Kampfflugzeugen. Auf einem schweizerischen Militärflugplatz sind die Maschinen in sicheren Felskavernen untergebracht (Bild 1). Plötzlich heben sich die Stahltüren (Bild 2). Es erscheint eine Zugmaschine mit dem Hunter im Schlepptau (Bild 3). Kaum ist die Maschine unter freiem Himmel (Bild 4), rollt sie in hohem Tempo auf die Piste (Bild 5) und startet mit dem Staffelkameraden zum Fronteinsatz (Bild 6). Der ganze Vorgang dauert nur wenige Minuten. Diese Fotos durften erstmals in den Manövern des Gebirgsarmeekorps 3 (1966) gemacht werden.

Psychologische Kriegführung: Kanoniere lesen ein von Flugzeugen abgeworfenes Flugblatt.

Flugblätter und Lautsprecher

In den Manövern des Feldarmeekorps 4 von 1960 wurden erstmals Versuche mit psychologischer Kriegführung unternommen. In einem Bericht von Oberstkorpskommandant Paul Gygli heißt es dazu:

«Um die Truppe auch mit psychologischer Kriegführung etwas in Kontakt zu bringen, wurden Flugblätter vorbereitet und Lautsprecheraktionen durchgeführt.

Flugblätter:
Wir beschränkten uns auf eine Verteilung bei der blauen Partei, weil bei der gegebenen Manöverlage in erster Linie der rote Angreifer von diesem Einflußmittel Gebrauch gemacht hätte. Die Blätter wurden nur an ruhende Truppen verteilt, damit die Kommandanten Gelegenheit hatten, den Inhalt mit den Mannschaften zu besprechen. Die meisten Einheitskommandanten waren der Meinung, daß auch im Ernstfall ihre Truppe wenig anfällig sein würde gegenüber derartigen Beeinflussungsversuchen. Ich glaube, sie überschätzen die seelische Widerstandsfähigkeit des Durchschnittsbürgers gegenüber all den schweren psychischen Belastungen, die der moderne Krieg bei tagelanger Einwirkung auf den Selbsterhaltungstrieb mit sich bringt.

Lautsprecheraktionen:
Am dritten Manövertag wurden gegen Blau, das schon während eines Teiles der Nacht und des Vormittags ohne Feindkontakt in gut vorbereiteten Stellungen ausgeharrt hatte, überraschend am Rikken, südlich Mosnang und bei Mühlrüti mit einem improvisierten Lautsprecherwagen von ca. 500 m Reichweite Zersetzungspropagandasendungen ausgestrahlt. Der gleiche Text wurde jeweils in Intervallen von zwei bis drei Minuten mehrmals an die gleiche Truppe gesendet. Es war interessant, festzustellen, daß die meisten Leute, die bisher apathisch in ihren Löchern gelegen hatten, sofort alarmiert wurden und in Stellung gingen. In allen drei Fällen wurde unverzüglich eine Patrouille organisiert und eingesetzt, um den Lautsprecher auszuheben. Man hatte offenbar erkannt, daß derartige Aktionen im Kriegsfall, selbst wenn man den Inhalt nicht ernst nimmt, eine zermürbende Wirkung auf die gespannt einen gegnerischen Angriff erwartenden Kämpfer haben können.

Gerüchte:
Die ursprüngliche Absicht, Gerüchte in Umlauf zu setzen, wurde nicht verwirklicht. Es liefen ohnehin genügend Gerüchte, so daß es gar nicht nötig war, diese noch zu vermehren.»

machte auch regen Gebrauch von Störsendern und anderen Mitteln der psychologischen Kriegführung. Die umstrittenen Atomwaffeneinsätze sollten die Truppe mit den Schwierigkeiten des Selbstschutzes und des Kampfs in verseuchtem Gebiet konfrontieren. Nach den Feststellungen des Übungsleiters hatte dies zur Folge, daß Tarnung und Geländeausnützung gegenüber früheren Manövern viel besser waren und die angreifenden Flieger viel weniger lohnende Ziele fanden.

Was von den Atomwaffengegnern als innenpolitische Provokation verstanden wurde, war als militärische Übung gedacht, die möglichst nahe an die Wirklichkeit eines denkbaren Kriegsbildes herankam. Da die atomare Bedrohung die schwerste Belastung jeder Armee der Welt darstellt, egal, ob sie selber über solche Waffen verfügt oder nicht, wollte man das richtige Verhalten eben üben.

Der damalige Pressechef des Eidgenössischen Militärdepartements schrieb:

«Die Atomgefahr leugnen bedeutet einen Akt weltfremder Träumerei. Eine Armeeleitung, die sich auf diese Gefahr nicht vorbereiten würde, beginge ein Verbrechen an ihrer Truppe und an ihrem Volk. Wohl wollen wir das Beste hoffen, aber dennoch müssen wir für das Schlimmste bereit sein.»

Kampf um den Gotthard

Einem riesigen feldgrauen Ameisenhaufen glich in der ersten Septemberhälfte des Jahres 1966 das Alpenmassiv. Bei vorerst strahlend schönem Spätsommerwetter begannen die größten Alpenmanöver in der Geschichte der Schweizer Armee. Über 45000 Mann bezogen zwischen Schwyz, Bellinzona, Disentis und Brig ihre Stellungen. Das Gebirgsarmeekorps 3 ließ alle seine Muskeln spielen; außerdem waren zwei Drittel der Flugwaffe dabei. Erstmals stand neben zwei Flabregimentern auch eine Lenkwaffenbatterie mit ihren «Bloodhounds» im Manövereinsatz.

Oberstkorpskommandant Georg Züblin machte diese letzten Manöver seiner langen militärischen Karriere nicht nur zu einem Erlebnis für jeden, der dabei war, sondern auch zu einem Wendepunkt schweizerischer Manövergestaltung. Noch war es zwar eine Gebirgsschlacht mit zwei annähernd gleich starken Parteien; aber der neue Stil setzte sich in den gesteckten Zielen und in den Details durch.

Ungewöhnlich war zunächst die lange Dauer der Übung: sieben Tage und sieben Nächte im Hochgebirge! Züblin wollte die Ausdauer und die Härte der Truppe prüfen und die Führung verbundener Waffen in extrem schwierigem Gelände testen. Nicht nur die Verbindungswege im Manövergelände, sondern auch die Übermittlungslinien sowie die Aufnahme- und Entschlußkraft der Führer aller Stufen wurden bis an den Rand der Kapazitätsgrenzen erprobt. Erstmals wurden die Aufmarschpläne für einzelne Truppenteile – wenn auch nur versuchsweise und mit ernüchternden Erfahrungen – von einem Computer erstellt. Die modernste Technik verbündete sich mit den alten Tugenden der Gebirgsinfanterie. Diese Manöver waren ungewöhnlich hart. Doch es fiel auf, daß die sonst immer wieder zu hörenden kritischen Stimmen nachher fast völlig schwiegen. Der Übungsleiter durfte daraus schließen, daß seine Wehrmänner gewaltige Strapazen gerne auf sich nahmen, weil sie den Sinn der Sache einsahen.

Strapazen – das schreibt und liest sich so leicht! Im Klartext bedeutete das zum Beispiel 17 Stunden Gebirgsmarsch für einen Walliser Trainsoldaten und sein Pferd. 17 Stunden Qual auf steinigen Gemspfaden und endlosen Pässen, weiche Knie auf den geteerten Talstraßen, Schweiß in den Augen, Staub in der Kehle, Hunger, Durst und Schlaf! Es kam vor, daß sich die gleichmütigen und starken Trainpferde einfach am Wegrand niederlegten und in tiefen Schlaf versanken. Gepäck ging verloren. Kochkisten stürzten in die Tiefe, die Truppe blieb hungrig.

Wie es weitab jeder Zivilisation bei diesen Gebirgsmanövern zuging, schilderten die Reporter René Magron und Josef Ritler vom «Blick» in einem an der Front erlebten Bericht:

«Die Moral der im Kampfeinsatz stehenden oder in die Kampfabschnitte marschierenden Truppe hatte etwas Grimmiges, Kämpferisches, Aggressives an sich. Das Lachen und die Witze waren herausfordernd und mit ätzendem Spott getränkt.

‹Typisch schwiizerisch, die ewig Fluecherei...›, hörten wir einen Etappenoffizier meckern.

Dieser Etappen-Meckerer hat etwas Wesentliches nicht kapiert: Die Wut, die sich in den Bäuchen unserer Soldaten während höllischer Anstrengungen ansammelt, kann sich in einem Manöver nicht entladen. Oder eben höchstens im Fluchen, Schimpfen und Spotten.

Im Krieg aber gibt es etwas, an dem diese Burschen ihre Wut auslassen können: den Feind.

Diese ‹Wut im Bauch›, die sich, wenn es ernst gilt, in Kampfwut verwandelt, haben vor langen Zeiten schon die Feinde der alten Eidgenossen genießen müssen.

Wir sahen einen Train-Hauptmann, der wutentbrannt einen Soldaten anbrüllte, der auf seinem Pferd auf geteerter Straße galoppierte. Wenig später fauchte der gleiche Hauptmann einen Trainsoldaten an, der über schmerzende Füße klagte:

‹Wie alt sind Sie?›

‹Vierundzwanzig.›

‹Und ich bin vierundvierzig. Wir haben jetzt einen Paß hinter uns. Ich verspreche Ihnen: Ich schaffe noch drei andere. Und ich hoffe, Sie auch!›.»

Abschied von den «Heimatstil-Manövern»

Den endgültigen Abschied vom alten Bewegungsgefecht bei freier Führung brachten die Manöver des FAK 2 von 1969 im Aargau. Übungsleiter Oberstkorpskommandant Johann Jacob Vischer ließ beide im Dienst stehenden Heereseinheiten (F Div 8 und Mech Div 4) als Verteidiger agieren und setzte ein paar mechanisierte Regimenter, unterstützt von der Flugwaffe und supponierten schweren Waffen, als Markeure ein. Diese angenommenen Feinde wurden so gesteuert, daß die übende Truppe ein eigentliches Gefechtsexerzieren im Sinne des neuen Reglements «Truppenführung 69» durchführen konnte. Das hatte zur Folge, daß viel mehr einfache Soldaten von den ganzen Manövern auch wirklich etwas mitbekamen und sich nicht im Felde langweilten, wie dies früher an der Tagesordnung gewesen war. Das Gros der Truppe wurde in «echte» Kämpfe verwickelt und kam zum Schuß.

Militärexperten machen darauf aufmerksam, daß das Üben mit Markeurtruppen für das Erreichen des Übungszwecks geeignet ist, weil die Übungsleitung die Dinge sehr viel fester in der Hand behält als beim Üben auf Gegenseitigkeit. Das neue Verfahren stellt aber an die Vorstellungskraft von Stäben, Truppen und Schiedsrichtern bedeutende Anforderungen, die noch erhöht werden durch den Umstand, daß die Panzer, wie an einer Perlenschnur aufgereiht, auf Straßen gefahren kommen, um Landschaden zu vermeiden. In Wirklichkeit würden sie natürlich quer durchs Gelände vordringen, zumal bei schlechtem Fliegerwetter.

Ein Jahr später, an den Wintermanövern des FAK 4 unter Oberstkorpskommandant Adolf Hanslin zwischen Winterthur und St. Gallen, wurde unter den gleichen erschwerenden Bedingungen diese wichtige Zusammenarbeit zwischen Panzern und Infanterie erneut geübt. Auf der Frauenfelder Allmend wurde im Beisein der gesamten zivilen und militärischen Prominenz Zürichs und der Ostschweiz eine Panzerschlacht inszeniert, die aber an den Tücken der Zivilisation in einem dichtbesiedelten Industriestaat schwer zu tragen hatte: Der Aufmarsch der «blauen» Panzer verzögerte sich, weil zahlreiche Manöverbesucher ihre Autos am Straßenrand parkiert hatten und der Weg für die breiten Raupenfahrzeuge zu eng war. Aufsehenerregend war eine Luftlandeoperation in Tägerschen, bei der zehn Helikopter insgesamt 60 Vorkämpfer einer Radfahrerkompanie in weniger als dreieinhalb Minuten absetzten. Auch Infrarot-Fotoaufklärung und andere moderne Erkennungsmittel wurden in großem Stil verwendet; so beleuchten am Abend des zweiten Manövertages sechs aus einer Mirage abgeworfene Blitzbomben ein Übersetzgebiet am Zürichsee taghell. Dies ermöglichte Fotoaufnahmen von Truppenbewegungen, die sich im trügerischen Schutz der Dunkelheit abspielen sollten.

«Subversives Kommando Ostschweiz»

In diesen Manövern von 1970 waren 28 ausgewählte Wehrmänner in besonderen Aufträgen unterwegs. Sie bildeten das «subversive Kommando Ostschweiz». Ihre Waffen waren Knall- und Rauchpetarden, ihre Taktik List und Tücke; ihr Auftrag bestand darin, den «normal» übenden Kameraden die Allgegenwart von Geheim-

Fliegerabwehr-Lenkwaffen vom Typ «Bloodhound» dienen dem Raumschutz; sie bekämpfen Flugzeuge in großen Höhen und auf weite Distanzen. Die Einsatzdaten liefert das Luftraum-Überwachungssystem «Florida».

Schiedsrichter – die «dritte Partei»

Plötzlich tauchen sie aus dem nassen Grau eines dämmernden Manövermorgens auf. Der Beobachter in seinem Atomloch, der Schützentrupp im hastig zurechtgezimmerten Unterstand fährt zusammen und meldet. Die Männer mit der weißen Armbinde winken ab. Plötzlich schreit einer von ihnen: «Fliegerangriff» oder «Artilleriefeuer 300 Meter, Richtung neun Uhr!»

Die Offiziere, die wie Phantome von einer Manöverstellung zur andern geistern, sind eigentlich die dritte Partei jeder Truppenübung: die Schiedsrichter. Wer sich als einfacher Wehrmann mit keinem trockenen Faden am Leib noch tiefer in seinen Graben duckt und sich zum leise rauschenden kalten Novemberregen krampfhaft die donnernden Einschläge der Artilleriegeschosse und das giftige Pfeifen herabstoßender Flieger hinzuzudenken versucht, wird sich keine großen Gedanken über die Rolle der Schiedsrichter machen. Dabei sind sie es, die das Manövergeschehen überhaupt in Gang halten und die das zuverlässige Kontrollinstrument der Übungsleitung sind. Wer sonst könnte denn überhaupt sagen, daß, wie es in den Manöverberichten etwa heißt, das Bataillon X im feindlichen Artilleriefeuer steckengeblieben sei oder die Kompanie Y unter dem Druck der anstürmenden roten Angreifer eine Ortschaft geräumt habe! Es sind die Schiedsrichter, die die eigentliche Detailregie der Manöver führen.

Dies sind die wichtigsten Aufgaben des Schiedsrichterapparats, der bei jedem Korpsmanöver aus mehreren hundert eigens zu diesem Dienst aufgebotenen Offizieren aus unbeteiligten Heereseinheiten besteht:

– Schiedsrichter sollen das Feuer und die Waffenwirkung des Feindes darstellen und der Truppe gegenüber begreifbar machen.

– Sie beobachten die Planung, den Verlauf und den Erfolg aller Aktionen und messen das, was sie sehen, am Auftrag, an der Lage, an der Witterung und all den übrigen Umständen, die über Erfolg oder Mißerfolg einer militärischen Operation entscheiden.

– Sie greifen ein, wenn es in der Hitze des Gefechtes zu Ausschreitungen kommt. Nicht nur bei wetterharten Gebirgsfüsilieren ist es schon geschehen, daß das supponierte Gefecht mit Fäusten, Gewehrkolben und Steinwürfen als Nahkampf allzu realistisch fortgesetzt wurde.

– Schiedsrichter sind auch Berater der Kommandanten jener manövrierenden Truppe, der sie zugeteilt sind.

– Schließlich rapportieren sie der Übungsleitung laufend die Entschlüsse, Lagebeurteilungen und Befehle der Parteikommandanten sowie die Ausführung durch die Truppe. Damit ermöglichen sie dem Übungsleiter eine genaue Kontrolle der Lage- und Aktionsmeldungen, die er gleichzeitig auf dem Dienstweg von den beteiligten Parteien erhält.

Schiedsrichter tun also weit mehr, als gescheiterte Züge und abgesprengte Trupps für «tot» oder Brücken, die wie seit Jahrzehnten träge und friedlich in der Landschaft stehen, für «gesprengt» zu erklären. Das mit der «Totmeldung» ist übrigens ungenau; Schiedsrichter werden eine Truppe höchstens für eine bestimmte Dauer neutralisieren, d.h. aus dem Kampf nehmen, oder aber die Wiederholung einer mißlungenen Operation anordnen.

Wie alles im Militär ist auch der Schiedsrichterapparat hierarchisch aufgebaut. An der Spitze steht der Schiedsrichterchef, in der Regel der Stabschef jener Heereseinheit, welche die Übung durchführt. Er bildet zusammen mit seinem Kommandanten, dem Übungsleiter, das Schiedsgericht, das dann entscheidet, wenn sich die bei den Parteien akkreditierten Schiedsrichter nicht einigen können. Auf der nächstunteren Stufe stehen die Parteischiedsrichter, die in den Stäben der beiden Parteien sitzen. Ihnen unterstellt sind die Kommando- und Frontschiedsrichter, welche die kämpfende Truppe begleiten und beobachten und ihnen den Geländegewinn zumessen.

Da jeder Frontschiedsrichter dazu neigt, bei gut geplanten und entschlossen durchgeführten Aktionen «seiner» Truppe den Erfolg in greifbare Nähe zu rücken (was sein Kollege auf der Gegenseite ja auch tut), spricht man häufig von einem «Schiedsrichterkrieg». Gelegentlich kommt auch das Gegenteil vor! Wenn zum Beispiel eine blaue Partei ihre vorbereiteten Kriegsstellungen bezieht und der rote Gegner die Rolle des eindringenden Feindes spielt, muß der Schiedsrichter von Rot oft den Elan der vorwärtsstürmenden Truppe bremsen, damit die Verteidiger ihre verschiedenen Abwehrverfahren ausexerzieren und, gestützt darauf, die Feuerpläne revidieren und Lücken schließen können. Dies ist die psychologisch undankbarste Schiedsrichteraufgabe, doch dient sie dem Zweck der ganzen Übung.

Einer der Nebenzwecke schließlich ist es, daß auch der Schiedsrichter aus dem, was er sieht, etwas lernt, denn schon im nächsten Monat kann er als Truppenoffizier in den Manövern stehen, und der ihm zugeteilte Kommandant wird vielleicht als Mann mit der weißen Armbinde an einem anderen grauen Morgen in seinem Kommandoposten auftauchen.

Wir sind eben wirklich eine Milizarmee!

kommandos und Sabotagetrupps vor Augen zu führen. An einem einzigen Tag vollzog diese Spezialtruppe 41 überwiegend erfolgreiche Sabotageunternehmen. Es gab Saboteure, die sich als Bahnarbeiter verkleideten und einen Panzer fachgerecht in die Luft sprengten – supponiert natürlich, denn das Ziel war erreicht, wenn die «Sprengladung» unbemerkt an der richtigen Stelle angebracht und der Saboteur wieder in Sicherheit war. Andere Spezialisten traten, teils in voller Uniform, einer Pontonfähre und einer Flabstellung nahe. Bei letzterer wurden nicht nur das Feuerleitgerät und die beiden Geschütze außer Gefecht gesetzt, sondern auch Funkunterlagen bis zur Stufe Regiment erbeutet. Falsche Heerespolizisten stoppten ein Kommandofahrzeug und nahmen den Offizieren Führungsunterlagen ab. Zwischen Schönenberg und Hirzel fiel den Saboteuren aus der Ostschweiz sogar eine komplette Flab-Einsatzzentrale samt Zielradar zum Opfer; in der rauhen Wirklichkeit des Krieges wäre nach einer solchen Operation ein wichtiger Abschnitt ohne rechtzeitige Fliegerwarnung geblieben und damit schwer gefährdet gewesen.

Die Übungsleitung legte Wert auf die Feststellung, daß der Zweck dieser Übung nicht etwa darin bestand, Saboteure auszubilden; dies wäre völkerrechtswidrig gewesen. Es ging vielmehr darum, die neue Bedrohungsform drastisch vorzuführen. Die Erfolge dieses Kommandos wurden offensichtlich durch Manövermüdigkeit, schlechtes Wetter und abschlaffende Aufmerksamkeit gegen das Manöverende hin begünstigt.

Erstmals wurden in diesen Manövern des FAK 4 auch die Beobachtungen der Schiedsrichter per Computer ausgewertet. So konnte die Übungsleitung dank standardisierten Kontrollblättern einen schnellen Überblick über den Ausbildungsstand der Truppe gewinnen. Das gefechtsmäßige Können der Soldaten wurde mit Noten von 1 bis 6 bewertet, wobei 6 «sehr gut» bedeutete. Beurteilt wurden Ausrüstung, Lageorientierung und Lagekenntnis, Tarnung, Gefechtsdisziplin, Durchsetzungsvermögen der Chefs, Reaktion auf Panzer, Kameradenhilfe und Kenntnisse im Verhalten als Kriegsgefangener. Separat ausgewertet wurden außerdem die Geschwindigkeit von Befehlsausgabe und -übermittlung, die Leistungen der Panzerabwehrwaffen, die genietechnischen Maßnahmen, die Arbeit des Transport- und Versorgungsdienstes sowie der Artillerie, der Fliegerabwehr und der Stäbe.

Die Truppe erreichte in zwei Übungen die Durchschnittsnoten 4,5 und 4,7.

Vorhergehende Seite: Ein Bild, das es seit 1974 nicht mehr gibt: Dragoner meistern souverän einen rutschenden Steilhang – ein kavalleristisches Meisterstück!

Oben: Ein Radfahrerzug wird von feindlichem Feuer überrascht. Die Männer werfen sich von ihren Rädern und gehen blitzschnell in Deckung. Die Radfahrertruppe zeichnet sich durch lautlose Beweglichkeit aus.

Rechts (großes Bild): Feuernde Batterie im Gebirge. Artillerie als Fernkampfwaffe ebnet der Infanterie und den Panzern den Weg. Ihre Feuerkraft hält den Gegner nieder und ermöglicht den eigenen Kräften die vorgesehenen Bewegungen.

Rechts: Telefonsoldaten beim Leitungsbau.

Unten: Artillerie-Beobachtungsposten.

105

Ganz oben: Minenwerfer-Kanoniere justieren das Rohr. Die 12-cm-Minenwerfer sind die wuchtigste Unterstützungswaffe der Gebirgsinfanterie.

Oben: Die Minenwerfer-Panzer mit ihren 12-cm-Minenwerfern machen diese wirkungsvolle Waffe beweglich.

Oben rechts: Batterie im Feuer.

Rechts: Unter dem Tarnzelt arbeitet eine Geschützmannschaft an der 10,5-cm-Kanone. Von links nach rechts erkennt man den Geschützführer (Unteroffizier), den Richter, der das Seitenrichtrad bedient, den Verschlußwart und den Munitionszuträger. Die Granate ist bereits mit einem Zünder versehen und muß nur noch in die Hülse eingesetzt werden. Die 10,5-cm-Kanone ist bei Tag, gutem Wetter und gutem Boden schon in 30 bis 40 Minuten schußbereit. Sie kann pro Minute bis zu sechs Granaten abfeuern. Reichweite: bis zu 17 Kilometern.

Linke Seite

Oben: Panzerhaubitze mit 15,5-cm-Geschütz.

Unten: Die Panzerhaubitze 15,5 cm 66 ist die Waffe unserer Panzerartillerie. Sie begleitet gepanzerte und mechanisierte Verbände in den Kampf und ist annähernd gleich beweglich wie diese. Entscheidend ist die schnelle Feuerbereitschaft aus dem Marsch; innert drei bis fünf Minuten ist sie erstellt. Der Schwenkbereich umfaßt 360 Grad. Die 43 Kilo wiegenden Geschosse erreichen Distanzen bis zu 13 Kilometern.

Oben: Das von Oerlikon-Bührle entwickelte und weltweit erfolgreiche 35-mm-Zwillings-Flabgeschütz wird von einem Feuerleitgerät (Radar und elektronischer Rechner) automatisch gesteuert. Es bekämpft feindliche Flugzeuge in mittleren Höhen.

Rechts: Ein wirkungsvolles Abwehrmittel gegen Flugziele und im Erdkampf gegen leicht gepanzerte Ziele ist das 20-mm-Fliegerabwehrgeschütz. Diese bewegliche, von einem einzigen Kanonier bediente Waffe ist innert sechs Sekunden schußbereit.

Oben: Vor der Silhouette der Churfirsten fliegt ein Hunter-Kampfflugzeug an. Im Erdkampf erreicht eine Hunter-Staffel mit ihren Bordkanonen, Raketen und Bomben die Feuerkraft einer Artillerieabteilung, wobei dieses Potential innert Minutenschnelle auf weit auseinanderliegende Ziele verschiebbar ist. Die geschickte Ausnützung des Geländes, namentlich im Voralpengebiet und im Gebirge, hebt die technische Unterlegenheit der in der Schweizer Flugwaffe verwendeten, zum Teil veralteten Flugzeugtypen zu einem beachtlichen Teil auf.

Links: Ein fliegerisches Bravourstück: Ein Hunter-Kampfflugzeug ist soeben auf einer Autobahn gelandet. Damit zeigt sich, daß die Flugwaffe gegebenenfalls auch dann einsatzbereit bleibt, wenn ihre Stützpunkte zerstört sind. Das schweizerische Nationalstraßennetz hat unter diesem Gesichtspunkt eine unvermutete militärische Bedeutung erhalten (siehe auch folgende Seite).

J-4041

81
41

Links: Die Genietruppe – hier beim Einbau von Pfahljochen zur Befestigung eines Flußübergangs – hat die Aufgabe, das Gelände zu verstärken. Sie baut Festungswerke, Unterstände, Straßen und Brücken – und bereitet deren Zerstörung vor.

Unten: Mit der schwimmenden 50-Tonnen-Schlauchbootbrücke – hier während der Manöver des FAK 4 von 1971 bei Eglisau über den Rhein – ermöglichen die Pontoniere auch den schwersten Panzerfahrzeugen unserer Armee, die Mittellandflüsse schnell zu überwinden.

Oben: Lösch- und Rettungstruppen des Luftschutzes gehen gemeinsam durch brennende Trümmer vor. Ihre Aufgabe ist es, Bomben- und Feuerschäden möglichst in Grenzen zu halten, Menschen zu bergen und lebensrettende Erste Hilfe zu leisten.

Links: Ein Zug Infanterie während der Manöver des Feldarmeekorps 4 (Februar 1971) unterwegs im winterlich kahlen Wald. Die Anstrengung steht den Männern in den Gesichtern geschrieben. Ausdauer und schnelle Reflexe, auch bei äußerster Anstrengung, entscheiden über Erfolg und Mißerfolg.

Rechts oben: Die Leichten Fliegerstaffeln besitzen außer den Pilatus-Portern vor allem Helikopter vom Typ Alouette III. Diese überaus beweglichen Verbindungsmittel dienen außer zum Transport von Material und kleinen Kampfgruppen besonders zur Aufklärung und Überwachung des eigenen Kampfgeländes. Sie transportieren auch Verwundete und können sogar aus der Luft Telefonleitungen verlegen.

Rechts: Bundesrat Rudolf Gnägi, Vorsteher des Eidgenössischen Militärdepartements, besucht die Führer einer manövrierenden Truppe (rechts: Divisionär Ernst Wetter, der frühere Waffenchef der Flieger- und Fliegerabwehrtruppen). Links außen einer von Gnägis engsten Mitarbeitern, Dr. Hans Rudolf Kurz, Stellvertretender Direktor der Eidgenössischen Militärverwaltung und Autor eines Beitrags in diesem Buch.

V-250
V-266

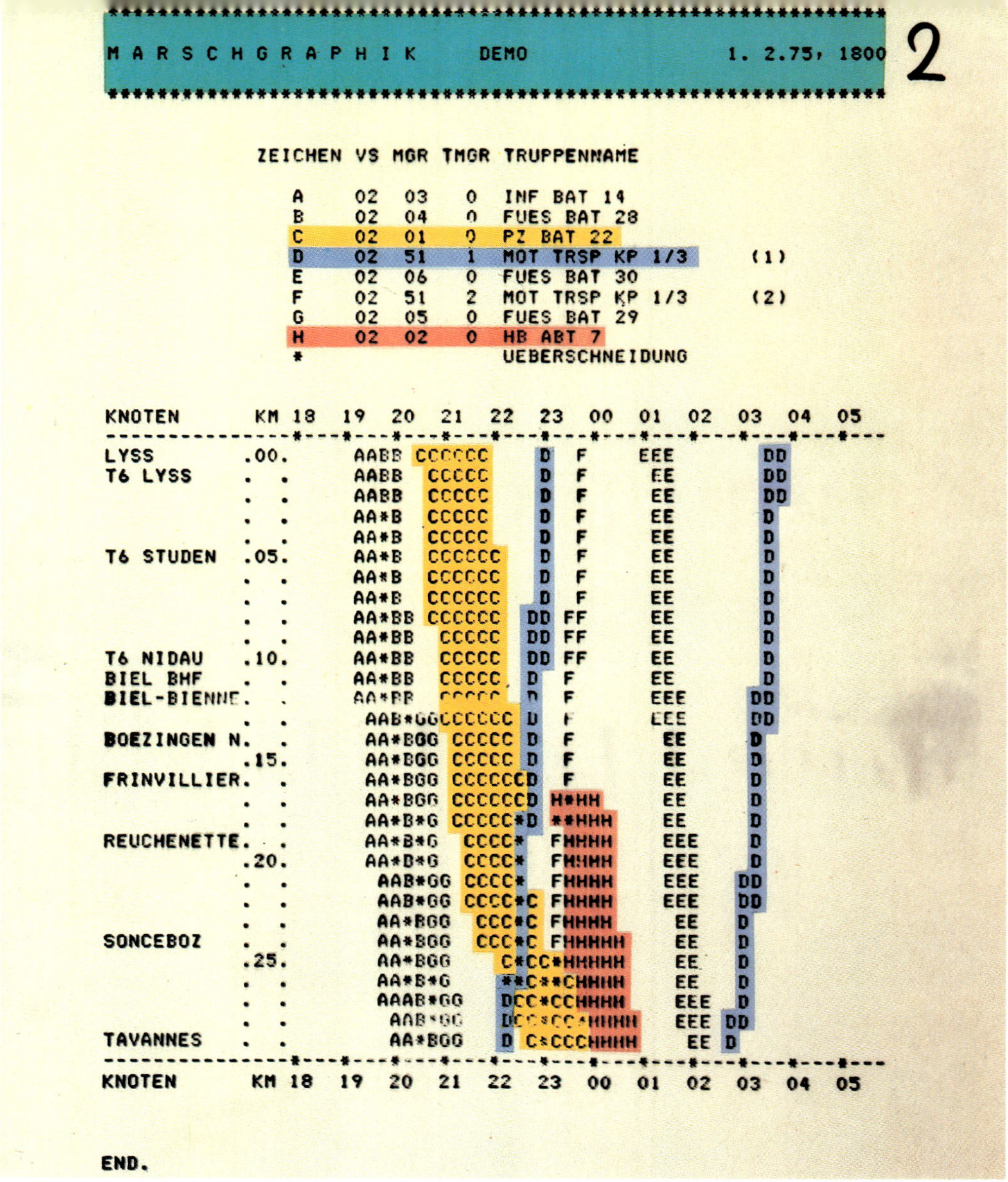

```
M A R S C H G R A P H I K     DEMO                  1. 2.75, 1800   2

               ZEICHEN VS MGR TMGR TRUPPENNAME

                  A    02  03   0  INF BAT 14
                  B    02  04   0  FUES BAT 28
                  C    02  01   0  PZ BAT 22
                  D    02  51   1  MOT TRSP KP 1/3       (1)
                  E    02  06   0  FUES BAT 30
                  F    02  51   2  MOT TRSP KP 1/3       (2)
                  G    02  05   0  FUES BAT 29
                  H    02  02   0  HB ABT 7
                  *                UEBERSCHNEIDUNG

KNOTEN        KM 18  19  20  21  22  23  00  01  02  03  04  05
---------------*---*---*---*---*---*---*---*---*---*---*---*---
LYSS         .00.     AABB CCCCCC   D  F   EEE       DD
T6 LYSS       . .     AABB  CCCCC   D  F    EE       DD
              . .     AABB  CCCCC   D  F    EE       DD
              . .     AA*B  CCCCC   D  F    EE       D
              . .     AA*B  CCCCC   D  F    EE       D
T6 STUDEN    .05.     AA*B  CCCCCC  D  F    EE       D
              . .     AA*B  CCCCCC  D  F    EE       D
              . .     AA*B  CCCCCC  D  F    EE       D
              . .     AA*BB CCCCCC DD FF    EE       D
              . .     AA*BB  CCCCC DD FF    EE       D
T6 NIDAU     .10.     AA*BB  CCCCC DD FF    EE       D
BIEL BHF      . .     AA*BB  CCCCC D  F     EE       D
BIEL-BIENNE.  .       AA*BB  CCCCC D  F     EEE     DD
              . .      AAB*GGCCCCCC D F     EEE     DD
BOEZINGEN N.  .        AA*BGG CCCCC D F      EE     D
             .15.      AA*BGG CCCCC D F      EE     D
FRINVILLIER.  .        AA*BGG CCCCCCD F      EE     D
              . .      AA*BGG CCCCCCD H*HH   EE     D
              . .      AA*B*G CCCCC*D **HHH  EE     D
REUCHENETTE.  .        AA*B*G  CCCC*  FHHHH  EEE    D
             .20.      AA*B*G  CCCC*  FHHHH  EEE    D
              . .       AAB*GG CCCC*  FHHHH  EEE   DD
              . .       AAB*GG CCCC*C FHHHH  EEE   DD
              . .       AA*BGG  CCC*C FHHHH   EE   D
SONCEBOZ      . .       AA*BGG  CCC*C FHHHHH  EE   D
             .25.       AA*BGG     C*CC*HHHHH EE   D
              . .       AA*B*G     **C**CHHHH EE   D
              . .       AAAB*GG    DCC*CCHHHH EEE  D
              . .        AAB*GG    DCC*CC*HHHH EEE DD
TAVANNES      . .        AA*BGG    D C*CCCHHHH  EE D
---------------*---*---*---*---*---*---*---*---*---*---*---*---
KNOTEN        KM 18  19  20  21  22  23  00  01  02  03  04  05


END.
```

Oben: Das Tier in der Armee – das bedeutet nicht bloß Brieftauben oder Trainpferde, sondern auch ausgezeichnet ausgebildete Hunde, die vor allem im Lawinendienst sowie zu Such- und Bewachungsaufgaben herangezogen werden, wie dieser prächtige Dobermann mit seinem uniformierten Chef.

Links: Diese vom Computer nach dem «Neuen Programm Verschiebung» erarbeitete Marschgrafik beschreibt den Fahrplan von acht verschieden schnellen Truppenkörpern auf der gleichen Achse waagrecht in der Zeit- und senkrecht in der Wegdimension. Diese Art der Verschiebungsplanung wurde in der Schweiz entwickelt und gilt weltweit als fortschrittlich.

Rechts: Ein Regimentsspiel bei der Fahnenübergabe. Früher war die Militärmusik unentbehrlich im Signaldienst und als aufpulvernde Marschbegleitung. Heute hilft sie vor allem bei vielen Anlässen den Kontakt zwischen Volk und Armee herzustellen.

Oben: Im dichtbesiedelten Mittelland haben es unsere Panzer nicht leicht; Übungsplätze sind schwer zu beschaffen, und bei Verschiebungen haben sie es mit dem starken Zivilverkehr zu tun.

Links: Perfekte Tarnung! Ein Infanterietrupp mit Raketenrohr hat sich kurzerhand in einem Erdloch eingegraben. Schweigend droht die Mündung der Waffe, neugierig gucken die gläsernen Augen des Feldstechers hervor. Beobachtung und Feuer – beides muß gleich scharf sein, wenn's ernst gilt!

Unten: Manöver sind auch für Bilder von unfreiwilliger Komik gut. Schon manche neugierige Beobachterin der abgebildeten Rasse ist von durstigen Manöversoldaten an Ort und Stelle gemolken worden, und der Bauer hat schmunzelnd zugeschaut...

Oben: Im goldenen Licht des zur Neige gehenden Tages befindet sich hoch über den Wolken eine Hunter-Doppelpatrouille auf dem Heimflug. Keine andere Waffengattung bringt zugleich kämpferischere und friedlichere Bilder hervor als die Flugwaffe.

Links: Eine gründliche Hochgebirgsausbildung gehört mit ins Erziehungsprogramm der angehenden Armeepiloten.

Unten: Im Sommer 1978 traf an Bord eines riesigen amerikanischen Galaxy-Großtransporters der erste F-5 Tiger II auf dem Militärflugplatz Emmen ein. Dieses neueste Flugzeug der schweizerischen Flugwaffe ist vorwiegend für Luftkampfaufgaben vorgesehen. Es erreicht eine maximale Steiggeschwindigkeit von 170 Metern pro Sekunde, die 1,6fache Schallgeschwindigkeit und eine Dienstgipfelhöhe von etwa 16000 Metern. Ausgerüstet ist der Tiger mit zwei Kanonen und Luft-Luft-Lenkwaffen.

Rechts: Diese sensationelle Aufnahme des verstorbenen Militärpiloten und Fotografen Ernst Saxer ging um die ganze Welt als augenfälliger Beweis für das extreme fliegerische Können schweizerischer Militärpiloten: die «Patrouille Suisse» mit ihren Hunters über dem Aletschgletscher!

J-4025
J-4012
J-4036

Oberstkorpskommandant Adolf Hanslin (hier noch in der Uniform eines Divisionärs) fand in den Wintermanövern 1971 den Tod.

Der Tod von Oberstkorpskommandant Hanslin

Die Wintermanöver des FAK 4 von 1971, die erstmals die zivilen Führungsstäbe des Kantons Zürich und mehrerer Zürcher Städte und Gemeinden mit einbezogen, wurden überschattet vom tragischen Tod des Übungsleiters, Oberstkorpskommandant Adolf Hanslin. Er stand im 59. Altersjahr.

Am ersten Manövermorgen wollte Hanslin die Mobilisierung der Felddivision 6 beobachten und ließ sich an Bord eines Militärhelikopters Alouette III von Rüti nach Rapperswil fliegen. Im dichten Schneetreiben stürzte die Maschine aus geringer Höhe in einen Wald südlich von Rüti ab. Oberstkorpskommandant Hanslin wurde von der Wucht des Aufpralls getötet. Der Pilot und ein Begleitoffizier kamen mit schweren Verletzungen davon.

Bundesrat Rudolf Gnägi, Vorsteher des Eidgenössischen Militärdepartements, begab sich unverzüglich zum Kommandoposten und dann zu Hanslins Angehörigen. In einem Tagesbefehl an die Truppe verfügte er die Weiterführung der Manöver unter der Leitung von Divisionär Rudolf Blocher. Gnägi schrieb: «Das Andenken des verstorbenen Kommandanten wird in schönster Weise geehrt, indem in den kommenden Tagen jeder an seinem Platz seine Pflicht erfüllt.»

Am Tag nach dem Manöverabbruch nahmen Volk, Truppe und Behörden in Zürich mit allen militärischen Ehren Abschied von Oberstkorpskommandant Hanslin. Dabei wurden seine Verdienste um die zeitgemäße Umgestaltung der schweizerischen Manöver besonders gewürdigt.

Oben: In einem Wald bei Rüti (ZH) stürzte der Helikopter von Korpskommandant Hanslin im dichten Schneetreiben ab.
Rechts: Die Lafette mit dem Sarg des verunglückten Heereseinheitskommandanten wurde von der gesamten schweizerischen Generalität durch Zürich zur letzten Ruhe geleitet. Im Hintergrund das Großmünster.
Unten: Die Ehrensalve für den toten Offizier.
Unten rechts: Trauermarsch, Fahnen mit Trauerflor.

Zivilisten in den Manövern

Daß die grenzenlose Scheußlichkeit, die man gemeinhin als «modernen Krieg» zu bezeichnen beliebt, längst keine Angelegenheit unter Soldaten mehr ist, gilt spätestens seit den verheerenden Terrorbombardierungen im Zweiten Weltkrieg und den entsetzlichen Leiden der Zivilbevölkerung in Korea und Vietnam. Aber erst 1971 wurden die Operationen des Heeres erstmals in einem Manöver großen Stils mit der Territorialorganisation, der zivilen Führung und dem Zivilschutz zu einer Art von Gesamtverteidigungsübung kombiniert. Daß ausgerechnet der als eher konservativ geltende Oberstkorpskommandant Adolf Hanslin die Initiative ergriff, mochte überraschen. Die Übung förderte ernüchternde Ergebnisse zutage.

Drei Ziele wollte Hanslin in diesen Manövern erreichen. Einmal ging es darum, daß erstmals seit dem Aktivdienst wieder eine ganze Division (F Div 6) kriegsmäßig mobilisierte; man wollte wissen, wie lange eine frisch aus dem Zivilleben kommende Truppe braucht, um sich auszurüsten und ihr Abwehrdispositiv zu beziehen. Zweitens war der Kampf der mechanisierten Verbände im Gelände (insbesondere im Zürcher Unterland und am Rhein) zu üben, und drittens war das Zusammenspiel mit dem Territorialdienst und den zivilen Behörden erstmals zu erproben.

Als Chefs des zivilen Führungsstabs des Kantons Zürich, dem im Ernstfall die Regierungsgewalt und die außerordentlichen Vollmachten übertragen würden, rückten die Regierungsräte Albert Mossdorf, Urs Bürgi und Hans Künzi mit ihren Chefbeamten in einen «Manipulier-Führungsbunker» unter einem Schulhaus in Urdorf ein. Als ziviler Schiedsrichter amtete der nachmalige Bundesrat Fritz Honegger.

Die Übungsannahme war, daß eine fremde Armee den Durchmarsch durch die Schweiz nördlich von Zürich sowie die Benützung des Flughafens Kloten verlangte und mit einem Atomschlag auf Winterthur drohte, falls ihre Forderung nicht erfüllt würde. Der Bundesrat blieb fest. Also mußte innert Stunden die bedrohte Stadt evakuiert werden. Eine Fülle von Blitzentscheiden, Koordinations- und Organisationsproblemen war in kürzester Zeit zu bewältigen. Außerdem jagten sich die supponierten Ereignisse: Anschlag auf das Unterwerk Obfelden und die Gemeindeverwaltung Uster, Stellwerk Thalwil angegriffen, Öltankanlage in Otelfingen in Brand gesteckt, Einwohnerkontrolle der Stadt Zürich zerstört, Telefonzentrale Albisrieden außer Betrieb. Schließlich tauchten noch Flugblätter auf, in denen die Bevölkerung zum Streik und zum Ungehorsam gegen die Behörden aufgerufen wurde...

Atombombe auf Winterthur

Der Höhepunkt dieser Manöver der neuen Dimension war die große Katastrophenübung von Winterthur am Abend des 23. Februar 1971. Der Feind machte seine Drohung wahr: Im dichten Schneetreiben wurde die Atomgranate von zwei Kilotonnen Wirkung gezündet; in der Manöverwirklichkeit war es eine Kreation des Feuerwerkers Hans Hamberger aus Oberried.

Die Arbeiterquartiere westlich des Winterthurer Bahnhofs versinken in Dunkelheit. Alarmsirenen heulen durch die Straßen. Markierfeuer glimmen. In den Luftschutzkellern drängen sich die halb verstörten, halb belustigten Hausbewohner. 1800 Rekruten und Freiwillige spielen die Verwundeten. Meldeläufer eilen zu ihren Blockchefs. Luftschutzeinheiten legen in fliegender Eile Löschleitungen. Erste «Verschüttete» werden aus den Kellern getragen. Trax und Bagger fahren auf. Lotsen geleiten die «Obdachlosen» zu den Hilfsstellen, wo hilfsbereite Frauen schon mit Suppe, Tee und Wienerli (nicht supponiert) bereitstehen. Inzwischen kümmern sich Technikertrupps um die zerstörten Telefonleitungen und die unterbrochene Stromversorgung.

Die Resultate dieser Übung waren ernüchternd. Der Einsatzwille der Zivilschützer und der Freiwilligen vermochte die schweren Mängel in Organisation und Ausrüstung nicht wettzumachen. Die Verbindungsmittel des Zivilschutzes erwiesen sich als ungenügend, obwohl die Übungsleitung eigens vorsorglich 16 Kilometer Telefonleitungen hatte verlegen lassen, auf die im Ernstfall nicht zu zählen gewesen wäre. Die Koordination mit der Feldarmee und dem Territorialdienst verlief stellenweise harzig. Allgemein herrschte der Eindruck, daß alles zu lang dauerte.

Heinrich Stelzer, Chef des Kantonalen Amtes für Zivilschutz, nahm nach der Übung kein Blatt vor den Mund, als er erklärte:

«Wir müssen uns darüber klar sein, daß wir hier eine Art Gefechtsexerzieren vorbereitet haben. Das konnte keinen ehrlichen Eindruck von den tatsächlichen Verhältnissen geben. Das Bild, das entstand, war zum Teil eine Show, auf alle Fälle verzerrt. Es ging der Übungsleitung darum, sämtliche Zweige des Territorialdienstes und des Zivilschutzes zum Einsatz zu bringen. So konnten sich diese Stellen der Hilfsangebote der Feldarmee kaum erwehren, was im Kriegsfall wohl nicht der Fall sein dürfte. Geben wir ruhig zu, daß auch vieles so organisiert war, daß die Bevölkerung etwas zu sehen bekam.»

Die ernüchternde Erfahrung war insofern heilsam, als die Übung den damaligen Zustand des Zivilschutzes im Kanton Zürich beleuchtete. 1971 war die Schutzorganisation erst zu 40 Prozent aufgebaut. Statt des Sollbestandes von seinerzeit 210000 Personen waren nur 78000 beim Zivilschutz eingeteilt, von denen erst 14000 ausgebildet waren. In der Zwischenzeit wurden die zivilschützerischen Anstrengungen verstärkt fortgeführt. Viel-

Schlaglichter im Wohlstand

Unter welchen Bedingungen die Armee in den Jahren der Hochkonjunktur manchmal ihre Ausbildungsaufgaben zu erfüllen hatte, legte Oberstdivisionär Hans Trautweiler am Rapport der Grenzdivision 5 vom März 1972 in vielbeachteten und freimütigen Ausführungen dar:

«Die Dispensationsgesuche vor den Wiederholungskursen sind stark im Steigen begriffen. Es gibt Kompanien, wo noch 40 bis 50 Mann ausrücken. Dadurch erhält der Kommandant nicht nur falsche Bilder über seine Möglichkeiten, die Ausbildung wird auch unwirtschaftlich. Es gibt Industriebetriebe, die mit massivem Druck auf Einheitskommandanten versuchten, Wehrmänner vom WK freizubekommen.

Eine anonyme Umfrage im Basler Füs Bat 97 über Drogenkonsum brachte 14 Prozent Drogenkonsumenten an den Tag. Zwar ist kein Fall bekannt, daß ein Wehrmann wegen Drogeneinnahme seinen Einsatz nicht hat leisten können, doch muß man damit rechnen, daß in den nächsten Jahren der Drogenkonsum noch stark ansteigen wird.»

Auch mit dem Geist der Truppe schien es zu hapern: Trautweiler zitierte den Bericht eines Feldpredigers, in dem es heißt:

«...Im Gespräch mit der Truppe zeigte sich verschiedentlich eine gewisse Orientierungslosigkeit in Fragen verschiedener Lebensbereiche. Diese Unsicherheit ist ernst zu nehmen. Für unser Land muß ein Leitbild erarbeitet werden, das dem einzelnen und der Gemeinschaft ein erstrebenswertes Ziel vor Augen stellt, das an den Realismus des einzelnen zu appellieren vermag. Dazu muß auch die Armee ihren Teil beitragen.»

Nach Trautweiler war diese Unsicherheit bis ins junge Offizierskader hinein zu bemerken.

1

Sprung auf – marsch! In einem überraschenden Angriff rückt die Infanterie über ein Bächlein gegen den supponierten Feind vor (1). Gesteuert werden solche und viele andere Einsätze mit Hilfe mobiler Übermittlungszentralen (2). Manöver sind anstrengend – für Mann und Roß! Da kann es schon einmal vorkommen, daß sich ein erschöpftes Trainpferd vor dem Defilee zum Manöverende ermüdet niederlegt (3). Überaus ermüdend ist auch das stundenlange Kauern in den selbstausgehobenen Schützenlöchern. Das Armeeturnprogramm, auch wenn es zur Hälfte unter dem gewachsenen Terrain absolviert wird, lokkert die Muskeln; Sturmgewehr und Schanzwerkzeuge dienen als Exerzierhilfen (4). Dieses Bild ist mehr als eine gelungene Episode; es zeigt, worauf es in Manövern – und nicht nur dort! – ankommt: auf Einfallsreichtum, Improvisationsgabe und den unbeugsamen Willen, auch unter widrigen Umständen die Spannkraft für die entscheidenden Augenblicke zu wahren…

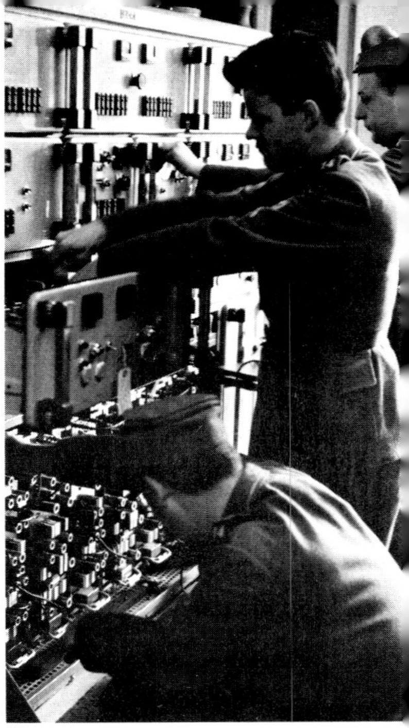

2

4

3

Pontoniere brausen mit ihren Weidlingen, die von Außenbordmotoren angetrieben werden, über einen Fluß (5). Dieweil strebt eine ermüdete Kolonne der Gebirgsinfanterie dem Dorf im Tal zu (6). Ein erlösender Augenblick, und doch hat vielleicht der eine oder andere Wehrmann noch ein Auge für die Schönheit der Landschaft übrig, die sich vielen erst im Militärdienst voll erschließt. Für den Manöverstab dauert die Arbeit in die Nacht hinein fort (7).

5

6

7

8

9

Verhaßt ist sie bei den meisten, die sie tragen müssen, aber notwendig ist sie halt doch: die Gasmaske. Die lebendigen Augen hinter den Gläserhöhlen zielen durch das Visier (8). In jedem Manöver gibt es Gasalarm, denn der Wehrmann soll sich daran gewöhnen, auch in verseuchter Umgebung seinen Auftrag erfüllen zu können. Bis zum letzten Tag, an dem man dem Dienst bis zum nächsten Mal den Rücken kehrt, ist es noch weit (9). Vorerst ist noch der imaginäre Feind im Land. Tarnung hilft überleben, und die besten Tarnmittel sind allemal die natürlichen (10). Hinter der Front verrichten die Versorgungstruppen, zu denen dieser Metzger (11) gehört, ihren unentbehrlichen Dienst. Die ausländischen Militärattachés, die zum Manöverbesuch im Postauto aufbrechen (12), werden Mängel, aber auch viele Sonderleistungen unserer Milizarmee sehen, zum Beispiel einen aufwendigen Brückenbau im Gebirge, ein Meisterstück unserer Genietruppen (13).

10

11

12

13

14

Die Luftschutztruppen gehen ans Werk, wenn der Feind Zerstörungen angerichtet hat und es gilt, Leben zu retten, Menschen zu bergen und Erste Hilfe zu bringen (14). Diese erst nach dem Zweiten Weltkrieg geschaffene militärische Truppengattung arbeitet eng mit dem Zivilschutz zusammen und leistet damit einen besonders wichtigen Dienst im Rahmen der Gesamtverteidigung; denn wie sollte der Wehrmann an der Front aufopfernd kämpfen können, wenn er um das Leben seiner zurückgebliebenen Angehörigen bangen müßte! Beim Panzerschießen (15) lassen sich die Genauigkeit und die Treffsicherheit der schnellen und beweglichen Panzertruppe erkennen.

15

Im «Engel» sitzen die Toten

Manöverwirklichkeit auf unterster Ebene am Beispiel von Szenen aus der Operation «Prellbock» der Felddivision 6 (Oktober 1973):

«Seit Montag nacht liegt der Zug von Leutnant *René Nussbaumer* am Ostrand einer *Flaachtalgemeinde* in den Stellungen. Die Soldaten haben die verschiedenen Widerstandnester im Lauf der vergangenen Woche gegraben und ausgestattet. Mit dem Material habe es dann nicht ganz so geklappt, wie man es sich höheren Ortes und an der Pressekonferenz vorgestellt habe, erfahren wir bald einmal. Die Truppe habe zwar rasch die Löcher gegraben, aber dann sei plötzlich das Holz ausgeblieben, und so hat man da und dort zu Improvisationen und zum Material des ‹Nächsten› gegriffen.

Immerhin, jetzt ist man in Stellung und wartet auf den Feind. Es ist kalt am Montag früh, aus einzelnen Zweimann-Schützenlöchern raucht es: Dort hat sich die Mannschaft sogar Öfen eingebaut. Während der Essensträger Kakao und Brot nach vorn bringt, dröhnen vom *Rhein* drüben Kanonendonner und Schüsse, rasseln Ketten von Panzern, ein unheimliches Geräusch, auch wenn es nur Manöver sind. Dichter Nebel verhindert jede Sicht, man rätselt, was sich dort am Rhein abspielt.

Es klappt mit der internen Information. Der Funk verbindet die Füsilierkompanie untereinander, man ist in den Widerstandsnestern nicht ganz abgeschnitten, um auf den Feind warten zu müssen, bis er auf Sichtweite aus den Nebelschwaden auftaucht. ‹Nüßli› (Nussbaumer) wird von ‹Rivella› aufgerufen. Aus dem rauschenden SE 125 teilt man ‹Nüßli› mit, rund 20 feindliche Panzer seien mittels einer Pontonbrücke über den Rhein gesetzt worden, zudem sichte man Panzergrenadiere in rauhen Mengen. Die 3. Kompanie ist außer Gefecht, sie ist dem übermächtigen und mechanisierten Feind ‹in den Hammer gelaufen›.

Wir wissen es: ‹Nüßli› und damit auch der ganze Bataillonsstab sind ungenauen Nachrichten aufgesessen. Drunten am Rhein, unweit der *Rüdlinger* Brücke, haben in der Nacht die Pontoniere eine Pontonfähre zusammengebaut. Um 7.30 Uhr fahren die beiden ersten AMX-Leichtpanzer samt einem Jeep auf die Fähre, ein Trax stößt das ‹Floß› ab, und mit drei Außenbordmotoren steuert die Fähre kraftvoll und rasch über den im Morgennebel daliegenden Fluß. ‹Zwölf Minuten brauchen wir, um eine solche Ladung hinüberzubringen und um zurückzufahren›, erklärt ein Pontonier-Wachtmeister. Etwas unterhalb dieser Verbindung lauern zwei Sturmboote: Sie sichern den Übergang gegen Unfälle. Und schon sind die nächsten Panzer auf der Fähre.

Ein Schiedsrichter-Major eilt herbei, wirft einige Knallkörper unter die harrende Mannschaft – aus ist es für die nächste halbe Stunde. Auch der Feind hat es nicht leicht. Er ist unter supponierten Artilleriebeschuß geraten. Schließlich geht es aber wieder weiter, die AMX sammeln sich drüben und dröhnen weg, Richtung Flaacher Feld.

In seinen Schützenlöchern lauert der Zug von Leutnant Nussbaumer auf feindliche Panzer.

Bei Leutnant Nussbaumer ist alles beim gleichen geblieben. Die Leute frieren in ihren Löchern. ‹Sonst aber finde ich diesen Dienst viel interessanter als die bisherigen WK, man macht endlich einmal etwas, das Hand und Fuß hat. Nur jetzt sind wir natürlich wieder einmal die ‚Schorsche', da läuft doch nichts›, meint ein Füsilier am Maschinengewehr.

Plötzlich kommt Bewegung in die Truppe. Schiedsrichter nähern sich gleich dutzendweise. Dann kann auch der Feind nicht mehr weit sein. Ein Widerstandsnest am Dorfrand ist nur noch 300 Meter und durch eine Geländeenge von den Panzern getrennt. Der Korporal schickt Füsilier *Caprez* um Hilfe. ‹Hol es Rak-Rohr.› Aber Caprez fällt bei der Rückkehr den Panzergrenadieren in die Hände; seine Kameraden haben auf die falsche Seite beobachtet, sie sind ‹tot› – ‹Nüßli› hat sechs Mann weniger. Doch Leutnant Nussbaumer läßt sich nicht demoralisieren, die nächsten Panzer werden von anderer Stelle aus unter Beschuß genommen, der Schiedsrichter bestätigt den Erfolg – abgewehrt, Panzer sind auf dem Rückweg.

«Nüßli» im Examen. Plötzlich ist Divisionär Richard Ochsner aufgetaucht. Anhand der Karte prüft er, ob der Zug auf dem laufenden ist.

Es gibt eine Pause. Biskuits und Schokolade kommen zum Vorschein, im einen Schützenloch hört man Radiomusik, Leutnant Nussbaumer meldet seine zehn Verluste – von 25 Mann WK-Bestand seines Zuges –, denn Artillerie hat ihm weitere vier Mann geraubt. Die ‹Toten› sitzen übrigens für eine Aufwärmpause im ‹Engel›, sie werden später, in einer anderen Manöverphase, wieder mitwirken können.

Man versucht diesmal, die Manöver möglichst *realistisch* durchzuspielen. Was an Gegnern auftaucht, ist ganz bewußt nach einem Drehbuch geplant. Die ‹Feinde› werden von eigenen Truppen gemimt; es sind auch relativ wenige ‹Feinde›, aber sie stellen den Verteidigern ganz bestimmte Aufgaben, die – wie immer in Manövern – vor allem der Führung gelten. Trotzdem sieht die Truppe diesmal ganz sicher einmal den Gegner, denn es ist dafür gesorgt, daß auch die hinteren Linien zum Zug kommen. Störend wirkt sich das zivile Geschehen aus – Lastwagen und Privatautos, die Landwirte auf dem Feld, die zivilen Schlachtenbummler, aber auch die Schiedsrichter und die Presse –, störend wirken Bäume, die man nicht fällen darf, und Misthaufen, die einem im Weg bleiben.

Es ist Mittag vorbei, der Nebel hebt sich, die Panzerabwehr-Lenkwaffen greifen ein, der erwartete Angriff bleibt nochmals stecken. Erneute Atempause: ‹Rivella von Nüßli verstanden. Wir beobachten das Maisfeld genau. Keine Bewegung festzustellen. Ende.› Wir fahren nach Hause. Das Manöver läuft weiter, aber ‹Nüßli› hält immer noch.»

Fritz Kübler
(«Tages-Anzeiger»)

leicht hat die Übung von Winterthur dazu beigetragen, daß die Einsicht wuchs, in einem möglichen Krieg müsse nicht nur die Armee, sondern auch die Zivilbevölkerung eine Überlebenschance haben. Dann hätte der vielenorts belächelte Atom-Türk an der Eulach seinen Zweck allemal erfüllt.

Die totale Information

Typisches Manövergefühl: Der einsame Soldat kauert in seinem Loch oder liegt im Regen und wundert sich.

Die Männer mit Gold am Hut eilen geschäftig umher, die schlichten Feldgrauen haben keine Ahnung, was gespielt wird und wofür sie eigentlich in Helm und Kampfanzug das «Militärwetter» auskosten.

Die Manöver des Feldarmeekorps 4 vom November 1975 geleitet vom nachmaligen Generalstabschef, Oberstkorpskommandant Hans Senn, bedeuteten hinsichtlich der Information auf allen Stufen eine Wende zum Besseren. Erstmals wurde so etwas wie die «totale Information» praktiziert. Der Erfolg war offensichtlich: Auch die einfachen Wehrmänner erwiesen sich als interessierte Partner; die Motivation des einzelnen wurde erheblich verstärkt.

Schon früher hatten verschiedene Übungsleiter ihre Truppe durch Manöverzeitungen informiert. Aber jetzt erschien während der ganzen achttägigen Übung in der Ostschweiz eine truppeneigene, populär aufgemachte Tageszeitung, die zusammen mit dem Nachschub verteilt wurde. Produziert wurde das Blatt von professionellen Journalisten und Redaktoren aus den Mannschaftsbeständen des FAK 4. In Bild und Wort informierte die Zeitung «FAKtuell» einerseits über die Ziele, die Überlegungen und die Hintergründe von Führungsentscheiden, über die Probleme der einzelnen Truppengattungen und den Verlauf der Manöver; anderseits brachte sie aber auch die Erlebnisse der Wehrmänner sämtlicher Stufen, ihre Bemerkungen und Kritiken freimütig zum Ausdruck. Alle Zürcher Tageszeitungen, von der «Neuen Zürcher Zeitung» bis zum «Blick», gestalteten schließlich im Turnus eine Zeitungsseite mit aktuellen Berichten und Meldungen aus aller Welt. Finanziell ermöglicht wurde dieses Experiment durch Inserenten und einen privaten Verleger, der das Risiko übernahm.

Die erste der insgesamt zehn Nummern dieser Manöver-Tageszeitung war sechs Wochen vor dem Einrücken erschienen und enthielt – neben einem zum Lesen an-

Was man im Zivilleben jeden Tag tut, mag man auch im Manöver nicht missen: Zeitunglesen *(oben)*. In modernen Truppenübungen hat die Information der Wehrmänner einen festen Platz. Das bisher aufwendigste und erfolgreichste Informationsunternehmen wurde während der Manöver des Feldarmeekorps 4 im November 1975 durchgeführt. Berufsjournalisten aus der Truppe gestalteten täglich eine aktuelle Manöverzeitung *(rechts)*. In den Kampfpausen war sie eine überaus beliebte Lektüre *(rechts oben)*. Hier erfuhr auch der einfache Wehrmann aus erster Hand, wie es um den «Krieg» bestellt war, was in der zurückgelassenen zivilen Welt geschah und was andere Männer in der gleichen Uniform gestern erlebt und gesagt hatten. Populäre Tageszeitungen brachten ihre Erzeugnisse außerdem gleich paketweise ins Feld und ließen sie von zarter Hand mit Süßigkeiten verteilen *(rechts Mitte)*. Die Eroberung des Manöveralltags durch das Kommunikationswesen ging nicht ohne wohlgemeinte Kritik ab. Doch die Vorteile überwogen deutlich; nur ein informierter Soldat ist zu Sonderleistungen motiviert.

Nr. 5 13. November 1975

FAK 4 TUELL

So empfing KKdt Senn den Preisgewinner. Seite 5

Auf Abwegen

Vierter Gast

Blinder Alarm

Letzter Frontbericht

Kampf – Rote Truppen landeten am Bodensee!

NEPO WEISS ES

Kein Profil – schlechtes Licht

Das melde ich dem FAKtuell! Telefon 054/34790. Tag und Nacht!

reizenden Wettbewerb – Hinweise für die vordienstlichen Vorbereitungen.

Mit diesem truppeneigenen Informationsmedium einher ging, wie schon in einigen Korpsmanövern der vorangegangenen Jahre, die Manöverkritik am Bildschirm. Nach Übungsabbruch wandte sich der Übungsleiter auf dem tagsüber unbenützten Kanal des Fernsehens der Deutschen und der Rätoromanischen Schweiz direkt an seine in Kantonnementen, Privathäusern und Wirtschaften versammelte, abgekämpfte Truppe.

Das professionell geplante und durchgeführte Informationsexperiment in den Manövern wurde nach anfänglicher Skepsis von Truppe und Führung begeistert aufgenommen. Es ist denkbar, daß es eine neue Ära schweizerischer Manöver eingeleitet hat, ganz im Sinne des zeitgemäßen Begriffs vom aktiv mitdenkenden, seine spezifischen Qualifikationen in den Dienst einbringenden Wehrmann. Wie im übrigen Zivilleben wurden Überlegungen und Entscheide für die Basis transparent gemacht. Das Wissen um den Sinn der Vorgänge wurde demokratisiert. Die Gesinnung, die hinter diesem Informationsexperiment steckte, wird auch in Zukunft über Erfolg oder Mißerfolg schweizerischer Kriegsvorbereitungen in Manöverform entscheiden: Nur ein Soldat, der etwas zu verteidigen hat und der weiß, worum es geht, kann seinen Auftrag erfüllen.

1

2

Auch das gehört zum militärischen Leben: beschauliche und fröhliche Szenen, wenn die Ruhe ihr Recht fordert (1), wenn sich Wehrmänner einen grimmigen Scherz erlauben (2) oder wenn das Zivilleben in seiner sympathischsten Form auf die strenge Welt der Uniformen stößt (3). Der belebende Kaffee (meist mit hochprozentiger Beigabe) ist ein ungeschriebenes Recht der hart geforderten Truppe.

3

4

Helm ab, Gewehre vor die Füße, Pause! Wie lange haben wir manchmal auf dieses erlösende Kommando gewartet! Der Zugführer besteht auf einem «ordentlichen Depot» (4), das wir hier aus einem ungewöhnlichen Blickwinkel betrachten. An Zaungästen fehlt es nicht. Nichts fasziniert die Kinder stärker als die fremde, strenge Welt der Waffen, wenn Militär in der Nähe ist. Alle Arten von Manövern, Defilees, Waffenschauen und Wehrdemonstrationen finden das besondere Interesse der Jugend. Die Knaben erwartet schon früher, als sie denken, die Rekrutenschule; daß sie dann den eichenlaubbekränzten Häuptern weniger unbefangen gegenüberstehen werden, liegt in der Natur der Sache (5). Einstweilen sind militärische Vehikel noch fremdartige Landschaften, die es tastend und trippelnd zu erleben und zu erobern gilt (6).

5

6

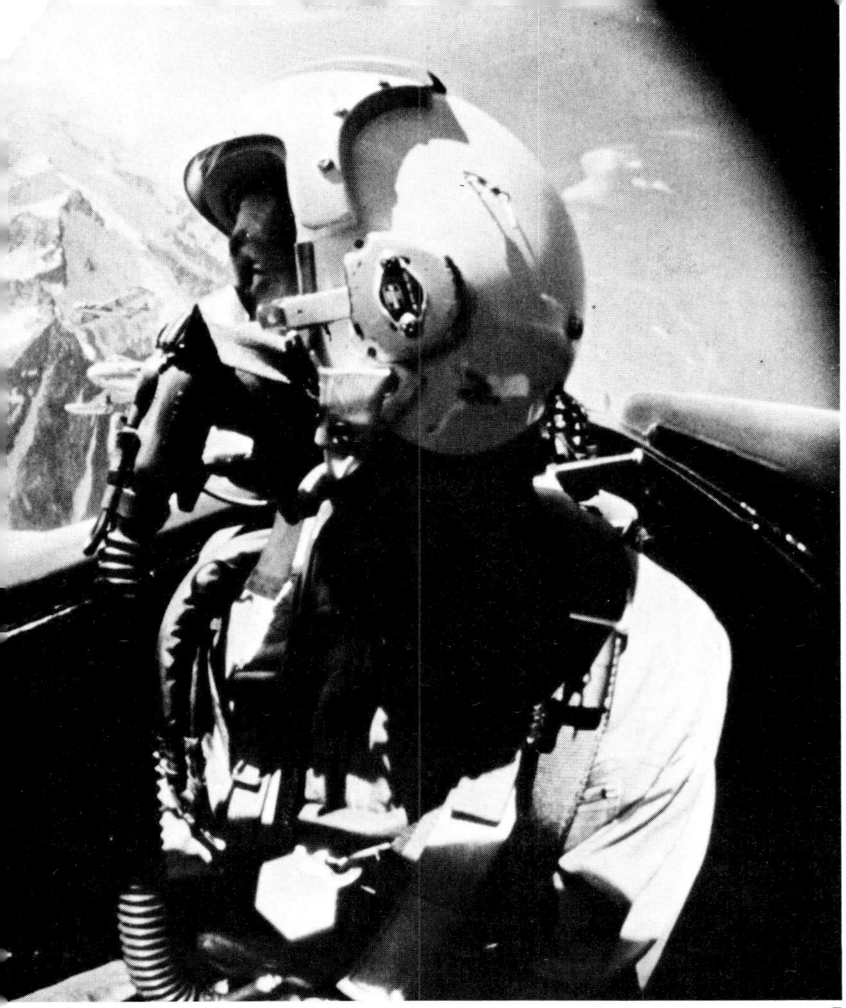

7

8

Der einsame Soldat: Dieses Bild (7) entstand im Cockpit eines Kampfflugzeugs mit Hilfe des Weitwinkelobjektivs und des Selbstauslösers. Allein mit seiner Maschine und seinem Auftrag, durchquert der Pilot die Alpen. Die besondere Fertigkeit des Gebirgsluftkampfs wird den Militärpiloten in ihrer langen und anforderungsreichen Ausbildung intensiv beigebracht.
Wo immer auf festem Boden ein Panzer auftaucht, findet er das neugierige Interesse der Halbwüchsigen wie der Erwachsenen (8).
Schwein gehabt hat dieser Füsilier im wahrsten Sinne des Wortes (9). Lustige Begegnungen ländlicher Art gehören ebenfalls zu den Manövererinnerungen – so gut wie die Tafel «Objekt zerstört», welche die Passage verhindern soll (10), oder der Manöverspatz, den man manchmal nur schnell im Stehen zu sich nehmen kann (11). Gelegentlich bleibt immerhin ein Weilchen für das schweizerischste aller Spiele (12) oder für ein Nickerchen an ungewohnter Stelle (13).

9

11

10

12

13

Generalstabsarbeit – beim Wort genommen

Hinter jedem Manöver und jeder Truppenübung steckt ein gewaltiges Maß an Vorbereitungsarbeit. Es lohnt sich, zu wissen, wie gründlich und ausgedehnt sie ist – und daß sie im Milizsystem vorwiegend gratis geleistet wird!

Zwanzig- bis dreißigtausend, manchmal noch mehr Wehrmänner, etwa 5000 Motorfahrzeuge, Flugzeuge und Panzer, Übungsräume über mehrere Kantone hinweg, wenig Zeit, anspruchsvolle Aufgaben – und das alles inmitten einer hochzivilisierten, dichtbesiedelten Industrielandschaft: So sehen moderne Manöver in der Schweiz aus. Wer sie erfolgreich vorbereiten will, muß im wahrsten Sinne des Wortes Generalstabsarbeit leisten.

Die elektronische Datenverarbeitung hat sich auch in der Planung und Durchführung von Manövern durchgesetzt. Die ordonnanzmäßigen Transportkisten *(kleines Bild)* enthalten einen vollständigen Computerterminal, der durch eine Telefonleitung mit der Zentraleinheit verbunden ist und zum Beispiel fertige Marschbefehle empfängt.

Die Heimatstil-Manöver der sechziger Jahre, d.h. die duellartigen Übungen auf Gegenseitigkeit mit einem realen Feind und vielen direkten Begegnungen größerer Verbände, sind unmöglich geworden: Der Zivilverkehr würde zu stark eingeschränkt, die Umweltbelastungen wären zu groß, die Landschäden unbezahlbar. Realistische Kriegslagen sind in solchen Manövern nicht mehr herzustellen. Denken wir nur an den Panzereinsatz, der höchstens noch bis zur Stufe Kompanie, d.h. mit 13 Panzern, real dargestellt werden kann, eventuell auf dem Panzerübungsplatz von Bure mit zwei Kompanien gegeneinander.

Die moderne Konzeption der Truppenübungen, wie sie in großem Stil in der Korpsübung des FAK 2 von 1973 konsequent durchgehalten wurde, besteht darin, daß man keine eigentliche, das ganze Manövergeschehen bestimmende Kriegslage mehr herstellt, sondern eine Reihe von Teilübungen aneinanderfügt, die miteinander in einem inneren Zusammenhang stehen. Themen dieser Teilübungen sind meist Mobilmachung, Aufmarsch, erste Abwehrvorbereitungen, Kontrollen der ersten Sicherungsmaßnahmen und Spezialübungen für Spezialtruppen, zum Beispiel für die Sanität oder die Reparatur- und Versorgungstruppen. Den «Feind», den «Roten», gibt es nur noch als Markeur, d.h. als Marionette der Übungsleitung, etwa in Regimentsstärke. Dieser Markeur führt ganz bestimmte lokale Aktionen durch und prüft so das Gros der Truppe, die – getreu der neuen Truppenführung von 1969 – den Abwehrkampf übt. Die Truppe wird nur noch so lange in der Übung belassen, bis die verschiedenen Teilübungen durchgespielt sind; zu Ende geführt wird die imaginäre Schlacht an den Sandkästen der Stäbe, derweil die Truppe demobilisiert oder ihren WK an festen Standorten mit anderen Ausbildungsaufträgen beendet.

Zwei Jahre für ein paar Tage

Improvisieren ist im Militärdienst zwar manchmal unerläßlich, für die Planung von großen Truppenübungen aber äußerst gefährlich. Deshalb beginnen die Vorbereitungen zu einem großen Manöver schon mindestens zwei Jahre bevor der erste Schuß fällt.

Den Hintergrund bildet der Dienstleistungsplan der Armee, der sich über einen Zeitraum von etwa zehn Jahren erstreckt und festlegt, wann welche Heereseinheiten üben werden; derzeit kommt jede Heereseinheit in einem Turnus von vier bis fünf Jahren dran. Dieser Plan wird vom Ausbildungschef der Armee erarbeitet und von der Kommission für militärische Landesverteidigung beschlossen.

Zwei Jahre vor der Truppenübung wird das erste grobe Konzept entworfen. Von den gesteckten Ausbildungszielen her werden die Übungsziele formuliert, aus denen sich die Thematik der Übung ergibt. Gleichzeitig wird festgelegt, welche Truppen teilnehmen sollen und in welchem Gebiet die Übung stattzufinden hat.

In der zweiten Vorbereitungsphase wird die Übungsleitung, d.h. der Korpsstab, eingeschaltet. In normalerweise 14 Tage dauernden Kursen, die halbjährlich stattfinden, werden die allgemeine und die besondere Lage definiert, die Aufträge an die Parteien festgelegt, die Aufmarsch- und Nachschubpläne erstellt und die Schiedsrichterorganisation aufgebaut. Ermittelt werden auch die Art und die Zahl der notwendigen Mittel und Spezialwaffen; es sind Absprachen mit den Flieger- und Flabtruppen zu treffen. Die Truppenübung nimmt Gestalt an.

Ein Jahr, bevor das Gros der Wehrmänner zum Manöver-WK einrückt, beginnt die Koordinierungsphase. Jetzt werden alle Befehle redigiert und an die Truppenführer weitergeleitet. Im Detail wird festgelegt, welches Material in welchen Mengen zur Verfügung steht. Gleichzeitig werden die Rekognoszierungen fortgesetzt und die zivilen Behörden orientiert, vor allem die Polizeidirektionen der betroffenen Kantone und die Gemeindepräsidenten im Manövergebiet; die müssen wissen, wann und wo größere Truppenverschiebungen stattfinden. Wenn es um Übungen geht, die viel Gelände beanspruchen, beruft die Übungsleitung die Gemeindepräsidenten zu einer Konferenz ein, damit sie bei allfälligen Landschäden die Betroffenen zuverlässig informieren können. In diese dritte Vorbereitungsphase fällt auch die Orientierung der Öffentlichkeit.

Der größte Teil dieser Vorbereitungsarbeiten wird im Milizsystem geleistet. Der eigentliche Übungsleitungsstab, auf dem die Hauptlast ruht, besteht aus 50 bis 80 Offizieren, zuzüglich Experten aus der Militärverwaltung und aus der Stabsstelle für operative Schulung. Die einzigen Berufsmilitärs sind in der Regel der Übungsleiter (Korpskommandant) und sein Stabschef. Besonders erfahrene und qualifizierte Generalstabsoffiziere aus anderen Heereseinheiten werden von Fall zu Fall zur Verstärkung dieses Stabes beigezogen; soweit es sich um Milizoffiziere handelt, leisten sie freiwilligen Dienst.

Haben Manöver noch einen Sinn?

Interview mit Oberstkorpskommandant Hans Wildbolz, Ausbildungschef der Armee. (Juni 1978)

Welchen Sinn haben Manöver (oder Truppenübungen, wie das neuerdings heißt) heute noch?

«Das allerwichtigste ist, daß man das Zusammenspiel eines größeren Truppenaufgebots erproben kann. Würden wir all diese Anordnungen, Truppenbewegungen, Aufmärsche usw. nur in Stabsübungen supponieren, ohne daß die Truppe dann wirklich marschiert, könnte man die Auswirkungen nicht an der Wirklichkeit messen. Dann wäre es eine Ermessensfrage, ob die Anordnungen dieses oder jenes Stabs zweckmäßig und die Befehle richtig waren. Außerdem sind Truppenübungen ein Belastungstest für die Führer. Wenn wirklich 10000 oder 12000 Mann nach den Befehlen vorgehen, steigt der Verantwortungsdruck. Friktionen und Überraschungen werden dann drastisch sichtbar.»

Wie realistisch sind die heutigen Truppenübungen? Wie nahe kommen sie der Kriegswirklichkeit?

«In der Phase vor dem Kampf, d.h. bei Mobilisierung und Aufmarsch, würde ich schätzen, daß die Übungen zu 50 bis 70 Prozent realistisch sind. In dieser Phase kann man Störaktionen durchführen, Fliegerangriffe befehlen usw. Sobald wir aber in die Kampfphase eintreten, sinkt dieser Prozentsatz stark unter 50 Prozent; denn wir können das gegnerische Feuer nicht darstellen, und der ganze seelische Druck, der im Ernstfall auf dem Wehrmann lasten würde, d.h. die Sorge um die Angehörigen, die Angst vor dem Tod, entfällt ohnehin. Deshalb sind wir auch von den ‹Kriegsspielen› der früheren Jahre abgekommen und üben jetzt die Mobilisation, den ersten Aufmarsch, den Stellungsbezug usw.»

Häufig hört man, Manöver seien außerordentlich teuer. Stimmt das?

«Überhaupt nicht. Es ist nachgewiesen, daß eigentlich nur das Schiedsrichteraufgebot echte Zusatzkosten verursacht. Die Truppe selbst kostet nicht mehr als in einem normalen WK. Sie erhält die gleichen Munitions-, Material- und Brennstoffmengen zugeteilt wie immer. Je nach Jahreszeit und Wetter kommen noch zusätzliche Landschäden hinzu. Aber die Mehrkosten von Manövern betragen allerhöchstens ein bis zwei Prozent dessen, was die Truppen-WK ohnehin kosten würden. Es ist eben nur alles zeitlich und räumlich konzentriert und sieht daher teuer aus.»

Marschbefehle vom Computer

Wo Menschen arbeiten, Material verbrauchen, Verbindungen benötigen und sich verschieben, wo die verschiedensten Kräfte unter Zeitdruck für ein gemeinsames Ziel zusammengefaßt werden, bedarf es einer Unmenge von Informationen, die sich stündlich verändern. Längst ist es nicht mehr möglich, dieses gewaltige und mannigfach in alle Richtungen ausgelegte Informationsnetz auf den herkömmlichen Wegen – Denken, Rechnen, Schreiben, Übermitteln – zu knüpfen; die riesige Informationsmenge wird mit Hilfe der elektronischen Datenverarbeitung umgesetzt.

Was in Industrie, Handel und Verwaltung längst zur alltäglichen Selbstverständlichkeit geworden ist, hat sich auch die Armee zu eigen gemacht. In der Gruppe für Generalstabsdienste befaßt sich eine spezielle Sektion mit Computeranwendungen für die verschiedensten militärischen Bereiche: Nachrichtenwesen, Logistik (Nachschub), Operations- und Einsatzplanung usw. Zahlreiche Programme befinden sich im Aufbau. Eines, das aus den Bedürfnissen der Manöver entstanden und in Manövern bis zur heutigen Anwendungsreife entwickelt und erprobt worden ist, heißt «Neues Programm Verschiebung» (NPV).

Die Aufgabe war: Wie organisieren wir den Aufmarsch vieler und unterschiedlichster Truppenkörper mit ungleich schnellen Fortbewegungsmitteln aus den verschiedensten Besammlungsräumen in ein festgesetztes Manövergebiet auf dem gegebenen schweizerischen Straßen- und Eisenbahnnetz, ohne daß der dichte zivile Verkehr unzumutbar gestört wird – und das alles so schnell wie möglich?

Man muß sich vorstellen, was alles zu wissen nötig ist, um eine solche Aufgabe zu lösen: Straßenzustand und Straßenbreite, Tragkraft von Brücken, Tunnelprofile, Signale, Verkehrsbehinderungen vom stellenweisen Einbahnverkehr bis zur temporären Baustelle, Beschaffenheit von Verladerampen, genaue Distanzen, Fahrpläne, Frequenzen in verschiedenen Jahreszeiten und vieles andere mehr.

Vom Computer irgendwo in einem Stollen direkt ins Büro des Regimentsstabs geliefert: eine Durchmarschtabelle, errechnet anhand des in der Generalstabsabteilung entwickelten NPV-Programms.

```
*************************************************************
DURCHMARSCHETABELLE                 1. 2.75,1800 -  2. 2.75,0723
*************************************************************
DATUM  ZEIT      MGR(T) VS    VON                  NACH
                              TRUPPENBEZEICHNUNG
KNOTEN 5865/2241              FRINVILLIER
VS   02=DEMO
 1. 2.,1931-1957  03     02   BOEZINGEN N          REUCHENETTE
                              INF BAT 14
 1. 2.,2002-2022  04     02   BOEZINGEN N          REUCHENETTE
                              FUES BAT 28
 1. 2.,2027-2047  05     02   BOEZINGEN N          REUCHENETTE
                              FUES BAT 29
 1. 2.,2116-2223  01     02   BOEZINGEN N          REUCHENETTE
                              PZ BAT 22
 1. 2.,2238-2242  51(1)  02   REUCHENETTE          BOEZINGEN N
                              MOT TRSP KP 1/3 (1)
```

Fahrplan einer Truppenübung

35000 Mann rückten am 10. November 1975 zu den großen Manövern des FAK 4 in der Ostschweiz ein. Doch die Übung begann schon zweieinhalb Jahre früher. Dies waren der Fahrplan und der Manöverablauf:

Januar 73: Das Grobkonzept der Übung entsteht. Die teilnehmenden Verbände werden bestimmt.

Juli 73: Festlegung des Konzepts der Versorgungsübung mit der Untergruppe Logistik in Bern.

Oktober 73: Festlegung der K Mob Übung mit der Sektion Mobilmachung des Generalstabs.

März 74: KKdt Senn erteilt Vorbefehle an die Parteikommandanten. Übungszweck und Zeitpläne werden festgelegt, die Unterstellungen fixiert. Der Schiedsrichterapparat wird aufgebaut.

April 74: Der Detailplan für die Vorarbeiten liegt vor. Sie werden vom Stab FAK und von «Zugewandten» größtenteils außerdienstlich erledigt.

Frühsommer 74: Das Konzept der Katastrophenübung entsteht.

Dezember 74: Erste Redaktionswoche des Stabes.

Januar 75: Im Kurs für Logistik wird das neue Versorgungskonzept geübt.

Februar 75: Ausarbeitung der definitiven Befehle in der zweiten Redaktionswoche. Kurz danach: Anpassung der Übungsanlage an die «Sparaktion» des Bundesrates. Die Befehle werden neu geschrieben!

1.3.75: Befehlsdossiers bereit. In den Taktischen Kursen beginnt die Arbeit der Trp Kdt.

1.4.75: Die Gemeindepräsidenten der Ostschweiz werden orientiert.

Sommer 75: Pressekonferenz mit der Familienpresse. Intensive Kontakte mit Radio und Fernsehen.

7.11.75: Ausrufung des Mobilmachungsgrades 2. Die San Det der Mob Plätze rücken ein; desgleichen die Bewachungs Kp der AMP und Formationen der Straßenpolizei.

8.11.75: Panzer und andere Raupenfahrzeuge werden dezentralisiert, damit sie nicht überfallartig vernichtet werden können.

9.11.75: Die Materialfassungsdetachemente der Einheiten stellen das Korpsmaterial bereit. Die K Mob Übung läuft auf vollen Touren.

10.11.75: Die Wehrmänner aller Grade rücken gestaffelt ein. Am Abend sind die Einheiten marschbereit. Luftaufklärer suchen vergeblich nach Trp und Motfz. Alles ist wohlgetarnt. Der Aufmarsch beginnt in der Nacht.

11.11.75: Aufmarsch abgeschlossen: graben, graben, bei Blau; Rot trainiert Markeureinsätze. Die Medien berichten im großen Stil über die Übung.

12.11.75: Bei Blau wird gegraben. Rot trainiert weiter. Erfolgreiche Luftlandedemonstration in Frauenfeld.

13.11.75: Angriff auf Gz Br N. Rot stößt von zwei Seiten Richtung Kreuzlingen. Rote Trp landen in regnerischer Nacht bei Arbon. Blau wehrt sich hartnäckig. Werden die blauen Pz eingesetzt? Die Gz Div gräbt verbissen weiter. Das Einexerzieren der Einsätze ist in vollem Gange. St. Gallen schwer bombardiert. Luftschutz und Zivilschutz arbeiten Hand in Hand. Katastrophenhilfe erfordert zudem koordinierten Sanitätsdienst und Betreuung.

14.11.75: Blaue Panzer stoßen zur Entlastung der Gz Br N über die Thur. Panzerschlachten und Infanteriegefechte. Luftlandetrp greifen ein. Gz Br N verliert ihren Krieg durch Schiedsrichterentscheid. Der Kampf nördlich der Thur ist beendet.

15.11.75: Überall wird retabliert. Das Gros verschwindet im Urlaub.

16.11.75: Dem Glücklichen schlägt keine Stunde, aber bald heißt's wieder einrücken.

17.11.75: 02.00, der Großkampf entbrennt. Rot und Blau werden beide aktiv. Rot versucht aus seinen Brückenköpfen zu stoßen. Nur wenige Angriffe gelingen. Blau praktiziert «freundeidgenössische Abwehr» und wirft Rot immer wieder vor die Tür. Das Wetter ist hundsmies, kalt und regnerisch. Einziger Vorteil: Die rote Flugwaffe fliegt nicht.

18.11.75: In der Nacht wirft Rot sein Schwergewicht nach Osten. Aber Blau merkt es und verschiebt ebenfalls Kräfte. Neue Vorstöße und Gegenschläge folgen sich. Rot luftlandet auf der Drehscheibe von Rickenbach. Doch «die Kunst ist umsunst». Blau behauptet sich! Um 13.00 gibt KKdt Senn den Befehl zum Übungsabbruch. Die Trp beginnt mit Aufräumen und Verschiebung in die WK-Räume. Die Trp U 1975 ist zu Ende. Die Auswertung beginnt!

(Aus der Truppenzeitung «FAKtuell»)

Zehntausende von Einzelinformationen wurden durch zivile Bundesstellen, aber auch im Verlauf von militärischen Schulen und Kursen gesammelt oder aus den verschiedensten Datenbanken herausgezogen.

Die Idee, durch ein solches Computerprogramm ein eigentliches Marschmodell für die Armee zu schaffen, entstand in den Gotthard-Manövern von 1966. Damals wurden die ersten summarischen Programme erprobt. Das Ergebnis war ernüchternd: Der Zeitgewinn war praktisch gleich Null, die Verbindungen klappten nicht, die Ausrüstung mit elektronischen Mitteln war unzureichend.

Der Durchbruch kam mit dem Siegeszug der dezentralisierten elektronischen Datenverarbeitung mittels Datenleitungen und Computerterminals. Nun gelang es innerhalb von zweieinhalb Jahren (1969 bis 1972) und mit geringen Entwicklungskosten, ein Marschmodell zu entwickeln, das seither als truppentauglich gelten darf.

Das NPV war das erste Computerprogramm im Bereich der operationellen Planung und hat in ganz Europa nicht seinesgleichen; es ist ein offenes Geheimnis, daß die Armeen anderer Staaten an den Früchten der schweizerischen Pionierarbeit, soweit sie öffentlich zugänglich ist, starkes Interesse haben.

Dreierlei wird durch dieses Programm ermöglicht:

– *Befehlsgebung:* Der Computer druckt fertige Marschbefehle für jede Marschgruppe (Bataillon, Kompanie, in Spezialfällen sogar kleinere Verbände) aus. Sie enthalten die Route und die Durchmarschzeiten.

– *Entlastung der Stäbe:* Durch das NPV wird die administrative Arbeit der Stäbe drastisch reduziert; der Rationalisierungseffekt beträgt etwa 60 Prozent. In der gewonnenen Zeit können sich die dank dem Computer freigestellten Generalstäbler mit ihren eigentlichen Führungsaufgaben befassen, statt endlos Marschzeiten auszurechnen und Friktionen «von Hand» zu vermeiden. Daß die Fehlerhäufigkeit bei der elektronischen Abwicklung weitaus geringer ist, als wenn mehrere Menschen nebeneinander das gleiche tun, versteht sich von selbst.

– *Kontrolle:* Das NPV ist ein erstklassiges Führungsinstrument. Es erlaubt dem Truppenführer, jederzeit festzustellen, wann sich welcher Verband wo befindet. Wenn Überraschungen eintreten, reagiert der Computer sofort. Wird zum Beispiel eine Brücke als gesprengt gemeldet, liefert das Programm innert Minuten die optimale Umgehungsroute.

Gerade bei der Entwicklung des NPV wie auch anderer, zum Teil schon in der Erprobung befindlicher Führungsprogramme hat sich ein unschätzbarer Vorteil des schweizerischen Milizsystems gezeigt: Eine Berufsarmee hätte für ein ähnliches Projekt außenstehende teure Spezialisten beiziehen oder den gesamten personellen Apparat beamtenmäßig aufbauen müssen; die Planer in der Gruppe für Generalstabsdienste dagegen konnten auf zahlreiche Computerspezialisten in der Privatwirtschaft und an den Hochschulen zurückgreifen, die im Rahmen ihrer normalen Dienstpflicht zum bescheidenen Gradsold hochqualifizierte Arbeit leisteten, die sonst mit 100 und mehr Franken pro Mann und Stunde hätte bezahlt werden müssen. Für die Entwicklung des NPV waren zwar zehneinhalb Mann-Arbeitsjahre nötig, doch entstanden nur höchst bescheidene Kosten von rund 600000 Franken!

«Zum Defilieren – vorwärts, marsch!»

So etwas ist leicht befohlen, aber bedeutend schwerer getan. Große Defilees sind seltene Höhepunkte im Leben der Armee. Hier steht, wozu sie eigentlich durchgeführt werden.

Was wäre der 14. Juli in Frankreich ohne die große Militärparade! Was der Jahrestag der Oktoberrevolution in der Sowjetunion! Aber was auf den Champs-Elysées und dem Roten Platz einfach dazugehört, scheint für die schweizerische Milizarmee auf den ersten Blick entbehrlich zu sein. In einem Land, wo jeder gesunde erwachsene Mann sein halbes Leben lang immer wieder Militärdienst leistet, braucht sich die Armee dem Volk eigentlich nicht darzustellen, denn das Volk ist die Armee und stellt sich in ihr selber dar.

So haben denn Militärparaden in der Schweiz keine große Tradition, wenn auch etwa im 15. und 16. Jahrhundert etliche Schweizer Städte die alljährlichen Waffenmusterungen mit Vorbeimärschen verbanden. So darf zum Beispiel vermutet werden, daß die Harnisch-Schauen von Luzern, die jeweils am Ende des Winters durchgeführt wurden, viele Neugierige anzogen. Weit weniger militärisch waren dann freilich ihre Weiterentwicklungen im Lauf der Jahrzehnte; vieles spricht nämlich dafür, daß sie frühe Vorläufer der Fasnachtsumzüge waren...

Schon das Wort «Defilee» ist etwas ausgesprochen Schweizerisches und kommt in dieser Bedeutung nirgendwo anders vor. Es ist eine Ausnahme, auch zeitlich, denn große Korpsdefilees finden in der Schweiz nur außerordentlich selten statt. Seit den großen Defilees des Zweiten Weltkrieges wurden bloß deren vier durchgeführt: in Solothurn/Seuzach 1953, in Payerne 1959 und in Dübendorf 1963, dazu das Defilee der Flieger- und Flabtruppen in Emmen 1972. Zahlreicher sind die Vorbeimärsche von Regimentsverbänden am Schluß von Wiederholungskursen.

Was für einen Sinn haben Defilees? Sicher sind die taktfesten Aufmärsche der behelmten feldgrauen Kolonnen mit ihren blitzblanken Waffen und ihren flatternden Truppenfahnen in erster Linie sinnfällige Demonstrationen militärischer Macht. Gelegentlich wurden sie zur Veranschaulichung der militärischen Präsenz in kritischer Zeit durchgeführt, letztmals von General Ulrich Wille nach den Generalstreik-Unruhen von 1918 in Zürich. Dieser Aufmarsch schuf böses Blut: Das Volksheer triumphierte offen über jenen Teil des Volkes, der gegen soziale Mißstände protestiert hatte und durch das Truppenaufgebot gemaßregelt worden war.

Die Zwecke der Übung

Mit Defilees werden gelegentlich hohe Truppenführer verabschiedet. Bedeutender aber ist ein gewisser psychologischer Effekt nach innen: Die defilierende Truppe beweist sich durch ihre stramme Haltung selbst, daß sie nach großen Anstrengungen, zum Beispiel nach Manövern, noch frisch und einsatzfähig ist.

Bei der öffentlichen Wirkung von Defilees, nicht zuletzt nach dem Ausland hin, ist nicht zu übersehen, daß der Kosten-Nutzen-Effekt je länger, desto umstrittener ist: Vor und nach jedem großen Korpsdefilee erhebt sich in der Öffentlichkeit und gelegentlich auch in den eidgenössischen Räten Kritik an dieser Art von Wehrdemonstrationen. Der Bundesrat hat seine Haltung in der Antwort auf eine Kleine Anfrage aus dem Nationalrat vor dem Defilee von Payerne im Jahre 1959 formuliert und zugleich den Hauptzweck moderner Truppenaufmärsche dieser Art festgelegt:

«Die Anstrengungen, welche die Präsentierung der Truppe am gewollten Ort, zur bestimmten Zeit und in einer tadellosen Haltung von den Kommandanten, den Stäben, den Unteroffizieren und dem Mann im Glied verlangt, sind noch heute ein Mittel militärischer Erziehung. Ihre Bewältigung ist noch immer ein Gradmesser für den Ausbildungsstand und den Einsatz von Kader und Mannschaften.

Aber auch Überlegungen anderer Art rechtfertigen militärische Defilees. So vor allem der Umstand, daß sie bei der Bevölkerung ein freudiges Echo finden und vielen Tausenden Gelegenheit geben, etwas von unserer Armee zu sehen. (...) Heutzutage, wo die militärische Ausbildung und die Übungen vorwiegend in aufgelösten, möglichst unsichtbaren Formen vor sich gehen, ist ein gelegentlich geschlossenes, einheitliches und weithin sichtbares Auftreten um so erwünschter. Die großen Defilees fanden deshalb einen immer stärkeren Widerhall und gestalteten sich zu machtvollen Demonstrationen der Verbundenheit von Volk und Armee.»

In der Tat scheint das rege Publikumsinteresse die gelegentliche Durchführung von Defilees zu rechtfertigen: Weit über 100000 Zuschauer waren an den großen Vorbeimärschen der Nachkriegszeit jedesmal zugegen; ein Mehrfaches dieser Zahl erlebt das militärische Schauspiel am Bildschirm und durch die Presse mit.

Aufschlußreich ist es auch, die Argumente eines hohen Truppenführers kennenzulernen, der ein überzeugter Anhänger von Defilees war. Oberstkorpskommandant Ernst Uhlmann stellte seinem Befehl zum Defilee von Dübendorf (1963) folgende Überlegungen voran:

«Wir Schweizer sind Soldaten und Bürger zugleich. Wir alle fühlen uns deshalb mitinteressiert und mitbeteiligt am Aufbau und Ausbau der Armee. Die Anpassung der Landesverteidigung an die Erfordernisse des Krieges ist aber nur möglich, wenn unser Volk den Bedürfnissen der Armee Verständnis und wenn der Bürger

dem Wehrwesen Vertrauen entgegenbringt. Es gehört deshalb mit zu den Aufgaben der Armee, dieses Verständnis und dieses Vertrauen zu wecken und wachzuhalten.

Aus diesem Grunde ist es notwendig, unserem Volk von Zeit zu Zeit zu zeigen, wie sich die Armee entwickelt und wie sie sich den neuen Notwendigkeiten anpaßt. Ein Defilee großer Truppenverbände bietet die beste Gelegenheit, unserem Volk und gleichzeitig dem Ausland die Bereitschaft und die Kraft der schweizerischen Armee ins Bewußtsein zu rufen. Vorbereitung und Durchführung des Defilees erfordern allerdings reichlich Zeit. Mit Rücksicht auf den zweifellos gewaltigen Zustrom an Zuschauern muß die Truppe sehr frühzeitig aufmarschieren, um die Straßen für den Zivilverkehr freizugeben. Die Truppe wird die Wartezeit verstehen, wenn ihre Kommandanten die komplizierte Organisation eines Defilee-Aufmarsches erklären und wenn sich die Truppe bewußt wird, daß ihr die Ehre zufällt, vor dem Volk die Armee zu repräsentieren.»

Das giftige Pfeifen kam näher. Zischend wischte die Mirage-Staffel über 100000 Zuschauern an der Piste des Militärflugplatzes Emmen vorbei. Den Beifall konnten die Piloten in den Cockpits nicht hören. Es war die Anerkennung für eine Höchstleistung; denn das Flieger- und Flab-Defilee vom 5. Oktober 1972 auf dem Flugplatz Emmen war der bisherige Extremfall von Planung und Präzision in der Geschichte schweizerischer Defilees. In Anflugräumen, die sich über die ganze Schweiz erstreckten, waren bedächtige Pilatus-Porter und unverwüstliche Hunter, langsame Helikopter und schallschnelle Mirages für ein und dasselbe Defilee versammelt worden.

15 Sekunden Toleranz

Die Piloten mußten mit plus/minus 15 Sekunden Toleranz genau über den Köpfen der begeisterten Menge sein. So wollte es das Drehbuch, und so erforderte es die Sicherheit: Ein paar Sekunden Verspätung, und es hätte ein heilloses, möglicherweise gar gefährliches Durcheinander gegeben. Insgesamt nahmen 10000 Mann, 800 Motorfahrzeuge und 160 Flugzeuge an dieser imposanten Heerschau teil.

Die Kehrseite der «Defilee-Medaille» am Beispiel des FAK-2-Defilees 1963 in Dübendorf: Kaum den Manövern entronnen, mußte die Truppe Zwischenunterkünfte beziehen und sich nach kurzer Nachtruhe in aller Frühe in die Bereitstellungsräume verschieben. Tausende von Soldaten hatten acht und mehr Stunden zu warten, bis sie defilieren konnten, denn vom späteren Vormittag an waren die Anfahrtswege für die Zuschauermassen reserviert.

Ein eigens gebildeter Defilee-Stab von 40 Offizieren war insgesamt etwa 20 Tage im Dienst, um die Dübendorfer Großveranstaltung (über 200000 Zuschauer) vorzubereiten. Als Drehbuch entstand ein 46 Seiten umfassender Befehl, der nicht nur exakte Marschtabellen enthielt, sondern auch alle erdenklichen Eventualitäten regelte, vom Abschleppwesen bis zum Sammelplatz für verlorengegangene Kinder. Die Defilee-Leitung steuerte alle teilnehmenden Truppen per Funk-Rundspruch. Kavalleristen und Trainsoldaten hatten Anweisung, während des Überflugs der defilierenden Flugwaffe die Pferde besonders aufmerksam unter Kontrolle zu halten – die Defilee-Spezialisten hatten wirklich an alles gedacht, selbst an den Fanfarenruf, der in dem Augenblick zu ertönen hatte, da der Korpskommandant, von 16 Motorradfahrern eskortiert, auf die Defilierpiste einschwenkte.

«Wucht soll wirken»

«Das Defilee soll durch seine Wucht wirken», verordnete der Dübendorfer Befehl auf Seite 36. «Daher müssen die Defiliergruppen eine kompakte Masse bilden.» Das bedeutete: Fußtruppen in Zwölferkolonne, Motorrad- und Radfahrer je acht Mann pro Glied, vier Motorfahrzeuge pro Glied. Besondere Weisungen:

«Zwischen den Tafeln ‹Beginn Defilierstrecke› und ‹Ende Defilierstrecke› hat die defilierende Truppe eine musterhafte Haltung zu zeigen. Es ist verboten, den Zuschauern zuzuwinken oder zuzurufen, zu fotografieren, sich umzudrehen oder die Formation zu verlassen. Auf den Fz wird aufrecht gesessen, Blick in Fahrtrichtung (außer beim Gruß).

Die Div, Rgt, Bat und Abt Kdt, die Art Chefs und die übrigen Defiliergruppenkdt defilieren stehend auf ihren Kommandofahrzeugen, beide Hände auf der Windschutzscheibe. Der vordere rechte Sitz ist zu entfernen. Alle anderen Of, die motorisiert defilieren, sitzen.

Die Insassen offener Motfz ohne Gewehr (Of und höhere Uof) halten die Hände flach auf den Knien.

Die Fußtrp schwingen beim Defilieren die Arme nach vorn bis auf Gurthöhe und nach hinten bis zur vollen Streckung; die Fäuste sind halb geschlossen.»

Hinsichtlich des Erscheinungsbildes der Truppe galten folgende Befehle:

«Es sind keinerlei individuelle Abänderungen der Vorschriften über Anzug und Ausrüstung gestattet.

Die Truppe muß tadellos rasiert sein.

Alle defilierenden Truppen tragen Helm (Ausnahme: FHD). Die Anpassung der Helme ist zu überprüfen. Das Visier befindet sich auf Augenhöhe. Bei allen Trp, die ohne Helmüberzug defilieren, ist der Helm schattenschwarz gespritzt. Er darf keine größeren Farbschäden aufweisen. Mangelhafte Helme sind bis zum 10.10.63 instand zu stellen. Die Chefs Mat D der HE regeln entweder die Basierung auf eine der nachgenannten Stellen:

Kantonskriegskommissariat Zürich
Kantonskriegskommissariat Aarau
Kantonales Zeughaus Luzern

oder fordern gegebenenfalls mobile Spritzeinrichtungen zu den Mat Bat an.»

Die generalstabsmäßige Vorbereitung ging so weit, daß sogar die Kirchturmuhren der näheren Umgebung von Dübendorf nach der sprechenden Uhr justiert wurden.

Besondere Probleme bot die Musik: Während des mehr als eine Stunde dauernden Vorbeimarsches sollte sie ununterbrochen und in der vorgeschriebenen regelmäßigen Kadenz von 118 Schritt pro Minute spielen, wobei im Fall einer Ablösung der Takt höchstens um ein Sechzehntel differieren durfte, damit die Fußtruppen nicht aus dem Schritt fielen. Die insgesamt sechs Regimentsspiele, zusammengefaßt in zwei Divisionsspiele, lösten einander ab. Die Spielführer boten noch einen Extra-Service, indem sie jedem Regiment exakt zu der Minute seines Vorbeimarschs beim Podium den gewünschten Regimentsmarsch blasen ließen. Und um die Militärflugplätze zu entlasten, durften zwei Hunter-Staffeln sogar auf dem interkontinentalen Flughafen Zürich-Kloten zwischenlanden.

Imposant waren auch die baulichen Einrichtungen, die eigens für diesen unvergeßlichen Nachmittag des 17. Oktober 1963 erstellt worden waren: Tribünen für 220000 Zuschauer, Kontrolltürme, Podium, feste und bewegliche Abschrankungen, Fahnenstangen, Lautsprechersäulen, Toiletten und, als Pünktchen auf dem i, eine provisorische Verlängerung eines Industriegeleises direkt ins Flugplatzareal – für den Extrazug mit 450 Ehrengästen aus Bern, darunter dem Bundesrat in corpore!

Insgesamt waren etwa 2000 Ehrengäste geladen. Das militärische Protokoll nannte sie in dieser Reihenfolge:

Gesamtbundesrat sowie Kanzler und Vizekanzler mit ihren Gattinnen, alt Bundesräte mit Gattinnen, Nationalrat

Das letzte Defilee unserer Dragoner

Die 800 Wehrmänner kamen ohne Marschbefehl, ohne Aussicht auf Sold und freiwillig, an einem Sonntag. Sie rückten ein zum wohl seltsamsten und wehmütigsten Defilee in der Geschichte des schweizerischen Heeres. Die Kavallerie nahm Abschied von sich selbst.

4. November 1973: Knapp ein Jahr zuvor hatten die eidgenössischen Räte nach einer turbulenten und leidenschaftlichen öffentlichen Auseinandersetzung und entgegen einer machtvollen, von 432000 Schweizern unterzeichneten Petition beschlossen, die Kavallerie abzuschaffen.

Weder das EMD noch die oberste Armeeleitung hatte es für nötig befunden, der traditionsreichen und volksverbundenen Reitertruppe wenigstens einen geziemenden öffentlichen Abschied zu gewähren. Also taten es die Dragoner mit trotzigem Stolz freiwillig.

Über 40000 Armee- und Pferdefreunde fanden sich an diesem nebligen Novembersonntag auf dem Defilierfeld vor dem Hengstendepot von Avenches ein. Die Bereitermusik spielte den Defiliermarsch. Oberst Adolf Meier aus Sursee, der unentwegte und unterlegene Kämpfer für die Kavallerie, meldete seine Truppe dem Kommandanten des 1. Armeekorps, Korpskommandant Lattion. Die beiden Feldprediger richteten besinnliche Worte an Truppe und Zuschauer. Darauf defilierten die sechs Schwadronen nebst Stäben des Dragonerregiments 1 zuerst im Trab, dann im Galopp und schließlich im Jagdgalopp.

Noch nie hatte man so viele Zivilisten in Achtungstellung gesehen wie in diesen wehmütigen Augenblicken. Und mehr als ein alter Dragoner schämte sich seiner Tränen nicht. Die Reitertruppe war der Bestandeskrise in der Armee zum Opfer gefallen. Ihr Kampfwert wurde von den Planern der modernen Armee als nicht mehr genügend beurteilt. Das Gute mußte dem (vermeintlich) Besseren weichen. Panzer statt Pferde!

Oberst Meier sprach in dieser Stunde seiner Truppe aus dem Herzen, als er im Hinblick auf den einen Monat später beginnenden Umschulungskurs erklärte: «Meiner Truppe zu sagen, sie sollte auch in Zukunft den Dienst mit unserem gewohnten Schwung versehen, wäre Heuchelei. Ich erwarte vom 1. Dragonerregiment keine künstliche Begeisterung, aber eines erwarte ich, meine Dragoner: ein einfaches ‹Verstanden›!»

Kurz darauf ließ sich Oberst Meier zur Disposition stellen. Und kaum einen Monat nach dem stolzen und würdigen Abschied der Kavallerie brach die Ölkrise herein. Die Welt, auch die militärische, mußte ein neues Verhältnis zu ihren motorisierten Werkzeugen und Statussymbolen finden. Offen bleibt die Frage, ob die Politiker in dieser Situation, ein Jahr nach ihrem Nein zur Kavallerie, nochmals gleich entschieden hätten.

und Ständerat, Landesverteidigungsrat und Ersatzmitglieder, kantonale Regierungen (soweit kantonale Truppen beteiligt), Präsidenten und Vizepräsidenten der Parlamente der beteiligten Kantone, Präsidenten der Obergerichte der beteiligten Kantone, Gemeinderäte der vom Defilee berührten Gemeinden, Mitglieder des Bundesgerichts, Präsident und Vizepräsident des Eidgenössischen Versicherungsgerichts, Missionschefs der in der Schweiz akkreditierten diplomatischen Missionen, Militârattachés und ihre Gehilfen, Generaldirektion von SBB, PTT und Swissair, die Spitzen der Nationalbank, der SRG, des Fernsehens und der Filmwochenschau, Vertreter der drei Landeskirchen, der Nationalspende und der Pro Helvetia, Rektoren der ETH sowie der Universitäten Bern, Zürich und Basel, Zentralvorstände der Offiziersgesellschaft und des Unteroffiziersverbandes, Präsidentin des FHD-Verbandes, Mitglieder der Landesverteidigungskommission, Divisionskommandanten, Unterstabschefs, Waffenchefs, Abteilungschefs des EMD, Kommandanten der Grenz-, Reduit-, Festungs- und Territorialbrigaden sowie die Stabschefs der Armeekorps, verschiedene Chefbeamte des EMD, alle ehemaligen Heereseinheitskommandanten und Chefbeamte aus anderen Departementen (vom Bundesarchivar bis zum Verwalter der Eidgenössischen Druck- und Materialzentrale).

«Ich marschierte mit!»

Wie aber erlebte dieses letzte große Korpsdefilee einer der vielen tausend Namenlosen, die vor all den Ehrengästen vorbeimarschierten, die halb geschlossenen Fäuste vorschriftsgemäß bis zur Gürtelhöhe schwingend?

Im offiziellen Erinnerungsbuch hat der Wehrmann Klaus Deuchler (Füs Kp III/63) seine Eindrücke so zusammengefaßt:

«Schon Stunden vor Defileebeginn bog unsere Lastwagenkolonne auf den Flugplatz ein. Wir brauchten uns nicht wie vielleicht manche zivilen Besucher um Park- und Sitzplatz zu sorgen. Unser Weg durch das Gewirr ankommender Truppen und Fahrzeuge war genau jaloniert, das heißt durch kleine Wegweiser vorgezeichnet. Bei Orientierungsschwierigkeiten wären auch Lotsen zur Stelle gewesen, militärische Straßenpolizei mit gelben Tafeln ‹Mir nach› hinten an den Motorrädern. Ein geschäftiges Summen lag über der weiten Ebene des Flugplatzes. Mitten in diesem riesigen Heerlager, das durch die gewaltige Massierung von Truppen und Fahrzeugen so unzeitgemäß erschien, wurde uns der Besammlungsraum zugewiesen. Frauen mit Körben voll Würsten zogen wie einst Marketenderinnen durch unsere Haufen. In der Nähe eröffneten Grillstände und Kaffeebuden den Betrieb.

Unser Bataillon war jetzt vollzählig und wurde sorgfältig der Größe der Soldaten nach aufgestellt. Es folgte eine genaue Tenükontrolle, wobei jeder Knopf auf richtigen Sitz geprüft werden mußte. Es wollte mir wichtiger erscheinen, die Tarnüberzüge einheitlich mit der gleichen Seite nach außen über die Helme ziehen zu lassen. Sollte dieses Detail, das der vielbesprochenen Einheitlichkeit so abträglich war, im großen Planen untergegangen sein, und blieb es dem einzelnen überlassen, sich für die grüne oder braungelbe Seite zu entscheiden? Aber es war an alles gedacht worden. Ein Befehl regelte auch diese Frage.

Das Defilee hatte längst begonnen. Die motorisierten Einheiten waren an uns vorübergezogen. Die Reihe ist an uns. Ein letzter prüfender Blick unseres Bataillonskommandanten, der im Jeep vorausfährt. Vor uns die endlos scheinende Piste und in der Ferne die unabsehbare Masse der Zuschauer. Jetzt ertönt unser Regimentsmarsch. Wir marschieren. Die wichtigen Punkte schießen mir durch den Kopf: gute Haltung, Armschwingen, Richten. Schon sind die Tribünen erreicht, der Applaus schwillt an.

Der Korporal zu meiner Rechten schwingt den Arm, als gelte es das Leben, und knallt mit der Hand ab und zu an den Kolben meines Sturmgewehres. Ich schiele etwas hinüber und sehe, daß er seine Finger wundgeschlagen hat und mein Kolben mit Blut beschmiert ist! Der Beifall und die Marschmusik beschwingen unwillkürlich den Schritt, straffen die Haltung und lassen etwas wie Stolz aufkommen. Stolz einfach darüber, dabeizusein, aber vielleicht auch zu wissen, daß wir im Notfall nicht wehrlos dastehen würden. Die Ehrentribüne ist erreicht. Die Haltung der ganzen Zwölferkolonne spannt sich nochmals. Wir grüßen unseren obersten Kommandanten, unsere oberste Behörde und die Vertreter wer weiß wie vieler Staaten. – Das Ende der Piste ist erreicht. Wir biegen ab, marschieren plötzlich fast lautlos über Rasen. Freimarsch! Der Korporal mustert erstaunt seine zerschundene Hand und leckt Blut. Ich bücke mich nach einem Grasbüschel und wische die Spuren des Defilees von meinem Kolben.

Das Bataillon löste sich wieder in Kompagnien auf. Es begann zu regnen. Wir stiegen befriedigt in unsere Wagen und warteten auf den Abtransport.»

Soldatisch: Mehr als eine Form

1970 legte die «Kommission für Fragen der militärischen Erziehung und Ausbildung der Armee» ihren Bericht vor. Hier sagt ihr Präsident, worum es ging und was aus den Vorschlägen geworden ist.

Ein Nachwort von Dr. Heinrich Oswald

Am 15. August 1969 hat der damalige Ausbildungschef der Armee, Oberstkorpskommandant Pierre Hirschy, der von ihm gebildeten «Kommission für Fragen der militärischen Erziehung und Ausbildung der Armee» ihren Auftrag mit der Vorbemerkung erteilt:

«Allen, die sich ernsthaft mit der Ausbildung befassen, ist es klar, daß die Ausbildungsmethoden dauernd weiterentwikkelt werden müssen und sich den Veränderungen des Krieges, der Perfektion der Technik und schließlich – dies gilt es nicht zu vergessen – dem Wandel der Sitten anzupassen haben.»

Dann folgt der wegleitende Passus:

«Das Ziel unserer Ausbildung ist das Kriegsgenügen: Mehr denn je muß das Wichtige im Vordergrund stehen. Es gilt zu unterscheiden zwischen dem, was beständig und was vergänglich ist, zwischen dem Wesentlichen und dem Nebensächlichen.»

Der Wille des für die Ausbildung höchstverantwortlichen Berufsoffiziers, sich bei der Suche zeitgemäßer Verhaltensnormen in der Armee von kompetenten Fachleuten beraten zu lassen, zeigt zwei charakteristische Stärken unseres Milizheeres: Volksverbundenheit und Aufgeschlossenheit gegenüber dem Neuen. Demgemäß sind auch die Empfehlungen der Kommission ausgefallen. Diese war aus Pädagogen, Wirtschaftsführern, Instruktoren, Psychologen und anderen im öffentlichen Leben Verantwortlichen zusammengesetzt, im militärischen Grad vom HD-Soldaten bis zum Obersten und im Lebensalter vom Studenten bis zum Professor. Es waren auch alle Sprachgebiete der Schweiz vertreten.

Umwelt im Wandel

Als Bestandteil der Gesellschaft kann und darf sich die Armee den Wandlungen der Umwelt nicht entziehen. Seit Beginn des eidgenössischen Wehrwesens hat sich bekanntlich unser Staat von einem Agrarland zu einer Industrienation entwickelt. So waren zum Beispiel 1870 mehr als die Hälfte unserer Soldaten Bauern, 1914 noch ein Drittel. Heute ist unser Volk eine hochspezialisierte Industriegesellschaft, deren Erwerbstätige zu annähernd 80 Prozent in der Industrie und im Dienstleistungssektor arbeiten. So sind inzwischen Selbständigkeit, eigenes Urteil und Entschlußkraft im Zivilleben Voraussetzung zur Berufsausübung geworden. Daraus hat die Wirtschaft die Konsequenzen gezogen: Der Vorgesetzte, ehemals über seinen Untergebenen thronend, ist heute als Führungsfachmann in das Team einbezogen.

Die neue Autorität

Demgemäß muß auch in der Armee mit zunehmender Technisierung die Umstellung von der dienstgradbezogenen zur sachbezogenen Autorität erfolgen. In dieser Hinsicht wäre es falsch, unseren Wehrmännern den «Zivilisten auszutreiben». Zwar mag die rein sachliche Verrichtung – weil nicht zackig – manchem Traditionsbewußten als «unsoldatisch» vorkommen; doch wird niemand behaupten, daß diese Sachbezogenheit die Disziplin in Frage stellt, wie etwa das Beispiel der Flieger und Lenkwaffenspezialisten besonders augenfällig macht. Je höher die Technisierung, desto größer die Anforderung an Präzisionsarbeit und Unterhalt des Materials, was im Klartext heißt: an die Disziplin!

Die Entwicklung zur Industriegesellschaft widerspiegelt sich auch im Verhältnis von Vorgesetzten und Mitarbeitern. So distanziert wie zu Beginn unseres Jahrhunderts die Herrschaft den Domestiken und der Meister dem Knecht gegenüberstanden, so klaffte derselbe gesellschaftliche

Abstand zwischen Offizier und Soldat. Deshalb hatte dieser vor jenem «stramm» zu stehen und den empfangenen Auftrag mit «zu Befehl» zu quittieren. Und wie seinerzeit der Arbeitgeber den Arbeitnehmer nur mit dem Geschlechtsnamen ansprach, dieser aber mit «Herr» Müller antworten mußte, hatte der Füsilier Meier dem «Herrn» Leutnant Müller gegenüberzutreten. Hier war es an der Zeit, wiederum ohne den geringsten Abstrich an der Disziplin, zum Nutzen der Sache die Hand von der geistigen und physischen Hosennaht zu lösen.

So hat nun eine natürliche «Aufmerksamkeitsstellung» die verkrampfte «Achtungstellung» alter Ordonnanz ersetzt. Den Formalisten, welche dieser heute noch nachtrauern, möge als Trost dienen, daß erwiesenermaßen die frühere Achtungstellung zwangsläufig eine Blutleere im Gehirn bewirkte, wie dies Ohnmachtsanfälle bei Fahnenübergaben usw. zeigten. Beeinträchtigung des Denkvermögens ist gewiß das letzte, was wir im Militär brauchen können!

Besinnung auf das Wesentliche

Schon die seinerzeitige Abschaffung des Taktschrittes und des Gewehrgriffs, wie nunmehr auch die Vereinfachung der Achtungstellung und des militärischen Grußes, machte viel Zeit für die notwendige Ausbildung im Fachdienst und im Waffenhandwerk frei. Noch vor Jahren war zum Beispiel auf der Militärpostkarte zu lesen:

«Man hört in der Kaserne Thun bald Achtung steht, bald wieder ruhn.» Heute ist der Forderung von General Guisan endlich Nachachtung verschafft: «Die Zeit des Soldatenspielens ist endgültig vorbei!» Anstelle des stundenlangen Übens militärischer Formen können nun der im Ernstfall entscheidende Ortskampf und Waldkampf sowie das Gefecht bei Nacht trainiert werden.

Deshalb wurde in den Reformvorschlägen auch der Ausbau der Waffen- und Schießplätze gefordert. Nur mit zweckmäßigen Anlagen ist eine kriegsgenügende Ausbildung überhaupt möglich. Es ist fatal, wie wenig dieses entscheidende Anliegen, verglichen mit dem «Haarschnitt», in der Öffentlichkeit Aufmerksamkeit findet. Auch wirkt es bemühend, wenn solche Investitionen oder die Anschaffung moderner Waffen im Parlament «als für unseren Kleinstaat zu teuer» bekämpft werden, solange das Volk dieses selben Kleinstaates zurzeit mehr Geld für Alkohol und Tabak ausgibt als für seine Landesverteidigung!

In diesem Sinne wurde von der Kommission auch eine längere Manöverdauer gefordert, um Führung und Truppe physisch und psychisch unter kriegsähnliche Bedingungen zu stellen. Die Beiträge in diesem Buch über Sinn und Zweck der Manöver beweisen Notwendigkeit und Bedeutung derartiger Übungen.

Oben: Armee und zivile Gesellschaft gehen Hand in Hand; die eine bedingt die andere. Ob als einzelner auf sich selbst gestellt *(Mitte)* oder einbezogen in einen Kampfverband *(unten)*: Heute gilt eine andere Art von Autorität als früher. Sie gründet nicht mehr auf Tradition oder Rang, sondern auf Wissen und Können. Nach wie vor aber ist Disziplin die Voraussetzung für jede erfolgreiche militärische Arbeit.

Ein Platz für die Gefühle

Schließlich hat die Kommission klargemacht, daß auch im militärischen Betrieb das, was das Gemüt anspricht, und das, was das Militärische sichtbar werden läßt, zu pflegen ist. So bedeuten Defilees, Fahnenübergaben und Vorbeimärsche mehr als militärische Folklore; sie zeigen dem Volk augenfällig das Werkzeug seiner Landesverteidigung und die Männer und Frauen, die im Kriegsfall dieses handhaben.

Gerade in einer Milizarmee mit kurzen Dienstzeiten dauern Einführung und Durchsetzung von Neuerungen zwangsläufig länger als in einer Berufsarmee. Heute, acht Jahre nach Abgabe des Berichts, ist es erfreulich, festzustellen, daß die neuen Umgangsformen als völlig natürlich empfunden werden. «Ein guter Kommandant hat dies von jeher so gehalten ...», bemerkte kürzlich ein erfahrener Troupier. Es bleibt zu hoffen, daß auch die andern wichtigen Empfehlungen der Kommission noch verwirklicht werden.

Die Autoren dieses Buches

Dr. Hans Rudolf Kurz,
Stellvertretender Direktor der Eidgenössischen Militärverwaltung

Karl Lüönd,
Stellvertretender Chefredaktor des «Blick»

Dr. Heinrich Oswald,
Mitverfasser des Oswald-Berichts

Korpskommandant Hans Senn,
Generalstabschef der Armee

Korpskommandant Hans Wildbolz,
Ausbildungschef der Armee

Personenverzeichnis

Literaturverzeichnis

Max E. Ammann: Der Eidgenoß. Die Geschichte der Schweizer Kavallerie, Luzern, 1975
Edgar Bonjour: Geschichte der schweizerischen Neutralität, Bände I–VII, Basel, 1970–1975
Albert Brunisholz/Carl Hildebrandt: Die Geschichte der Kriegsmaterialverwaltung, Bern, 1975
Heinrich Buchbinder: Landesverteidigung im Atomzeitalter, Zürich, 1966
Defilee FAK 2 1963, Schaffhausen, 1963
40 Jahre 8. Division, Luzern, 1976
Dragoner fest im Sattel, Neuenburg, 1974
Peter Dürrenmatt: Schweizer Geschichte, Zürich, 1963
Das Feldarmeekorps 2 in der 100jährigen Geschichte der Schweizer Armee, Derendingen, 1975
Feyler: Die Schweiz in Waffen, Lausanne, 1914
50 Jahre Schweizer Flugwaffe, Bern, 1964
Willi Gautschi: Der Landesstreik 1918, Einsiedeln, 1968
Kurt Guggenheim: Alles in Allem, Frauenfeld, 1976
Carl Helbling: General Ulrich Wille, Zürich, 1957
Meinrad Inglin: Schweizerspiegel, Leipzig, 1935
P. Kasser: Hundert Jahre bernische Miliz 1833–1933, Bern, 1933
Hans Rudolf Kurz: Oberstkorpskommandant Theophil Sprecher von Bernegg, Wattwil, 1961
Hans Rudolf Kurz: Dokumente der Grenzbesetzung 1914–1918, Frauenfeld/Stuttgart, 1970
Hans Rudolf Kurz/Hermann Lei/Hugo Schneider: Das Schweizer Heer, Dietikon-Zürich, 1969
Hans Rudolf Kurz (Herausgeber): Die Schweizer Armee heute, Thun, 1976
Alfons Lenherr: Das schweizerische Militärwesen der Restaurationszeit, Osnabrück, 1976
Bruno Lezzi: 1914: General Ulrich Wille und die Kriegsbereitschaft der schweizerischen Armee, Osnabrück, 1975
Karl Lüönd: Spionage und Landesverrat in der Schweiz (2 Bände), Zürich, 1977
Eric Mettler: Oberst Johannes Wieland (1791–1832), ein Baumeister am eidgenössischen Wehrwesen, Bern, 1944
J. von Muralt: Die Manöver der schweizerischen Armee (Neujahrsblatt der Feuerwerker-Gesellschaft, Artillerie-Collegium in Zürich auf das Jahr 1939), Zürich, 1939
Andri Peer: Der Aktivdienst, Zürich, 1975
Bernhard Rahn: Impressionen vom Kaiserbesuch Wilhelms II. in der Schweiz (in: Zürcher Taschenbuch auf das Jahr 1958), Zürich, 1958
Alfred Schaer: Kaiser Wilhelm II. in der Schweiz, Zürich, 1912
Walter Schaufelberger: Der Alte Schweizer und sein Krieg, Zürich, 1952
Walter Schaufelberger: Der Wettkampf in der Alten Eidgenossenschaft, Bern, 1972
Walter Schaufelberger: Das eidgenössische Wehrwesen im Spätmittelalter im Lichte moderner Militärgeschichtswissenschaft (Neujahrsblatt der Feuerwerker-Gesellschaft, Artillerie-Collegium in Zürich auf das Jahr 1975), Zürich, 1974
Urs Schenker: 150 Jahre Schweizerischer Schützenverein, Bern, 1974
Hans Rudolf Schmid: Front-Rapport, Frauenfeld, 1940
Hans Rudolf Schmid: Der General, Zürich, 1974
Paul Schmid-Ammann: Emil Klöti, Stadtpräsident von Zürich. Ein schweizerischer Staatsmann, Zürich, 1965
Hans Schneider: Geschichte des Schweizerischen Bundesstaates 1848–1918, Zürich, 1931
Hans Senn: General Hans Herzog (1819–1894), Aarau, 1945
Klaus Urner: Die Deutschen in der Schweiz, Frauenfeld, 1976
Hans Georg Wackernagel: Kriegsbräuche in der mittelalterlichen Eidgenossenschaft, Basel, 1934
Weisch no? Heitere Erinnerungen aus dem Aktivdienst, o. O., o. J.
Johannes Wieland: Mein Sommer 1826, Basel, 1827
Ulrich Wille: Die Entwicklung der Manöver in unserer schweizerischen Milizarmee (Neujahrsblatt der Feuerwerker-Gesellschaft, Artillerie-Collegium in Zürich auf das Jahr 1903), Zürich, 1903
Ulrich Wille: Gesammelte Schriften, herausgegeben von Edgar Schumacher, Zürich, 1941
Zahlreiche Artikel aus: «Neue Zürcher Zeitung», «Tages-Anzeiger», «National-Zeitung», «Basler Nachrichten», «Luzerner Neuste Nachrichten», «Luzerner Tagblatt», «Freie Innerschweiz», «Der Bund», «Blick», «Allgemeine Schweizerische Militärzeitschrift» u. a.
Manövergeschichten und -alben 19. und 20. Jahrhundert aus den Beständen der Eidgenössischen Militärbibliothek, Bern

Bildnachweis

Ernst Baumann, Hinterkappelen (BE)
«Blick», Zürich
Bundesarchiv, Bern
Comet-Photo, Zürich
Eidg. Militärbibliothek, Bern
Verlag Jean Frey AG, Zürich
Gruppe für Generalstabsdienste, Bern
Keystone-Press, Zürich
Kriegsmaterialverwaltung, Bern
Dr. Hans Rudolf Kurz, Bern
Schweizerische Landesbibliothek, Bern
Jack Metzger/Tages-Anzeiger, Zürich
Oerlikon Bührle Holding AG, Zürich
Fernand Rausser, Bolligen (BE)
Ringier-Bilderdienst, Zürich
Ernst Saxer, Adligenswil
Dr. Hans Rudolf Schmid, Thalwil
Roland von Siebenthal, Bern
Zentralbibliothek, Zürich, Grafische Sammlung

Zahnarzt
Dentistes
Dentisti

Apotheker
Pharmaciens
Farmacisti

Krankenwärter, -schwester
Infirmiers, infirmières
Infermieri, infermiere

Chir Militärwärter
Infirmiers mil de chir
Infermieri mil di chir

Hygienesoldat
Soldats d'hygiène
Soldati d'igiene

San Mat Sdt
Soldats de mat san
Soldati del mat san

Of des biologischen D
Of du S biologique
Uff des S biologico

Hospitalisationsof
Officiers d'hospitalisation
Ufficiali d'ospedalizzazione

Veterinär
Vétérinaires
Veterinari

Militärhundeführer
Conducteurs de chiens mil
Conducenti di cani militari

Hufschmied
Maréchaux-ferrants
Maniscalchi

Kommissariatsoffizier
Officiers du commissariat
Ufficiali del commissariato

Quartiermeister
Quartiers-maîtres
Quartiermastro

Four Geh, Rechnungsführer
Aides-fourriers, comptables
Aiuti furiere e contabili

Küchenchef, Hilfsküchenchef
Chefs de cuisine,
aides des chefs de cuisine
Capicucina, aiuti dei capicucina

Waf-, Gesch-, Flzwaf-,
Lwf Mechaniker
Armuriers, méc pièces,
arm d'av, méc d'engins guidés
Armaioli, mec pezzi, arm
d'aeroplani, mec di telearmi

Pz und Motmech
Méc de chars, méc auto
Mec carri armati, mec motori

Pz El, Art Gtm, Flab Gtm,
Bk Mech, Ls Gtm
El chars, méc ap d'art, méc
ap DCA, méc boul, méc ap PA
El carri armati, mec ap d'art,
mec ap DCA, mec panetteria,
mec ap PA

Stabi Mech, Uem Gtm, Fl Uem
Gtm, Radar Gtm, Flz El Gtm
Méc stabi, méc ap tm,
méc ap tm d'av, méc ap radar,
méc ap él d'av
Mec stabi, mec ap tm,
mec ap tm d'av, mec ap radar,
mec ap el d'aer

Sattler
Selliers
Sellai

Offiziersordonnanz
Ordonnances d'officiers
Ordinanze d'ufficiali

Postordonnanz
Ordonnances postales
Ordinanze postali

Feldpredigerdienstchef
Aumôniers-chefs de service
Cappellani capiservizio

Dienstchef Heer und Haus
Chefs de service armée et foyer
Capiservizio Esercito e Focolare

AC Sub Of
Of sub AC
Uff sub AC

Physiker
Physiciens
Fisici

Chemiker
Chimistes
Chimici

Alpinof, Bergfhr
Of alpin, Guides de montagne
Uff alpinisti, Guide alpine

Oberarmabzeichen – Insignes de manche – Distintivi della manica

auf dem rechten Oberärmel – porté au haut de la manche droite – portato sulla parte superiore della manica destra

Spezialistin
Spécialistes
Specialista

Pfadfinderin
Eclaireuses
Esploratrici

Munitionsdienst
Service des munitions
Servizio delle munizioni

Gradabzeichen für Offiziere
Insignes de grade des officiers
Distintivi di grado degli ufficiali

Funktions-Stufe

4

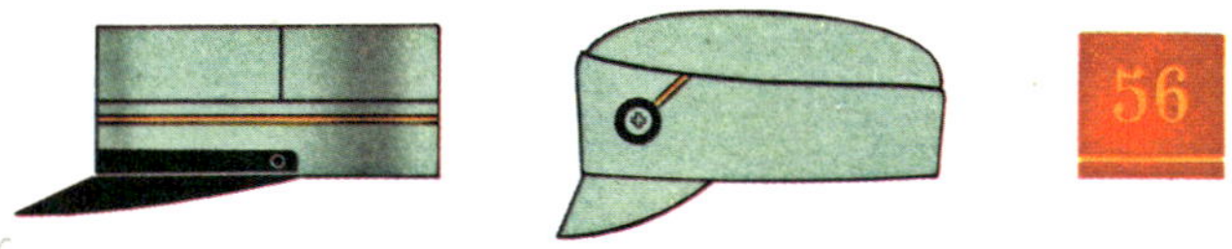

Leutnant Lieutenant Tenente

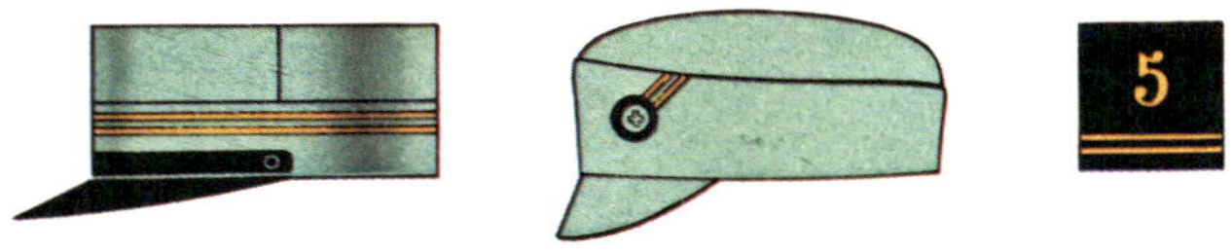

Oberleutnant Premier-lieutenant Primotenente

3

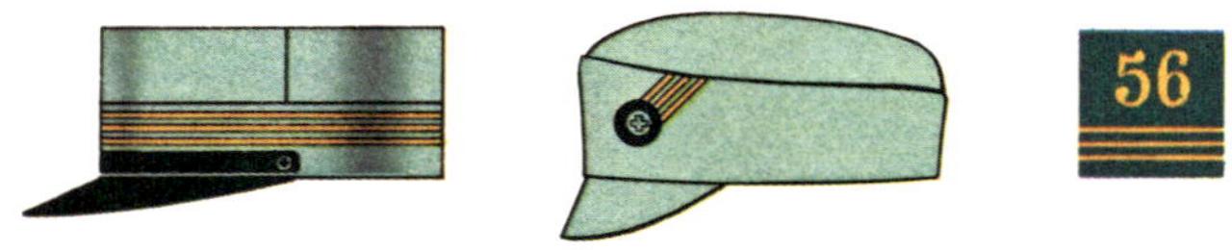

Hauptmann Capitaine Capitano

2

Major Major Maggiore

1

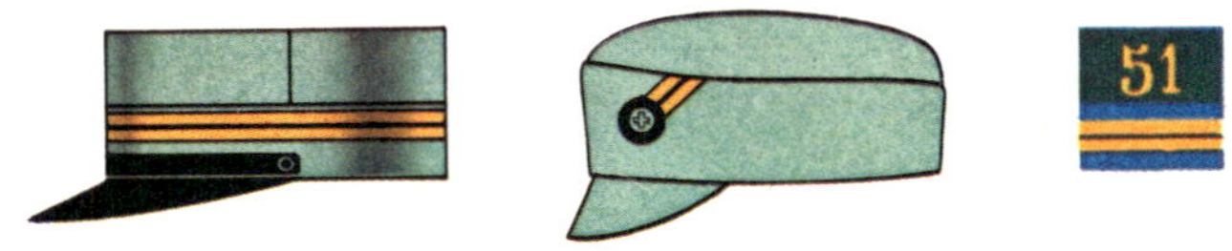

Oberstleutnant Lieutenant-colonel Tenente colonnello

1a

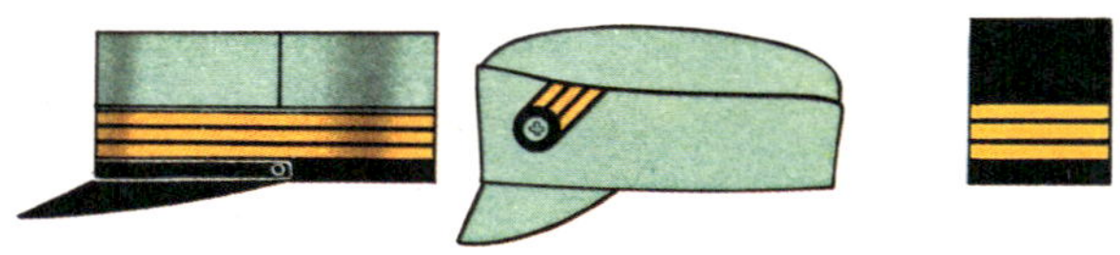

Oberst Colonel Colonnello

Brigadier Brigadier Brigadiere

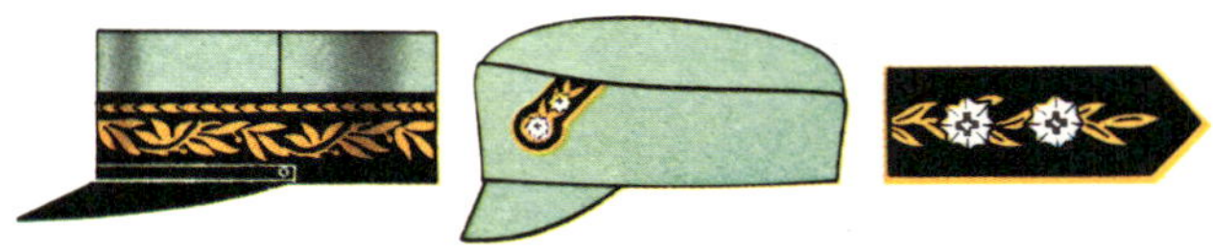

Divisionär Divisionnaire Divisionario

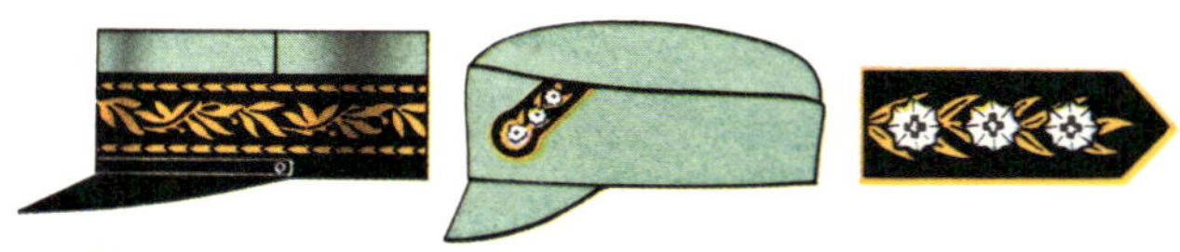

Korpskommandant Commandant de corps Comandante di corpo

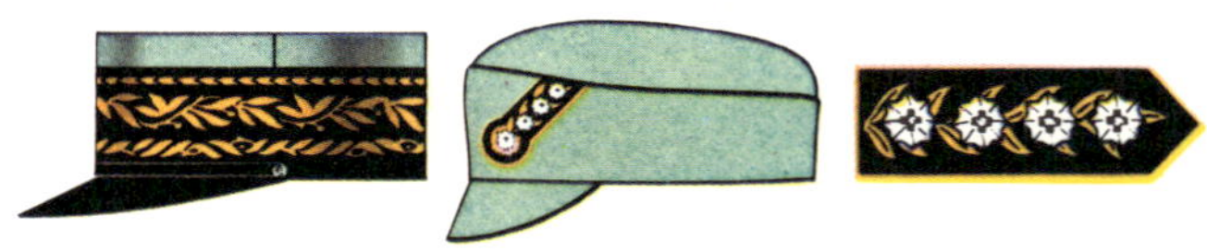

General Général Generale